OpenWeb
워드프레스 시작하기

지은이 **이두진**
아울연구소 소장입니다.
아울연구소(www.owllab.com)는 아울(www.owl.co.kr)이라는 소프트웨어 개발 회사가 앞선 IT 기술의 동향과 발전 추이를 스터디하는 목적으로 설립한 연구소입니다. 아울은 다양한 앱 개발과 앱 콘텐츠의 배포 사업을 진행하고 있으며 워드프레스를 이용한 웹사이트 리뉴얼과 제작 사업을 활발히 진행하고 있습니다. 저서로는 "안드로이드 앱 개발 완벽 가이드", "아이폰 앱 개발 완벽 가이드", "안드로이드 기초와 실전 앱 프로젝트", "HTML5와 폰갭으로 웹앱 나도 만든다", "모바일 웹과 웹을 위한 jQuery Mobile", "쉽고 자세한 Eclipse 사용법", "워드프레스 시작하기", "워드프레스 디자인의 기술" 등이 있습니다.

이메일 : owl@owl.co.kr
홈페이지 : www.owllab.co.kr / www.owl.co.kr

워드프레스 시작하기

초판발행 : 2012년 11월 16일

지은이 : 이두진 / **펴낸이** : 이병재
펴낸곳 : 도서출판 PCBOOK / **주소** : 서울시 강남구 신사동 526-7
전화 : 02)325-0837-8 **팩스** : 02)325-0836
이메일 : pcbk@chol.net / **홈페이지** : www.pisibook.co.kr

내지편집 : 홍아트 / **표지디자인** : history
교정 : 홍성택 / **영업총괄** : 이인국

등록번호 : 제 10-1205호 / **ISBN** : 978-89-8193-142-1
책값 : 16,500원

잘못된 책은 구입하신 서점에서 교환해드립니다.
본서 내용의 무단 전재 및 복제는 저작권법에 위배됩니다.

저자가 드리는 글

IT, 특히 소프트웨어 기술은 "오픈(Open)"이 화두라고 할 수 있습니다.
오픈 정책도 물론 상업적인 전략을 감추고 있기는 하지만 자신의 기술을 개방함으로써 더 많은 기술의 보탬을 얻어내는 방식으로 소프트웨어 기술은 매우 긍정적인 발전을 거듭하고 있습니다.

워드프레스는 웹 분야에서 오픈의 위력을 보여주고 있습니다. 워드프레스 공식 기구가 만들어놓은 터전을 기반으로 전 세계의 개발자들이 테마와 플러그인을 무료, 유료로 공급하는 소통과 공유의 장이 형성되어 있으며 그 규모가 갈수록 빠른 속도로 커지고 있습니다.

워드프레스는 웹의 혁명이라고 할 수 있습니다.
필요한 사람은 누구나 쉽게 웹 기술을 얻어가기도 하고, 뜻이 있는 개발자는 자신의 웹 기술을 희사하거나 팔수도 있어, 기술적인 측면에서 지구촌의 웹 보물 상자 역할을 하고 있기 때문입니다. 웹 개발은 이제 워드프레스 이전 방식과 워드프레스 이후 방식으로 나누어 기술의 발전사를 정리해야 한다는 의견이 있을 정도로 워드프레스의 존재는 거대합니다.

IT 기술도 항상 변곡점이 있어 왔습니다.
워드프레스는 또 하나의 변곡점을 만들었습니다.
전 세계인이 소통하고 공유하는 장을 외면하면 우리는 아무도 찾지 않는 섬이 되고 말 것입니다.

워드프레스는 기술적으로는 CMS 엔진입니다.
하지만 내부를 잘 들여다보면 깊이를 알 수 없는 무한한 가능성의 바다입니다.
웹 개발자라면 워드프레스에 기술의 승부를 걸어볼 것을 추천합니다.
이미 워드프레스로 웹 퍼블리싱 사업을 하고 있는 외국 사업자들이 있습니다.
이미 플러그인으로 많은 돈을 벌고 있는 외국 개발자들도 있습니다.
이미 무료 플러그인으로 전 세계인의 추앙을 받는 많은 외국 개발자들도 있습니다.

우리도 한번 해보자는 뜻에서 감히 워드프레스 기초 서적을 집필했습니다.
처음으로 워드프레스를 접하는 분들을 위해 워드프레스의 기본 기능을 빠짐없이 설명했습니다.
부디 본서가 독자님의 지식에 작은 보탬이 되길 빕니다.
끝까지 읽어주셔서 고맙습니다.

CONTENTS

1부 워드프레스 시작하기

1장 웹서버 설치와 데이터베이스 계정 생성 — 15
- 1-1 웹서버 XAMPP 설치하기 — 15
- 1-2 XAMPP 관리자 화면에서 확인하기 — 20
  - PHP 스펙 확인하기 — 20
  - 데이터베이스 확인하기 — 21
- 1-3 데이터베이스 계정 생성하기 — 22
  - MySQL 아이디 / 암호 작성 — 23
  - MySQL 데이터베이스 생성 설정 — 23
  - MySQL 계정권한 설정 — 24
  - MySQL 계정 생성 — 24
  - 사용할 데이터베이스 확인 — 25

2장 초간단 워드프레스 설치하기 — 27
- 2-1 워드프레스 다운받기 — 27
- 2-2 워드프레스 파일을 홈 폴더로 복사하기 — 29
- 2-3 워드프레스 환경 설정하기 — 31
  - 워드프레스 환경파일 생성 — 31
  - 데이터베이스 정보 작성 — 31
- 2-4 워드프레스 관리자 계정 만들기 — 34
  - wp-config.php 파일의 정체 — 36

3장 대시보드 익히기 — 37
- 3-1 대시보드 알림판 화면 조절하기 — 37
- 3-2 알림판 상자들의 역할 — 39
- 3-3 대시보드와 사이트 화면 간의 이동 — 40
- 3-4 기본 사이트 화면의 구성 — 41

4장 무작정 포스트와 페이지 작성해보기 — 43

4-1 포스트 작성 화면의 구성　　　　　　　　　　　　43
　　4-2 포스트 2개 작성하기　　　　　　　　　　　　　45
　　4-3 페이지 1개 작성하기　　　　　　　　　　　　　49
　　4-4 알림판 다시 확인하기　　　　　　　　　　　　　52

5장 프로필 설정하고 테마 조절하기　　　　　　　　　53
　　5-1 사이트 설정하기　　　　　　　　　　　　　　　53
　　5-2 관리자 프로필 설정하기　　　　　　　　　　　　55
　　5-3 테마 바꾸기　　　　　　　　　　　　　　　　　57
　　5-4 사이트 머리글 색깔 바꾸기　　　　　　　　　　62
　　5-5 첫 화면 배경 바꾸기　　　　　　　　　　　　　63

6장 위젯과 링크와 도움말 사용하기　　　　　　　　　66
　　6-1 달력 위젯 추가하기　　　　　　　　　　　　　　66
　　6-2 링크 위젯 추가하고 내 링크 정의하기　　　　　69
　　6-3 링크를 이미지로 표시하기　　　　　　　　　　　73
　　6-4 도움말 사용하기　　　　　　　　　　　　　　　75

2부 무작정 웹 사이트 만들기

7장 우리가 만들 웹 사이트 설계하기　　　　　　　　79
　　7-1 첫 화면인 안내 말씀　　　　　　　　　　　　　79
　　7-2 OA 과정 메뉴　　　　　　　　　　　　　　　　80
　　7-3 App 과정 메뉴　　　　　　　　　　　　　　　81
　　7-4 전체목록 메뉴　　　　　　　　　　　　　　　　82
　　7-5 동영상 강의 메뉴　　　　　　　　　　　　　　83
　　7-6 링크 메뉴　　　　　　　　　　　　　　　　　84

8장 OA 과정과 App 과정 메뉴 만들고 포스트 올리기　　85
　　8-1 포스트의 특징　　　　　　　　　　　　　　　　85
　　8-2 OA 과정의 작업 순서　　　　　　　　　　　　86
　　8-3 새로운 메뉴 그룹 만들기　　　　　　　　　　　86
　　8-4 3개의 카테고리 만들기　　　　　　　　　　　　89

7

CONTENTS

OA 과정 카테고리 만들기	90
엑셀 과정 카테고리 만들기	91
파워포인트 과정 카테고리 만들기	93
8-5 3개 카테고리를 메뉴에 추가하기	94
카테고리를 메뉴에 추가하기	94
하위 메뉴로 조절하기	95
사이트 화면에서 메뉴 확인하기	96
8-6 포스트 작성 준비하기	97
기존 포스트 삭제하기	97
8-7 OA 과정 안내 포스트 작성하기	98
8-8 엑셀 기초과정 안내 포스트 작성하기	99
포스트에 이미지 삽입하기	100
포스트 이미지 수정하기	102
8-9 상위 메뉴에서 하위 메뉴의 모든 포스트 보게 만들기	107
8-10 App 과정 작업하기	110
9장 웹 사이트 첫 페이지와 전체목록 만들기	111
9-1 사이트 첫 페이지 만들기	111
안내 말씀 작성하기	111
외부 사이트의 약도 이미지 정보 얻기	112
외부 사이트의 이미지 삽입하고 링크걸기	113
이미지 수정하고 새 창으로 뜨게 하기	114
페이지 메뉴 만들기	116
사이트 첫 페이지로 설정하기	117
9-2 전체목록 만들기	118
빈 페이지 만들고 글 목록으로 지정하기	118
페이지를 메뉴에 추가하기	120
이 글을 첫페이지에 고정하기	122
10장 동영상 보기와 링크 메뉴 만들기	123

10-1 동영상 보기 만들기	123
유투브에서 동영상 찾기	123
동영상 포스트 만들기	125
새 카테고리 만들기	126
임베드 기능으로 동영상을 퍼오는 방법	128
동영상 강의 메뉴 만들기	130
10-2 링크 메뉴 만들기	132

11장 웹 사이트 업그레이드하기 133

11-1 화면 배경 투명하게 만들기	133
11-2 다른 사이트 콘텐츠 자동 퍼오기	135
11-3 목록의 게시 내용 내 맘대로 자르기	137
11-4 사이드 메뉴와 푸터 영역에 정보 추가하기	139
사이드 바 메뉴 표시하기	139
푸터 영역에 포스트 목록과 페이지 목록 표시하기	140
모든 포스트 하단에 동일한 메시지 넣기	141
11-5 나만의 링크 추가하기	142
링크 카테고리 만들기	143
4개의 링크 만들기	144
링크 위젯 조절하기	146
11-6 사이드 바에 RSS 달기	147
11-7 태그 구름으로 포스트 쉽게 찾아보기	148
11-8 포스트에 이미지 갤러리 만들기	149
미디어 추가 창에서 이미지 갤러리 만들기	149
쇼트코드로 이미지 갤러리 만들기	153
11-9 엑셀, 파워포인트, PDF 파일 게시하기	154
11-10 한글 폰트 추가하기	157
특정 포스트만 한글 글꼴 바꾸기	157
모든 한글 글꼴 바꾸기	160
편집기의 활용	162
11-11 회사 로고로 아바타 만들기	163

3부 내 웹 사이트 관리하기

CONTENTS

12장 포스트와 페이지 관리하기 … 167
    12-1 All Posts에서 포스트 관리하기 … 167
    12-2 Ad New에서 포스트 작성하기 … 169
    12-3 페이지 작성하고 관리하기 … 171

13장 카테고리와 태그 관리하기 … 172
    13-1 카테고리 관리하기 … 172
    13-2 태그 관리하기 … 173

14장 미디어 관리하기 … 175
    14-1 미디어 라이브러리 사용하기 … 175
        미디어 편집 … 176
        새 미디어 업로드 … 176
        이미지 고치기 … 177
    14-2 미디어 추가 창 사용하기 … 177
        컴퓨터에서 … 178
        URL에서 … 178
        갤러리 … 179
        미디어 라이브러리 … 180
    14-3 기존 포스트의 이미지 고치기와 고급 옵션 사용하기 … 181
        이미지 고치기 … 181
        고급 옵션 … 181

15장 링크와 위젯 관리하기 … 182
    15-1 링크 관리하기 … 182
    15-2 링크 만들고 편집하기 … 182
    15-3 링크 분류 만들고 편집하기 … 184
    15-4 위젯 사용하기 … 185
        5개의 주요 기능 살펴보기 … 186
        위젯 기능 하나씩 살펴보기 … 187

16장 댓글과 사용자 관리하기	190
16-1 댓글 관리하기	190
16-2 사용자 관리하기	191
모든 사용자	191
사용자 추가하기	192
당신의 프로필	192
17장 도구로 콘텐츠 관리하기	194
18장 설정으로 사이트 기본 특성 관리하기	196
18-1 일반 설정	196
18-2 쓰기 설정	198
18-3 읽기 설정	200
18-4 토론 설정	201
18-5 미디어 설정	204
18-6 프라이버시 설정	205
18-7 고유주소 설정	206

4부 플러그인 사용하기

19장 포스트에 멋있는 글상자 추가하기 WP-Note	209
20장 포스트 게시 순서 조절하기 Post Type Order	212
21장 인기 포스트 목록 만들기 Wordpress Popular Posts	215
22장 처음으로"버튼 만들기 WP To Top	218
23장 카테고리별로 포스트 목록 표시하기 List category posts	220
24장 클릭할 때마다 배경이 바뀌게 Background Manager	223
24-1 백그라운드 재설정하기	223
24-2 배경 이미지 세트 준비하기	224
24-3 배경 이미지 세트로 등록하기	226
24-4 배경 이미지 세트 수정하기	227
25장 포스트에 별점 서비스 제공하기 WP-PostRatings	229
25-1 특정 포스트에만 별점을 주기	229

CONTENTS

25-2 모든 포스트에 별점을 주기   230

26장 파일 첨부와 자료실 만들기   WP-Download Manager   233
    26-1 특정 포스트에 파일 첨부하기   233
    26-2 별도의 자료실 만들기   235

27장 트위터 페이스북 등 SNS 추가하기   Social Sharing Toolkit   239
    27-1 모든 포스트에 SNS 버튼 달기   239
    27-2 원하는 포스트의 원하는 위치에만 SNS 버튼 달기   241

28장 인쇄와 PDF와 메일 서비스   Print Friendly and PDF   243
29장 자동 웹폼 만들기   Visual Form Builder   246
    29-1 폼 생성하기   246
    29-2 기본 정보 필드 그룹 만들기   247
    29-3 개인정보 필드 그룹 만들기   249
    29-4 폼 페이지 만들기   251
    29-5 폼 수정하기   253
    29-6 관리 정보 설정하기   254
    29-7 메뉴 만들어 게시하기   256

30장 원하는 글 목록만 자동 추출하기   Advanced Post List   258
    30-1 목록 형식 찾아보기   259
    30-2 내 목록 만들기   260
    30-3 목록 게시판 만들기   261
    30-4 특성 이미지 설정하기   262

31장 구글 지도 서비스하기   Comprehensive Google Map Plugin   264
32장 검색 엔진 최적화하기   All in One SEO Pack   266

찾아보기   269

PART 1

→ 워드프레스 시작하기

1장 웹서버 설치와 데이터베이스 계정 생성
2장 초간단 워드프레스 설치하기
3장 대시보드 익히기
4장 무작정 포스트와 페이지 작성해보기
5장 프로필 설정하고 테마 조절하기
6장 위젯과 링크와 도움말 사용하기

1부는 워드프레스를 처음 경험하는 분들을 위해 마련했습니다. 워드프레스가 쉽다고는 하지만 막상 워드프레스를 설치하고 나면 무엇부터 시작해야 하는지 잘 감이 잡히지 않습니다. 워드프레스는 제공하는 기능이 많기 때문에 학습을 하는 순서가 중요합니다.

워드프레스를 내 맘대로 휘두르면서 일을 시키려면 워드프레스가 제공하는 다양한 명령이나 도구, 버튼, 옵션을 익혀야 합니다. 그러나 천리 길도 한 걸음부터 이듯이 먼저 해야 할 작업과 먼저 알아두어야 할 것들이 있습니다.

1부에서는 워드프레스를 설치하는 기본적인 작업과 워드프레스를 운영하는 대시보드를 들여다보고 갓 설치된 워드프레스의 외관을 자기 스타일에 맞게 조절하는 작업을 알아봅니다.

01 웹서버 설치와 데이터베이스 계정 생성

내 컴퓨터에서 웹사이트를 실험하려면 내 컴퓨터에 웹서버를 설치해야 한다. 웹서버 설치라고 해서 어려울 것은 없다. 사용자 입장에서는 단순히 웹서버 프로그램을 다운받아서 설치 과정을 따르기만 하면 된다. 이 장에서는 워드프레스를 올려놓을 땅에 해당하는 웹서버를 설치하고 데이터베이스 계정을 만들어볼 것이다.

1-1 웹서버 XAMPP 설치하기

웹서버를 쉽게 설치할 수 있는 프로그램이 XAMPP이다. 이것이외도 많이 있긴 한데, 이 패키지가 제일 높은 버전의 PHP와 MySQL을 설치할 수 있다.

http://www.apachefriends.org/en/xampp.html에 가면 XAMPP를 다운받을 수 있다. 이 주소는 바뀔 수 있다. 만약 이 주소가 없어졌다면 구글링에서 "XAMPP"를 검색어로 찾으면 된다. 우린 윈도우용을 다운받아 설치한다.

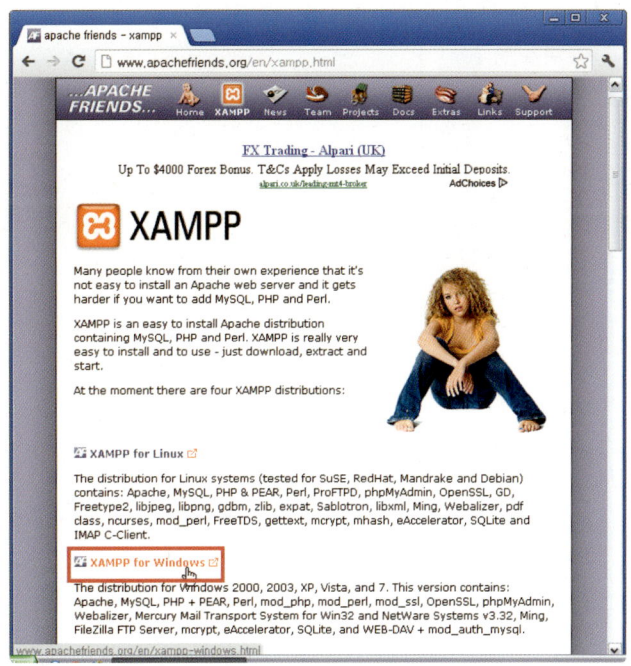

❶ "XAMPP for Widows" 클릭

내가 다운받는 XAMPP가 어떤 패키지를 포함하고 있는지 미리 살짝 알아두자.

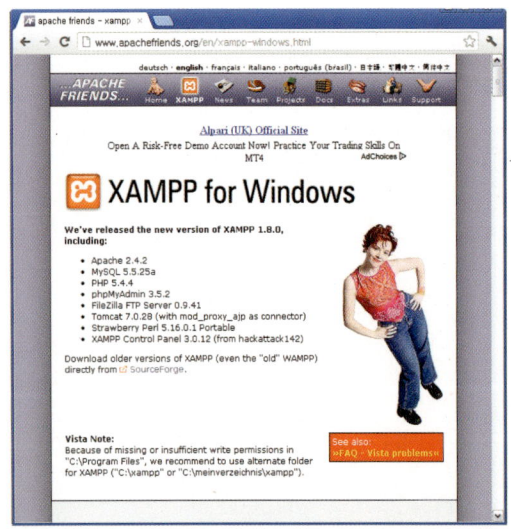

- 아파치 : 웹서버
- MySQL : 데이터베이스
- PHP : 웹 프로그래밍 언어
- phpMyAdmin : MySQL 데이터베이스 관리 도구
- FileZila FTP Server : FTP 서버이다.

이후 나머지는 몰라도 된다. 일단 실습을 진행하자.

❷ 설치 항목 확인

우린 Installer 방식으로 다운받는다.

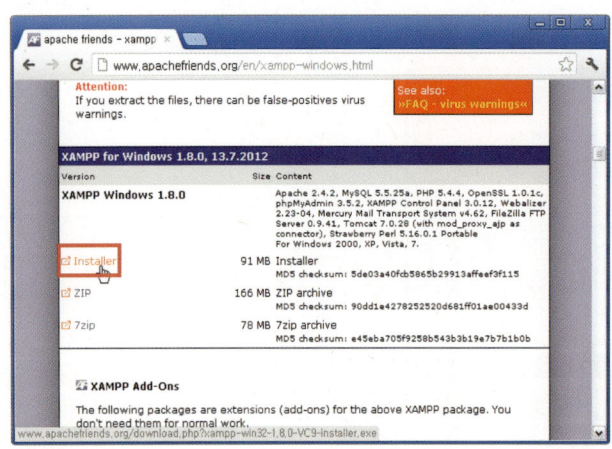

❸ "Installer" 클릭

다운받은 설치파일을 더블클릭만하면 설치가 시작된다.

❹ 설치 파일 더블클릭

"실행", "OK"를 클릭한다.

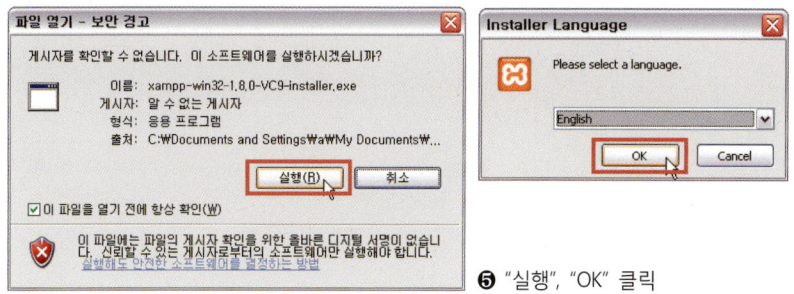

❺ "실행", "OK" 클릭

설치 위치 나오면 엉뚱한데 하지 말고 시키는 대로 하자. 위치 잘못 잡으면 서버가 실행이 안 될 수도 있다.

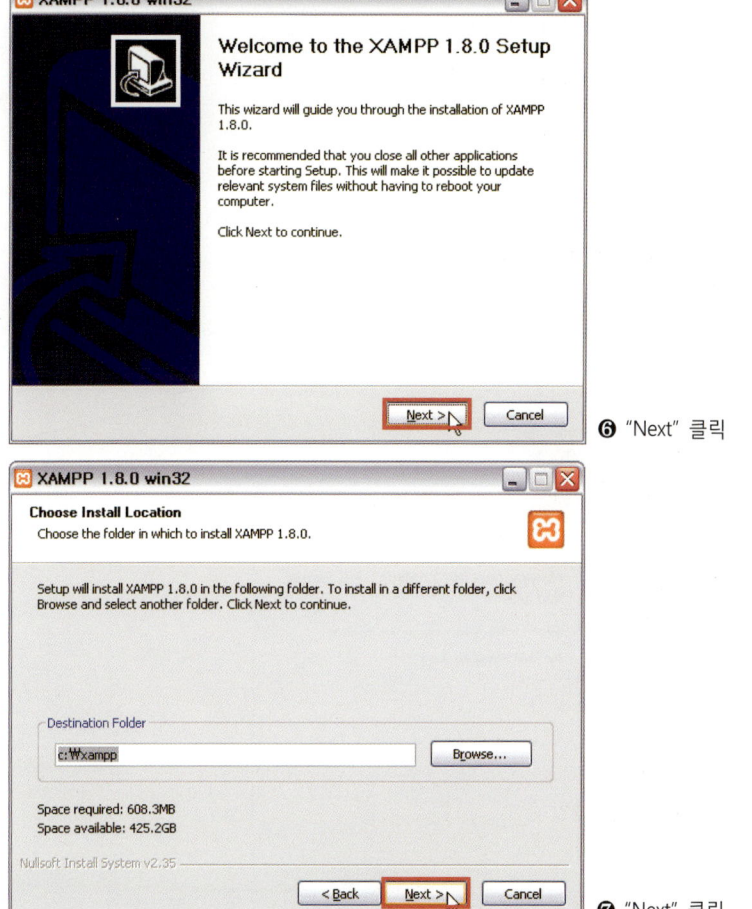

❻ "Next" 클릭

❼ "Next" 클릭

1장 웹서버 설치와 데이터베이스 계정 생성

컴퓨터 켜질 때 자동으로 서버가 실행되도록 체크하자.

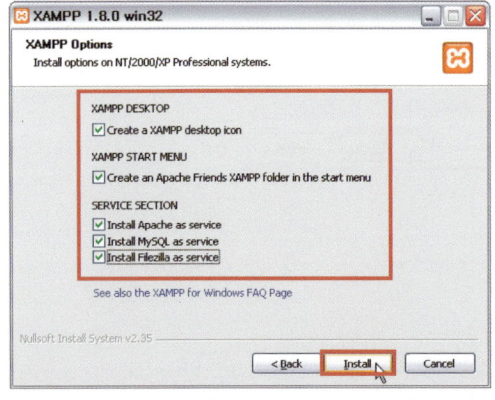

❽ 모두 체크하고 "Install" 클릭

❾ 설치 진행

설치가 끝났다.

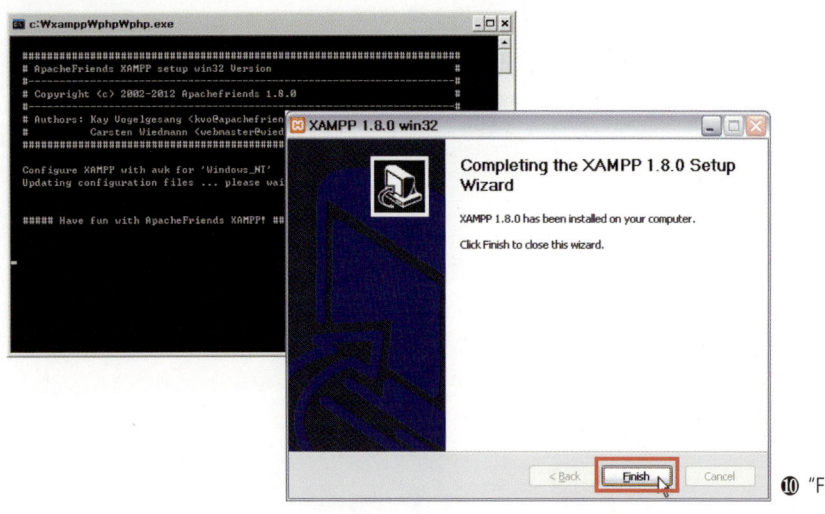

❿ "Finish" 클릭

설치가 다 됐으니까 이제 XAMPP 제어판을 보자.

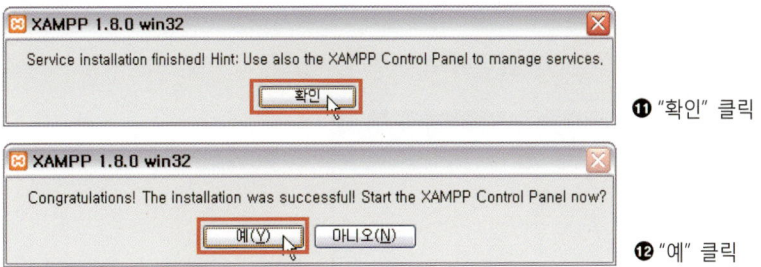

❶ "확인" 클릭

❷ "예" 클릭

Apache는 웹서버이고, MySQL은 데이터베이스 서버이다. "Stop" 버튼 누르면 서버가 종료되고 다시 "Start" 버튼을 누르면 서버가 시작된다. 3개가 "Running"으로 표시되어 있어야 한다.

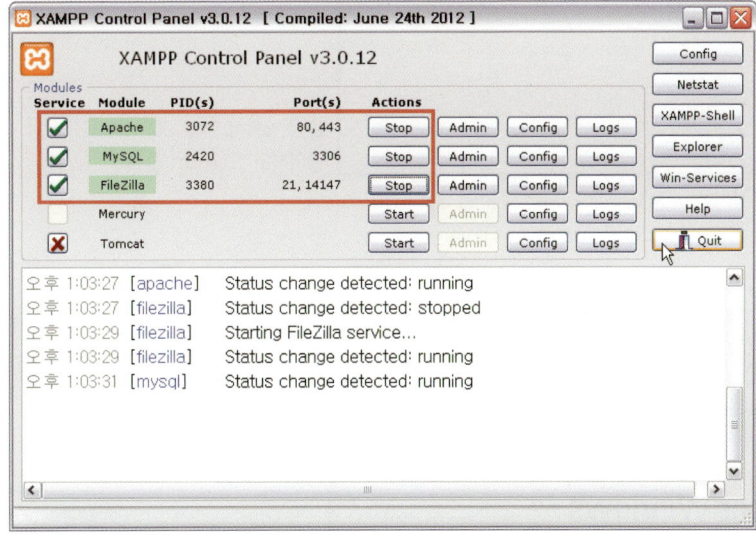

❸ 서버 "Start" 버튼 클릭

소프트웨어의 빠른 버전업으로 독자분들이 이 책을 보는 시점에서 화면이 다소 다를 수도 있습니다. 그러나 대부분의 경우 대동소이하니까 그 점을 감안하기 바랍니다.

1-2 XAMPP 관리자 화면에서 확인하기

웹브라우저를 열고 주소창에 "http://127.0.0.1"을 입력해서 확인해보자. 한글은 안 보인다. "English" 버튼을 눌러보자. XAMPP 관리자 화면에 들어갈 수 있다.

❶ 주소창에 "http://127.0. 0.1"을 입력하고 "English" 클릭

PHP 스펙 확인하기

나중에 플러그인 받고 할 때 필요하니까 PHP 버전을 확인해두자. XAMPP 관리자 화면에서 "PHP > phpinfo()" 메뉴를 누르면 PHP 정보가 나온다. 우리가 설치한 버전은 PHP 5.4.4다.

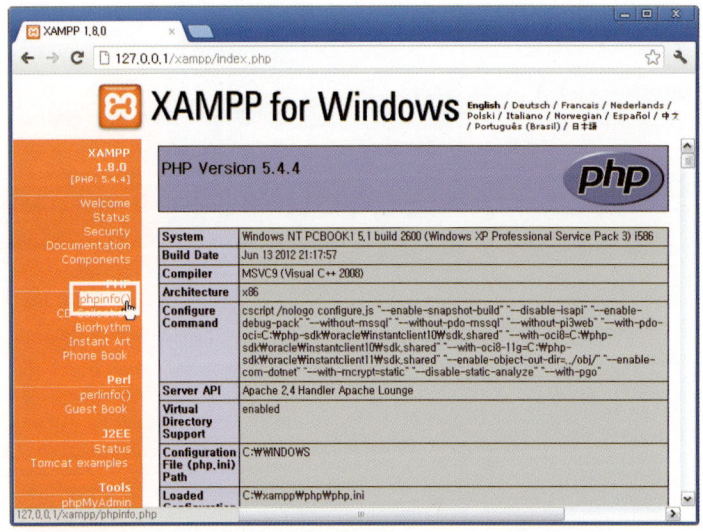

❷ "phpinfo()" 클릭

데이터베이스 확인하기

데이터베이스 관리자 페이지도 가보자. 여기서는 해야 할 일이 있다. 워드프레스에서 사용할 데이터베이스를 만들어줘야 한다.

"Tools > phpMyAdmin" 메뉴를 클릭해서 데이터베이스 관리실로 가자.

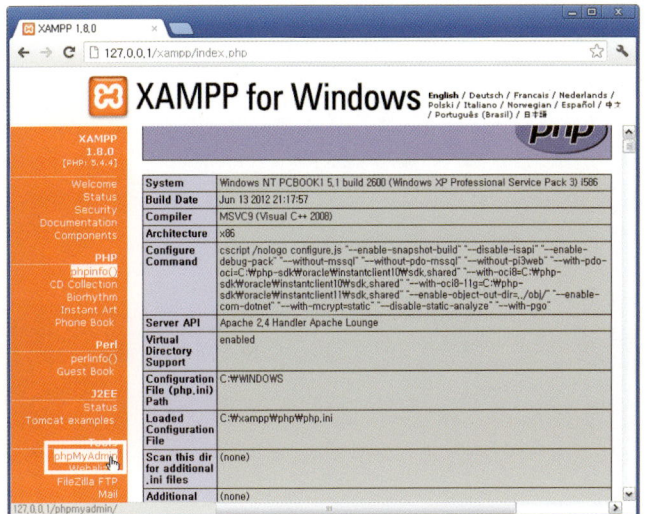

❸ "phpMyAdmin" 클릭

언어 설정이 영어인데 United Kingdom이다. "English"로 바꾸자.

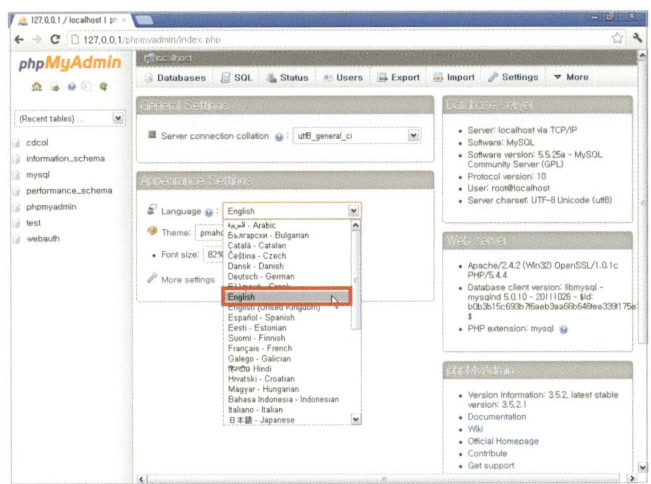

❹ "English" 클릭

됐다. 이제 슬슬 설정 작업도 끝나간다.

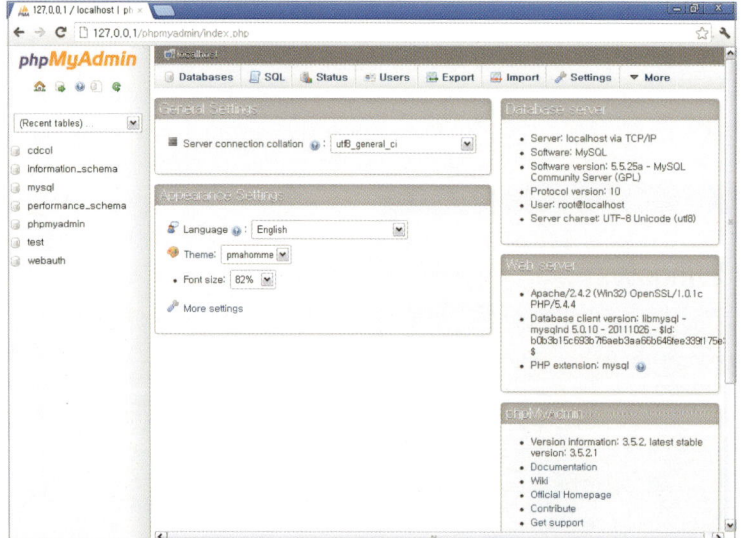

❺ 언어 설정 완료

1-3 데이터베이스 계정 생성하기

"Users > Add User"를 클릭하면 "데이터베이스 계정"을 만들면서 이 계정이 사용할 "데이터베이스"도 만들 수 있다.

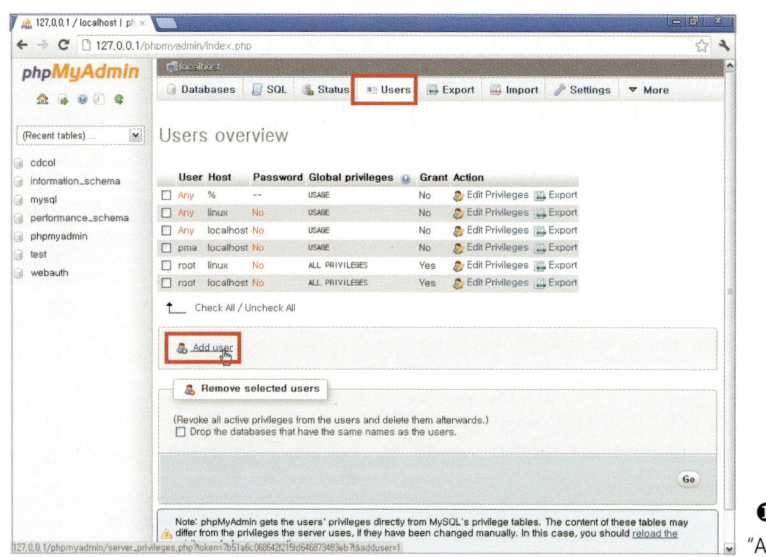

❶ "Users" 클릭하고 "Add user" 클릭

MySQL 아이디 / 암호 작성

"User name:"에 데이터베이스 아이디를 입력하고, "Host"는 "localhost", "Password:"는 데이터베이스 암호니까 알아서 입력한다. "Generate"는 전문가 아니면 누르지 말자. 암호를 자동으로 만드는 거 기능이다.

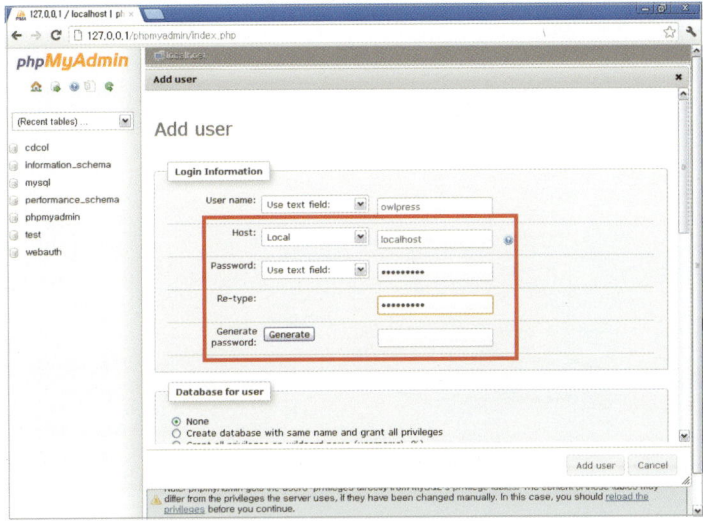

❷ 데이터베이스 계정 정보 입력

MySQL 데이터베이스 생성 설정

데이터베이스 계정을 만들면서 데이터베이스도 같이 자동으로 만들어지게 하려면 "Create database with same name ..."을 체크하면 된다.

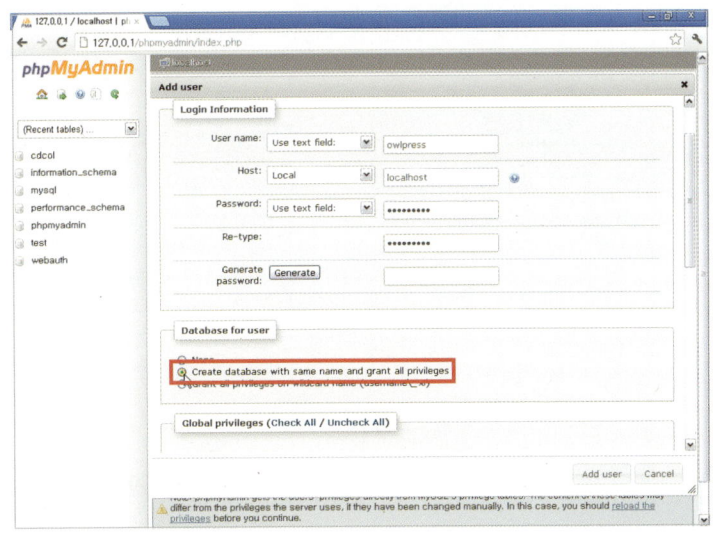

❸ "Create database with same name ..." 체크

MySQL 계정권한 설정

데이터베이스 계정에게 권한을 부여해주는 건데, 나는 관리자이니까 "Check All" 버튼을 눌러서 모든 권한을 부여한다.

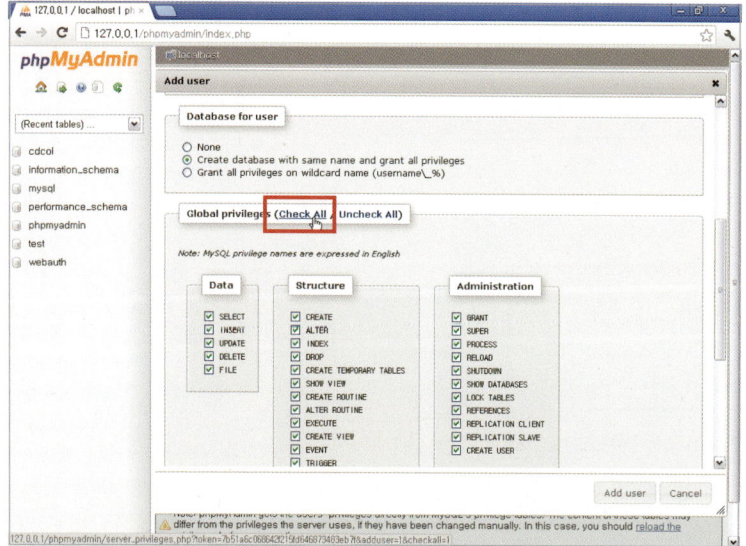

❹ "Check All" 클릭

MySQL 계정 생성

"Add User" 버튼만 누르면 워드프레스에서 사용할 데이터베이스 계정과 데이터베이스가 모두 자동으로 만들어진다.

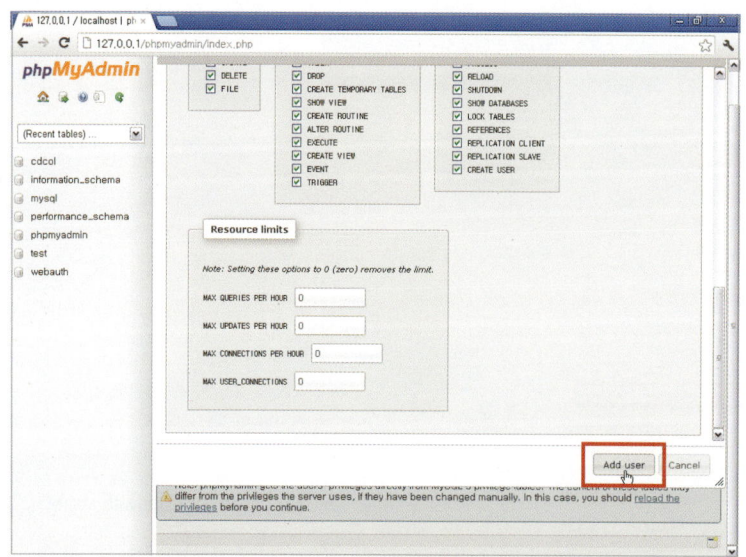

❺ "Add user" 클릭

User overview에도 방금 만든 내 계정이 보인다.

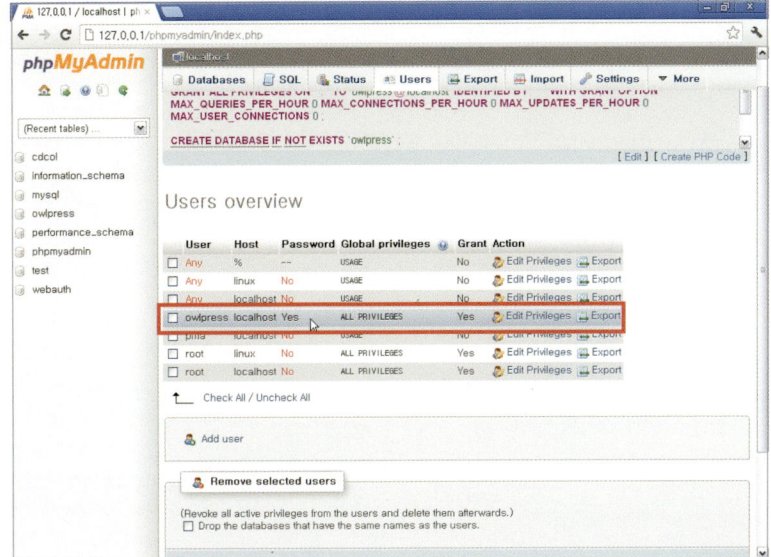

❻ 계정 확인

> 크롬이나 사파리 또는 IE7 이하의 구 버전 브라우저에서는 권한 설정에서 "Check All"을 누르면 다시 데이터베이스 생성 설정 화면으로 돌아가는 경우가 있다. 그럴 경우는 다시 "User name"부터 항목들을 입력하고 "Go" 버튼을 클릭한다. 그 후에 "Databases""를 누르면 자신의 계정을 볼 수 있다.

사용할 데이터베이스 확인

"Databases" 메뉴를 누르면 내가 만든 데이터베이스가 보인다. 목록에서 나의 데이터베이스를 눌러보자. 앞서 우린 데이터베이스 이름을 "owlpress"라고 지었었다.

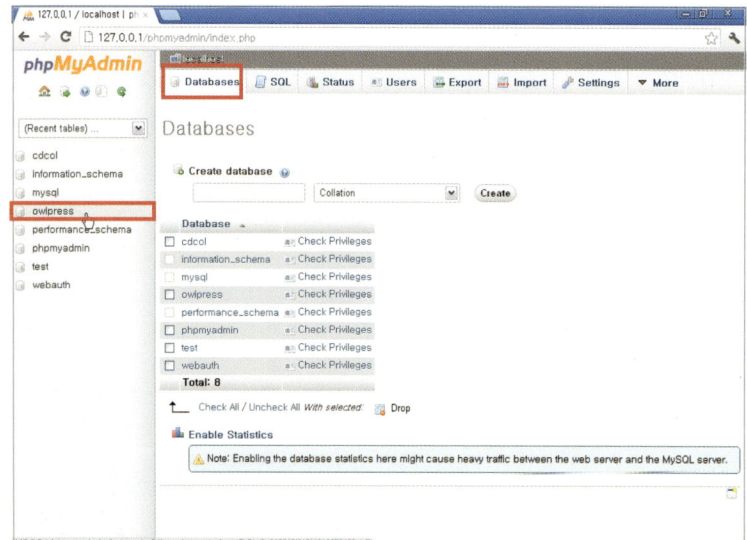

❼ "Databases", "owlpress" 클릭

데이터베이스 안에는 원래 테이블(Table)이 있는데 아직은 아무 것도 없다. 나중에 워드프레스를 설치하면 여기에 워드프레스에서 사용하는 테이블들이 나타난다.

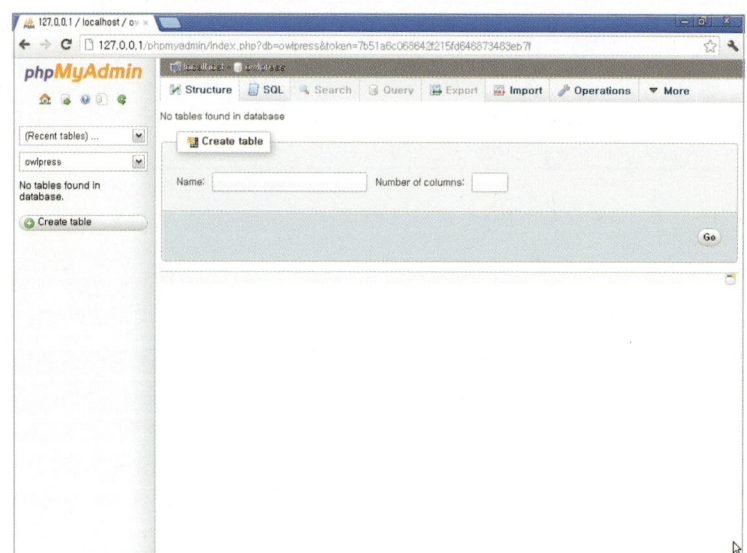

❽ 데이터베이스 테이블 확인

02 초간단 워드프레스 설치하기

앞에서 XAMPP를 설치해서 땅을 장만했다. 이제 워드프레스로 집을 지어야 한다. 워드프레스를 설치하는 과정을 요약해보면 다음과 같다.

❶ 워드프레스를 다운받는다.
❷ 워드프레스 파일을 홈 폴더에 넣는다.
❸ 워드프레스 환경을 설정한다.
❹ 관리자 계정을 만들고 로그인한다.

워드프레스를 이용해 웹 사이트를 만드는 작업을 할 때 가능하면 크롬이나 사파리 같은 웹브라우저를 사용하기를 권하고 싶다. 익스플로러도 상관없지만 다소 문제가 발생하는 경우가 있다. 학습의 효율을 위해서 필자는 크롬으로 진행한다.

2-1 워드프레스 다운받기

http://www.wordpress.org를 방문한다. 한국어도 있다.

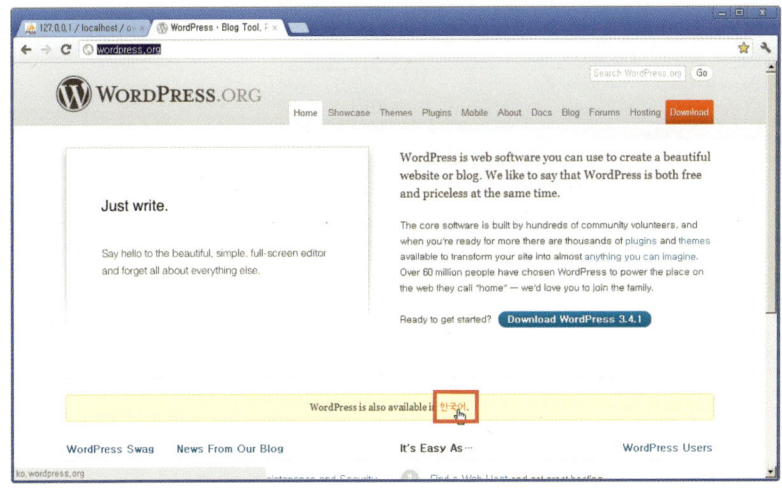

❶ "한국어" 클릭

알아 두어야 할 게 많지만 지금 당장 중요하지 않은 얘기는 미루어 두고, 그냥 다운받자.

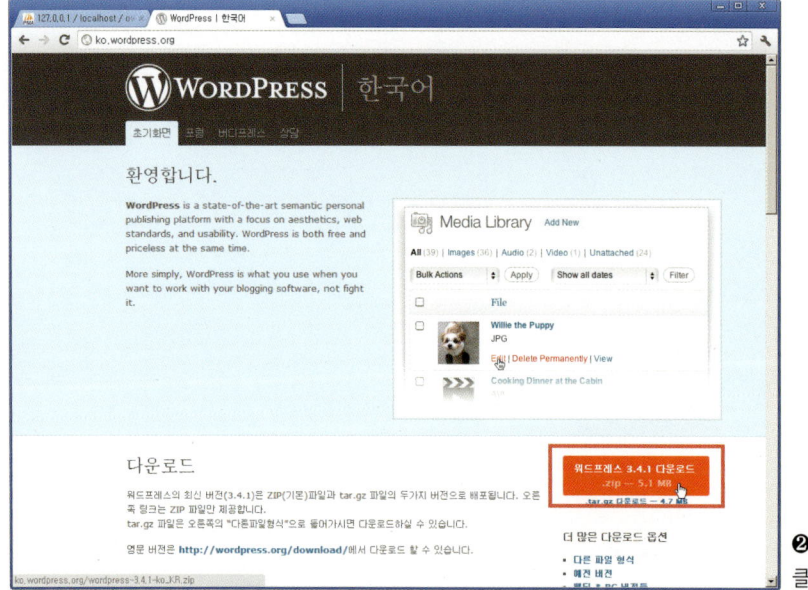

❷ "워드프레스 다운로드" 클릭

다운받은 압축 파일을 풀어보자.

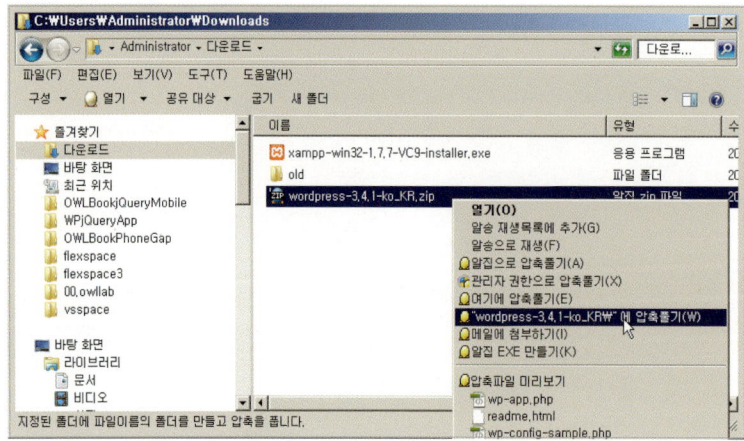

❸ 압축 해제

2-2 워드프레스 파일을 홈 폴더로 복사하기

다운받은 워드프레스 파일을 어디에 넣어야 하는지 알아야 한다. XAMPP > phpinfo() 메뉴에서 "DOCUMENT_ROOT"를 찾아보면 된다. 이걸 "도큐먼트 루트" 또는 "홈 폴더"라고 하는데 정확한 위치는 "C:/xampp/htdocs"이다.

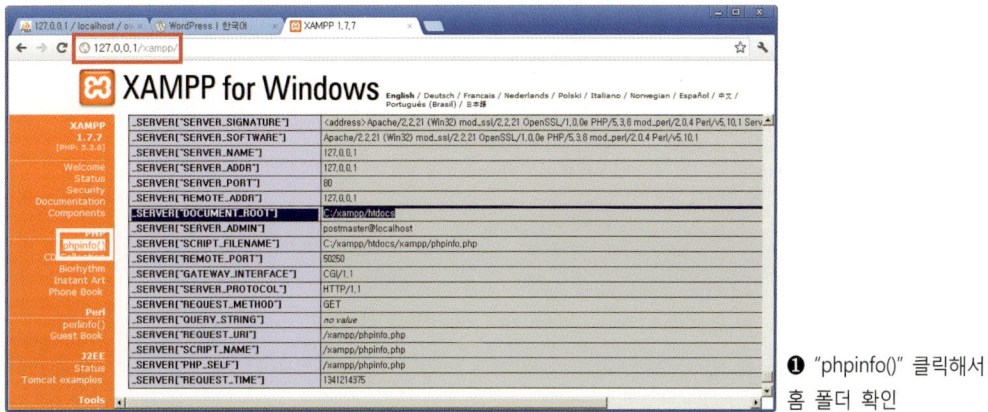

❶ "phpinfo()" 클릭해서 홈 폴더 확인

다운받은 워드프레스 안에 보면 "wordpress"라는 폴더가 있다. 이걸 복사해서 홈 폴더에 넣으면 된다.

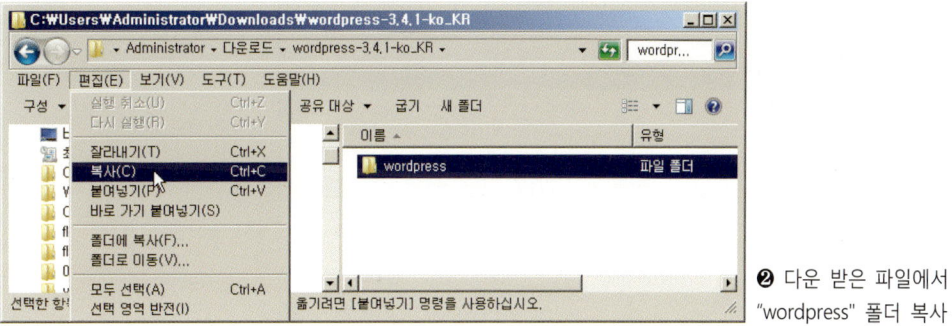

❷ 다운 받은 파일에서 "wordpress" 폴더 복사

"홈 폴더"에 워드프레스를 붙여 넣는다.

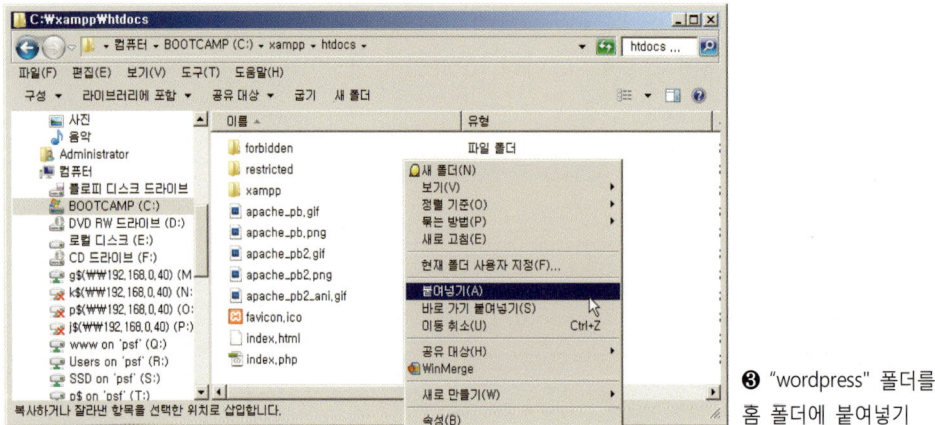

❸ "wordpress" 폴더를 홈 폴더에 붙여넣기

워드프레스를 홈 폴더에 옮겨 넣었다. 워드프레스는 서버에서 실행되어야 하니까 서버 영역으로 워드프레스를 이사시킨 것이다.

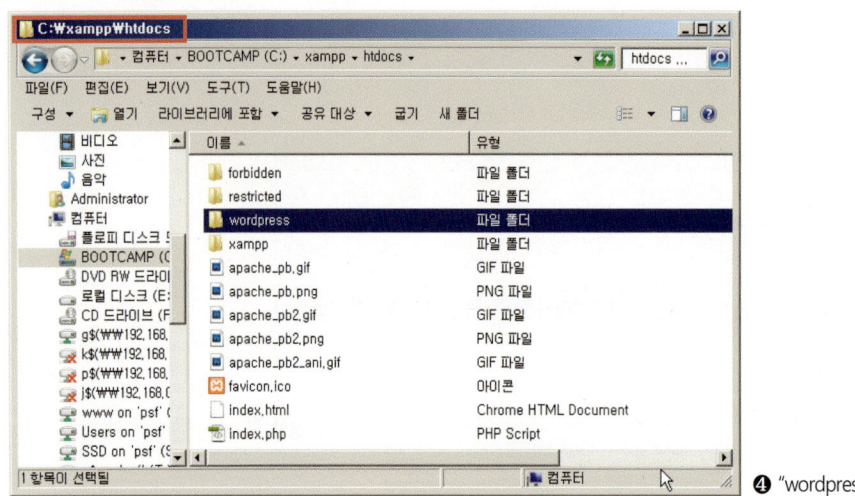

❹ "wordpress" 폴더 복사 완료

2-3 워드프레스 환경 설정하기

서버에 무사히 입주를 했다. 이제 전입신고에 해당하는 환경 설정을 해야 한다.

워드프레스 환경파일 생성

http://127.0.0.1/wordpress가 나의 워드프레스 주소다. 아직 전입신고를 안 해서 안내문이 나온다. 전입신고서는 wp-config.php 파일인데 "Create a Configuration File" 버튼을 클릭하면 wp-config.php 파일이 자동으로 만들어진다.

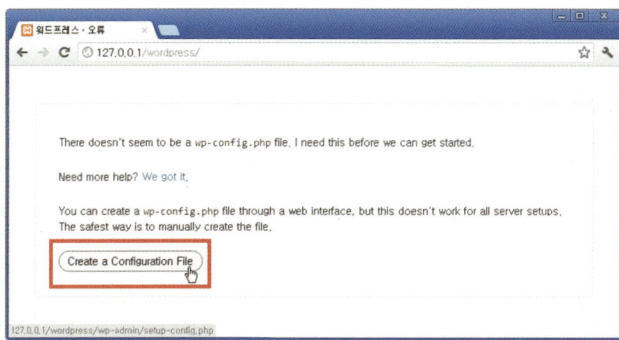

❶ "Create a Configuration File" 클릭

데이터베이스 정보 작성

전입신고서로 안내하는 화면이 나온다. 전입신고서에는 워드프레스가 사용할 데이터베이스 정보를 작성하면 된다. 일단 "Let's go!"를 클릭하자.

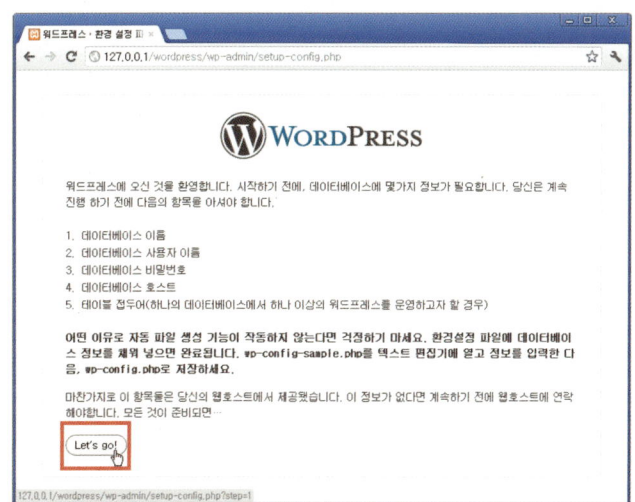

❷ "Let's go!" 클릭

데이터베이스 정보를 입력하는 폼이 나온다.

❸ 데이터베이스 정보 입력 폼

앞장에서 만들었던 데이터베이스 정보를 입력하고, "전송" 버튼을 클릭한다.

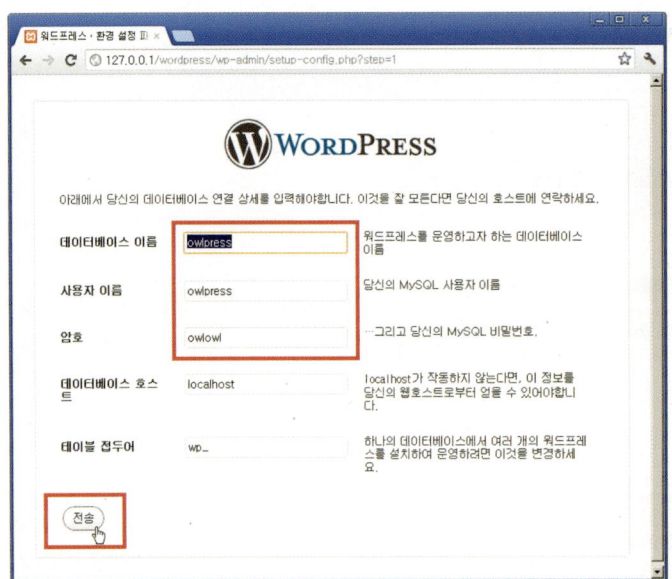

❹ 데이터베이스 정보 입력 후 "전송" 클릭

데이터베이스 정보를 제대로 입력했으면 완료 화면이 나온다. "설치 실행하기" 버튼을 클릭하면 워드프레스가 필요한 데이터베이스를 자동으로 설치한다.

❺ "설치 실행하기" 클릭

만약 전입 신고서에 데이터베이스 정보를 잘못 작성했다면 그림처럼 오류가 난다. 이런 건 내 잘못이다. 전입 신고서를 다시 확인해야 한다.

❻ 에러 화면

전입 신고서를 제대로 작성했으면 그림과 같이 잘 나온다. 내 컴퓨터에서 웹서버를 설치하고 실행하는 것이기 때문에 내 워드프레스 주소는 http://127.0.0.1/ wordpress이다.

❼ 시작 화면

2-4 워드프레스 관리자 계정 만들기

이제 다음과 같은 정보를 입력해서 워드프레스 관리자 계정을 만들어야 한다.

① Site Title : 사이트 이름
② 사용자명 : 이 사이트 최고관리자 아이디
③ 비밀번호 : 관리자 아이디에 대한 암호
④ 이메일 주소 : 관리자 이메일 주소
⑤ 프라이버시 : 검색엔진이 자동으로 내 콘텐츠를 읽어갈 수 있게 할 것인지 여부

아래처럼 작성하고 "워드프레스 설치하기" 버튼을 눌렀다.

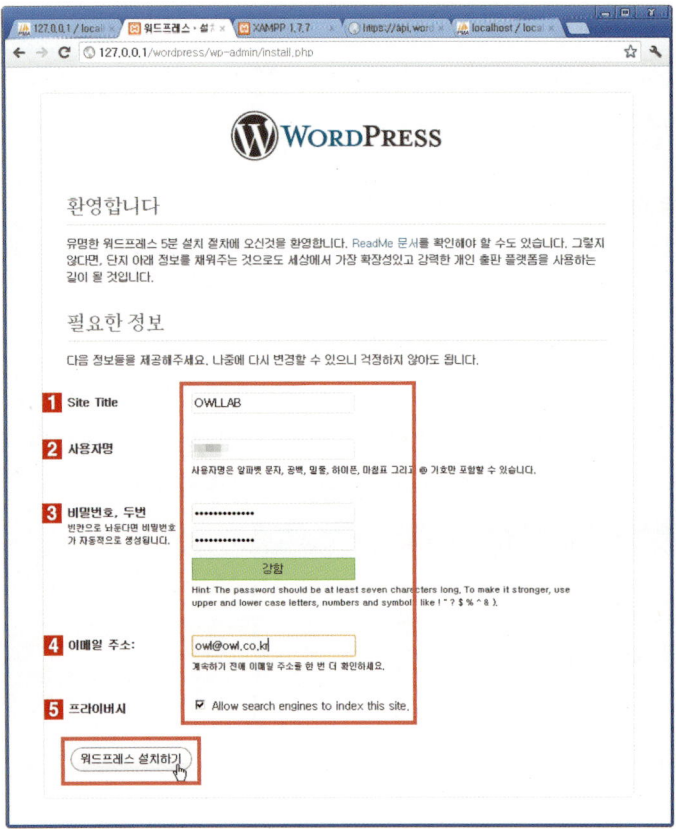

여기서 입력하는 사용자명과 비밀번호가 앞으로 워드프레스에 관리자로 로그인할 때 사용할 사용자명과 비밀번호다. 잘 기억했다가 이걸 사용해야 한다.

앞에서 설정한 사용자명과 비밀번호는 데이터베이스에 관한 것들이었다.

❶ 정보 입력 후 "워드프레스 설치하기" 클릭

로그인 버튼이 나온다. 로그인 버튼을 눌러 관리자로 로그인해보자.

❷ "로그인" 클릭

앞서 등록한 관리자 계정으로 로그인했다.

❸ 관리자 계정으로 로그인

워드프레스 관리자 화면이 나타났다. 이제 워드프레스 설치가 끝났다. 지금까지 전문가만이 알 수 있는 내용은 하나도 없다. 웹서핑하는 사람이면 누구나 할 수 있다.

❹ 관리자 화면

wp-config.php 파일의 정체

참고로 wordpress/wp-config.php 파일을 메모장이나 HTML 편집기에서 열어보자. 내가 작성한 정보가 보인다. 데이터베이스를 수정할 필요가 있을 경우 이 파일을 직접 수동으로 수정해도 된다.

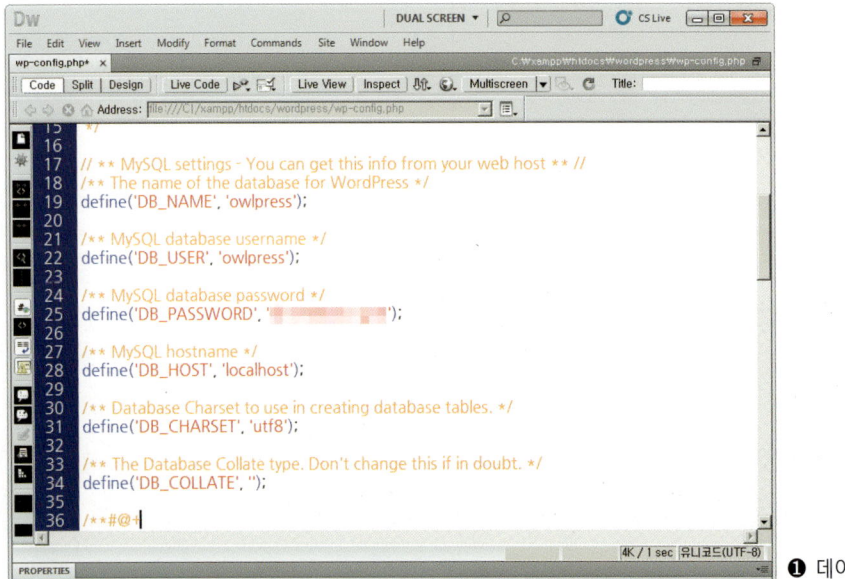

❶ 데이터베이스 정보

아래 부분은 인증키에 대한 내용인데 전입 신고서에 도장을 찍는 것과 같다고 생각하면 된다. 기술적인 부분이니 그냥 한번 봐두되 워드프레스가 이런 식으로 정보를 관리한다는 것은 알아두자.

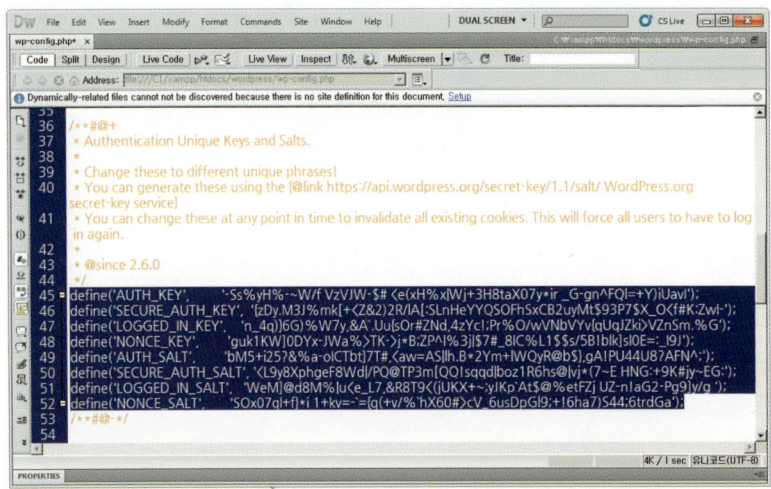

❷ 인증키 정보

03 대시보드 익히기

워드프레스를 설치하고 로그인을 하고 나면 제일 먼저 만나는 화면이 대시보드(Dashboard) 화면이다. 자동차의 대시보드는 현재 내 차의 상태를 알려주기도 하고 각종 조절 장치를 제공한다. 워드프레스의 대시보드도 똑같다. 내 워드프레스의 현황을 보여주고, 워드프레스를 사용하기 위한 메뉴를 제공한다. 앞으로 작업을 하면서 메뉴를 사용하기 위해 수시로 들러야할 곳이 대시보드이다. 대시보드를 살펴보자.

3-1 대시보드 알림판 화면 조절하기

현재 우리는 대시보드의 "알림판"에 있다. 알림판의 구성 요소들은 보이거나 안보이게 조절할 수 있다. 환영 글의 우측에 있는 "무시"를 클릭하면 환영의 글이 안보이게 된다. 또한 메뉴 아래쪽의 "메뉴 축소"를 클릭하면 메뉴가 아이콘만 남고 다시 클릭하면 원래대로 표시된다.

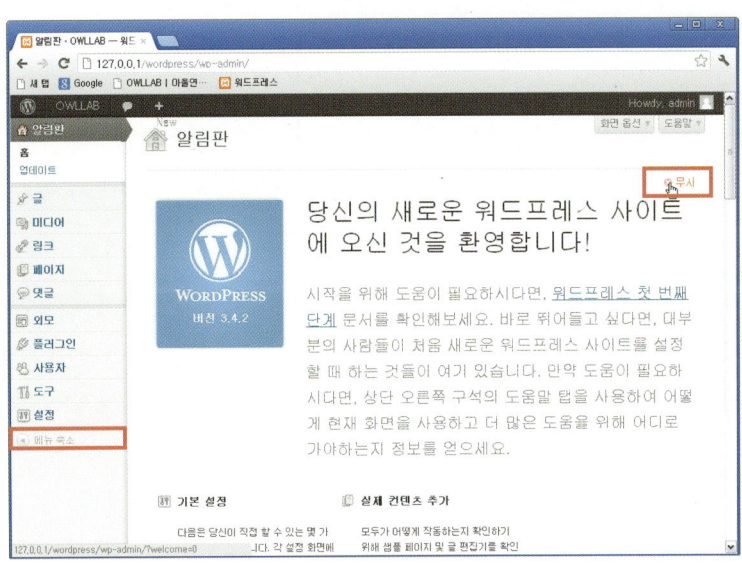

❶ "무시" 클릭하고
"메뉴 축소" 클릭

다음 화면은 환영 글이 숨겨지고 메뉴가 축소된 상태이다. 이제 화면 상단의 "화면 옵션"을 클릭해보자. 여기서는 체크와 해제를 통해 대시보드의 각 요소들을 숨기거나 표시할 수 있으며 "화면 레이아웃"에서 표시되는 열의 개수를 조절할 수 있다. 앞서 환영 글을 숨기는 작업을 했기 때문에 "환영합니다"는 체크가 해제되어 있음을 볼 수 있다.

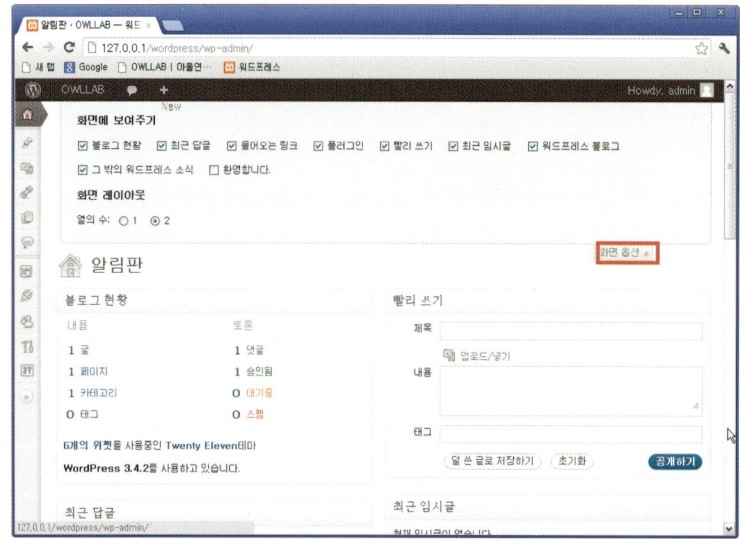

❷ "화면 옵션" 클릭

또한 대시보드의 작은 상자들도 제목 줄 우측의 토글 버튼을 클릭해서 접거나 다시 펼칠 수 있다.

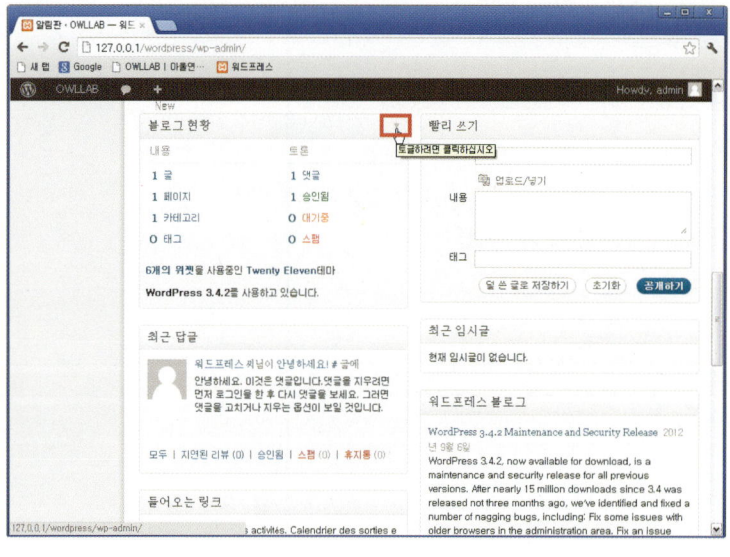

❸ 제목 줄의 토글 버튼 클릭

이 작은 상자들의 위치를 변경할 수도 있다. 작은 상자의 제목 줄을 클릭하고 원하는 위치로 이동하면 된다. 하지만 테스트만 해보고 원래대로 사용하는 것이 좋은 방법이다.

3-2 알림판 상자들의 역할

알림판에 있는 상자들은 주로 내 사이트의 현황을 표시하거나, 워드프레스의 최신 소식을 전하는 용도로 사용된다. 한번 살펴보자.

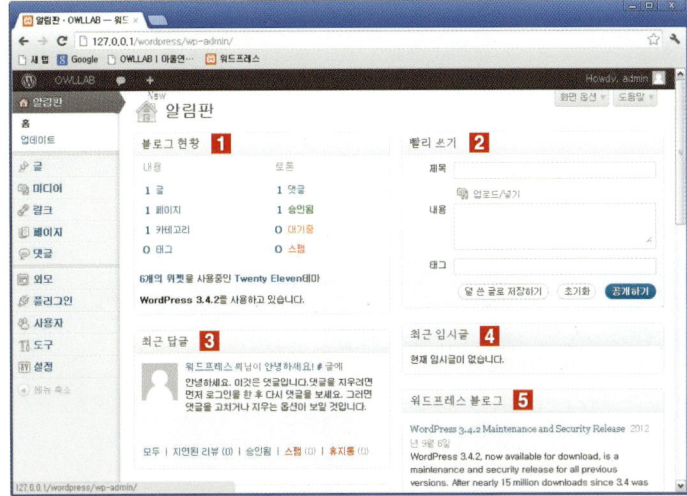

❶ 대시보드 위 부분

① 블로그 현황 : 현재 내 사이트에 작성되어 있는 글의 현황을 보여준다. 아직 우리는 아무 것도 작성하지 않았기 때문에 기본으로 작성되어 있는 콘텐츠에 대해서만 표시되고 있다.
② 빨리 쓰기 : 대시보드에서 급히 글을 쓸 때 사용할 수는 있으나 좋은 방법은 아니다. 사용하지 않는 것이 좋다.
③ 최근 답글 : 작성한 콘텐츠에 붙은 최근 댓글을 5개까지 보여준다.
④ 최근 임시글 : 글을 쓸 때 덜 쓴 글로 저장해둘 수 있다. 덜 쓴 글의 개수를 보여준다.
⑤ 워드프레스 블로그 : wordpress.org 자체의 뉴스이다.

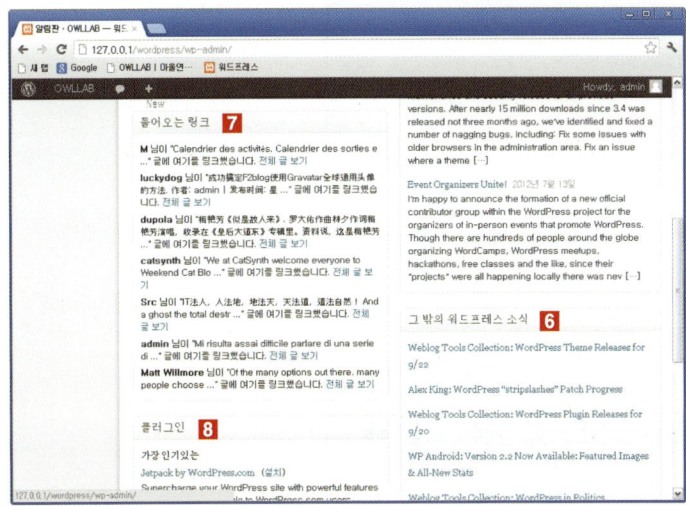

❷ 대시보드 아래 부분

3장 대시보드 익히기   39

⑥ 그 밖의 워드프레스 소식 : 워드프레스에 대한 전체적인 뉴스이다.
⑦ 들어오는 링크 : 내 사이트에 링크되어 있는 다른 사이트들의 목록이다.
⑧ 플러그인 : 플러그인은 워드프레스에 기능을 추가할 수 있는 작은 프로그램들이다. 그 플러그인에 대한 뉴스이다.

여기서는 대충 봐두자. 학습을 해나가면 이 화면의 구체적인 용도에 대해 자연스럽게 익숙해지게 된다.

3-3 대시보드와 사이트 화면 간의 이동

이제 사이트 화면은 어떻게 생겼는지 가보자. 화면 상단의 좌측에 있는 사이트 이름으로 커서를 가져가 "사이트 보기" 메뉴를 클릭한다.

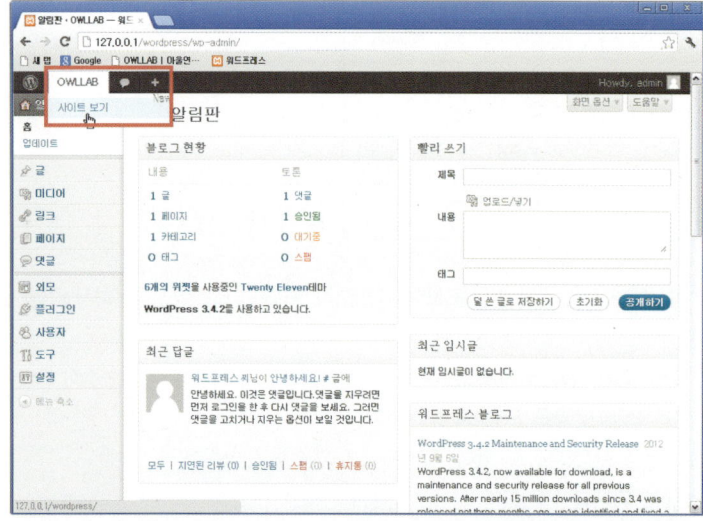

❶ "사이트 보기" 클릭

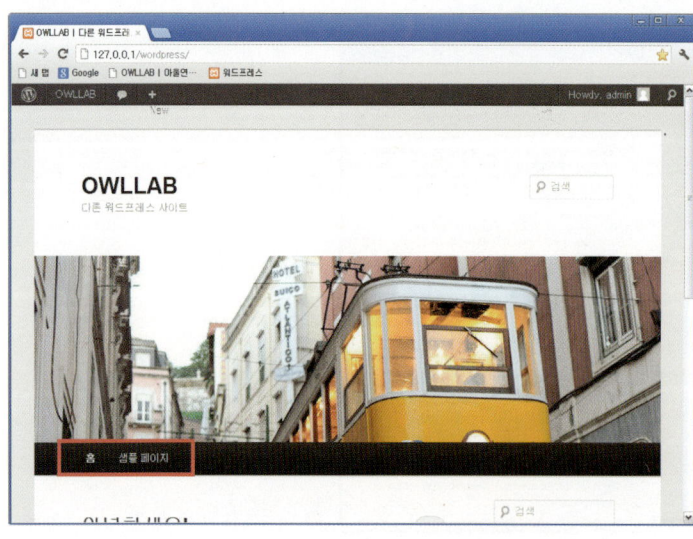

❷ 기본 사이트 화면

다시 대시보드로 이동하려면 역시 화면 상단 좌측에의 사이트 이름 위에 커서를 가져간 후 표시되는 메뉴에서 "알림판"을 클릭한다. 다른 걸 클릭해도 되나 일단 "알림판"을 클릭하는 걸로 해두자.

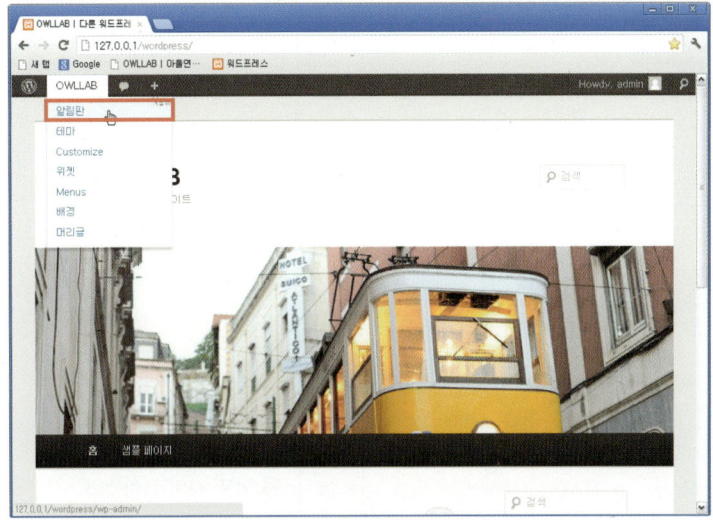

❸ "알림판" 클릭

3-4 기본 사이트 화면의 구성

워드프레스는 사이트의 기본 틀을 "테마"라고 한다. 우리가 보는 것은 워드프레스가 제공하는 기본 테마의 모양이다. 앞으로 이 테마를 조절하는 방법도 배울 것이다.

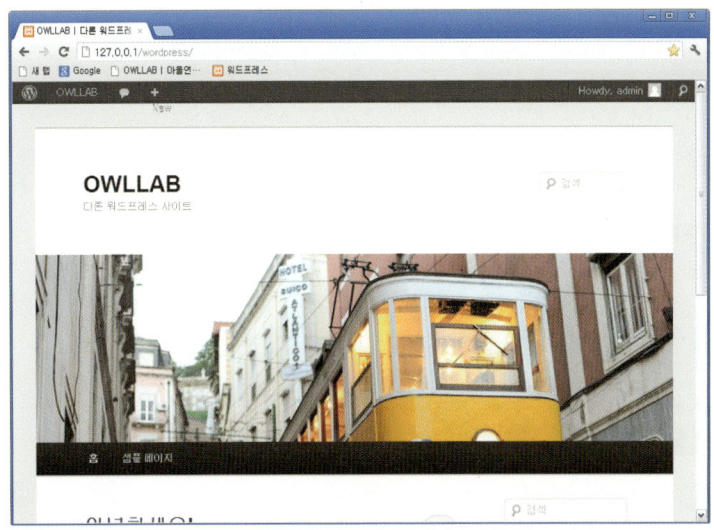

❶ 기본 사이트 화면

첫 화면의 아래쪽에는 글도 있고 오른쪽 열에는 "최근 글"부터 "그 밖의 기능"까지 표시되어 있다. 특히 "분류"에 미분류라는 것이 있다는 것과 "그 밖의 기능"에 로그인/아웃 기능이 있다는 것을 기억해두자.

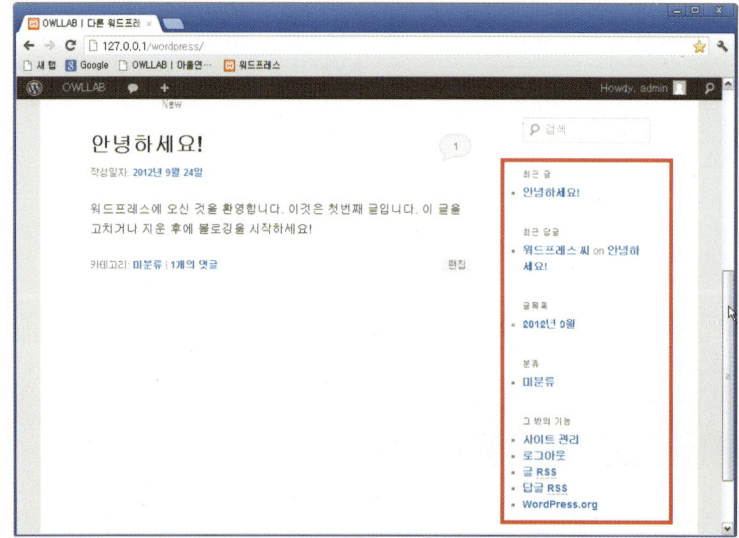

❷ 기본 사이트 화면의 아래 부분

또 한 가지 기억해두면 좋을 것이 있다.

- 사이트 화면의 주소 : http://127.0.0.1/wordpress/
- 대시보드 화면의 주소 : http://127.0.0.1/wordpress/wp-admin/

❸ 사이트 화면의 주소

❹ 대시보드 화면의 주소

04 무작정 포스트와 페이지 작성해보기

우리는 학습을 위해서 아무 것도 모르는 상태에서 3개의 글을 작성해볼 것이다. 워드프레스에서 모든 글은 "포스트"나 "페이지"로 작성한다. 주로 사용하는 것은 포스트인데 일단 포스트 2개와 페이지 1개를 작성해보자. 필자의 의도가 있으므로 무작정 따라하기 바란다.

4-1 포스트 작성 화면의 구성

대시보드에서 "글" 메뉴를 클릭해보자. 워드프레스에서 "글"은 포스트를 의미한다. 그림처럼 "안녕하세요!"라는 제목의 한 개의 포스트가 있다. 이건 우리가 작성한 것이 아니라 워드프레스가 제공하는 샘플용 포스트이다.

이 화면에서 한 가지 더 봐둘 것은 "분류가" "미분류"라고 표시되어 있다는 점이다. 일단 "미분류"를 기억해두자.

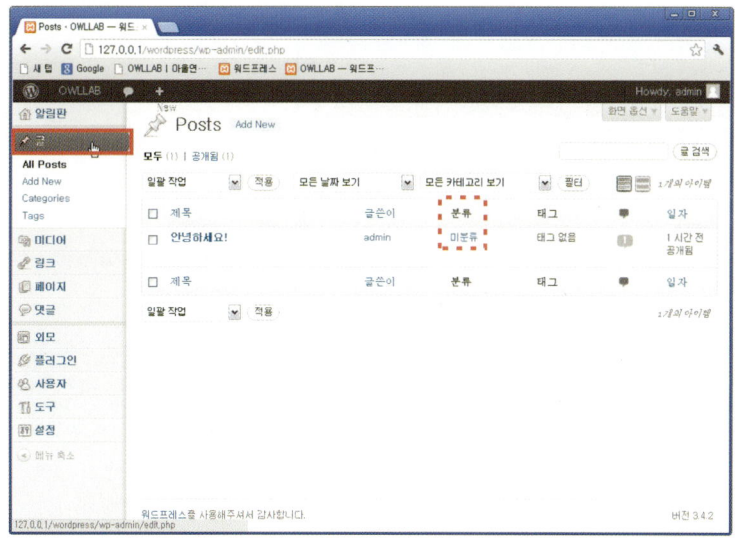

❶ 메뉴에서 "글" 클릭

이제 "안녕하세요!"라는 제목으로 커서를 가져가면 제목 아래에 몇 개의 버튼이 표시된다. 그 중에서 "편집"을 클릭해보자.

❷ "편집" 클릭

포스트를 편집할 수 있는 화면이 나타난다. 그런데 여기도 "화면 옵션"이 있다. "화면 옵션"을 클릭하고 모든 항목을 체크하자. 그래야 포스트를 작성하면서 활용할 수 있는 제반 기능이 다 보인다.

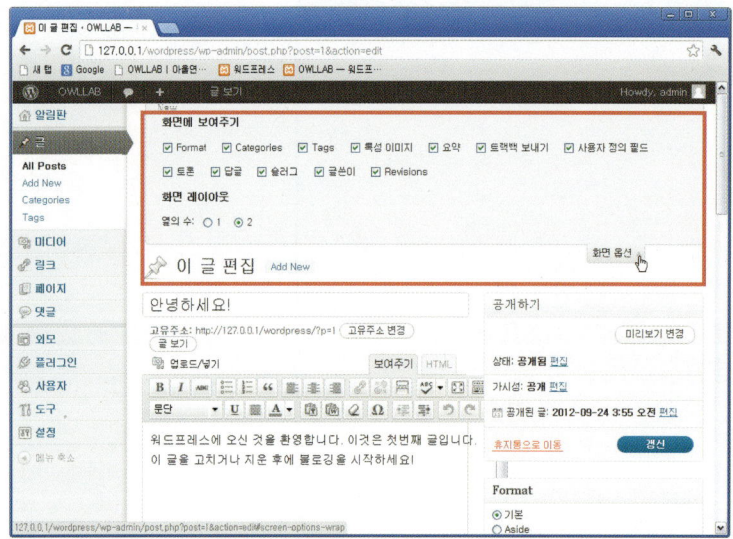

❸ "화면 옵션" 클릭하고 모든 항목을 체크

이제 화면을 아래로 스크롤 해보면 "Revisions"까지 많은 기능들이 추가된 것을 볼 수 있다. 우리는 학습을 하면서 차차 이 기능들을 하나씩 사용해보게 될 것이다.

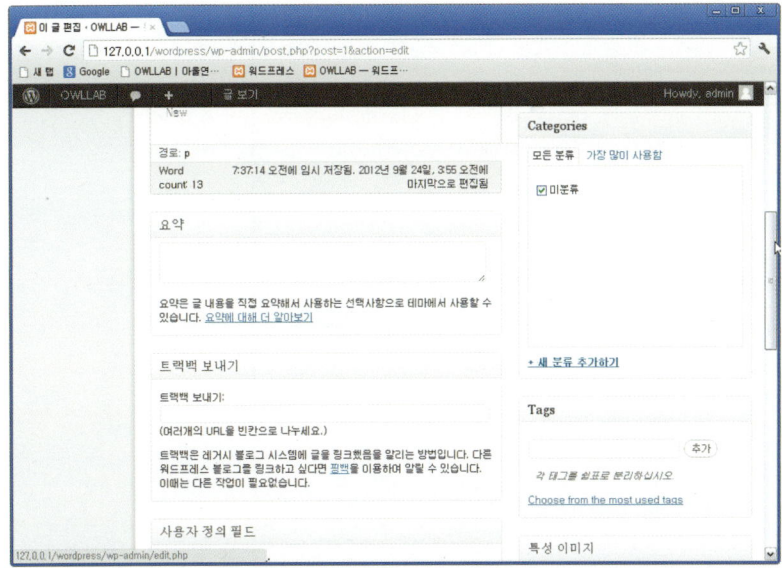

❹ 포스트 화면의 중간 부분

❺ 포스트 화면의 마지막 부분

4-2 포스트 2개 작성하기

이제 우리의 포스트를 작성해보자. 메뉴에서 "글 > Add New"를 클릭하자.

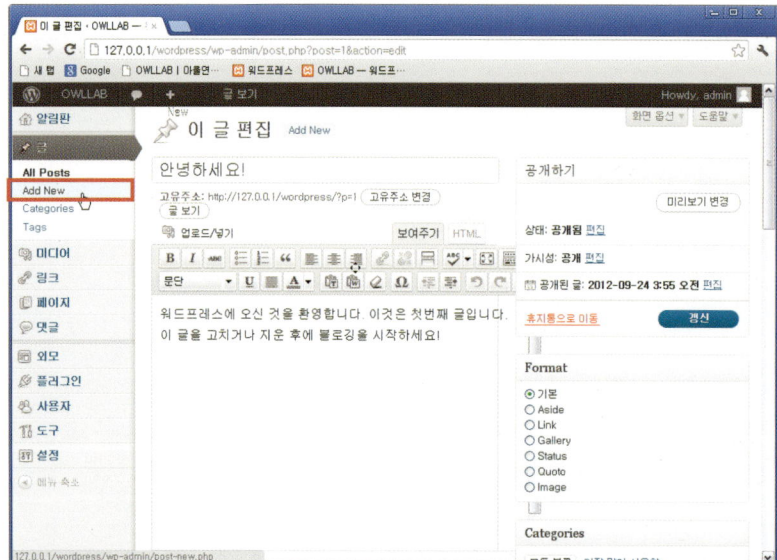

❶ "글 > Add New" 클릭

제목은 "첫 번째 포스트"라고 입력하고, 본문에 간단히 한 줄의 문장을 입력한 후, "공개하기" 버튼을 클릭했다.

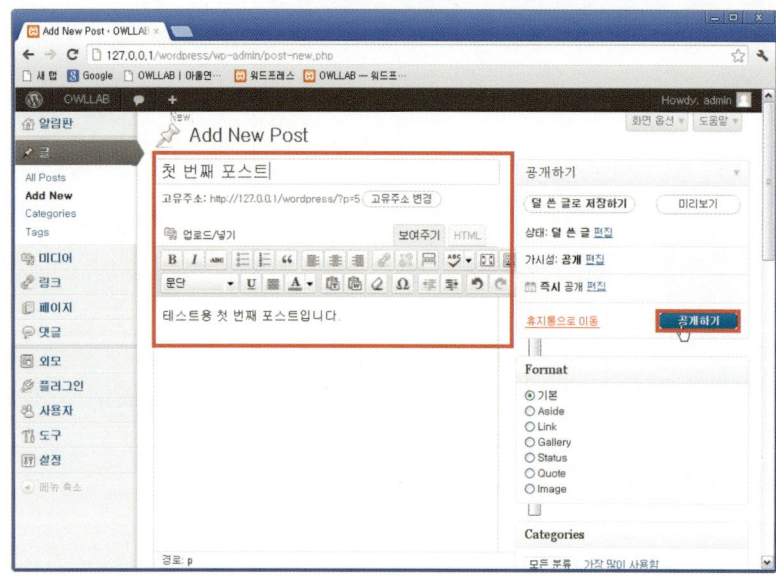

❷ 제목과 본문 입력 후 "공개하기" 클릭

이제 두 번째 포스트를 작성하자. 다시 "글 > Add New"를 클릭하자.

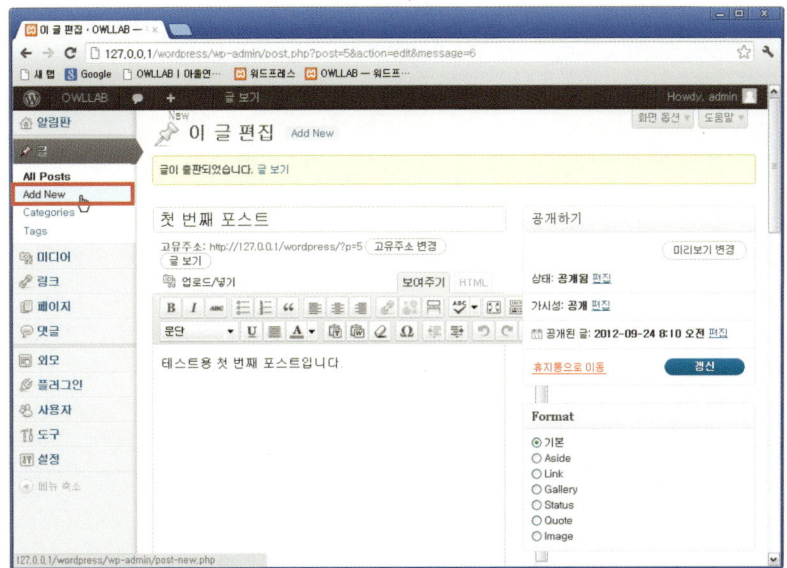

❸ "글 > Add New" 클릭

제목에는 "두 번째 포스트"를 입력하고, 분문에는 역시 한 줄의 문장을 입력한 후, "공개하기" 버튼을 클릭했다.

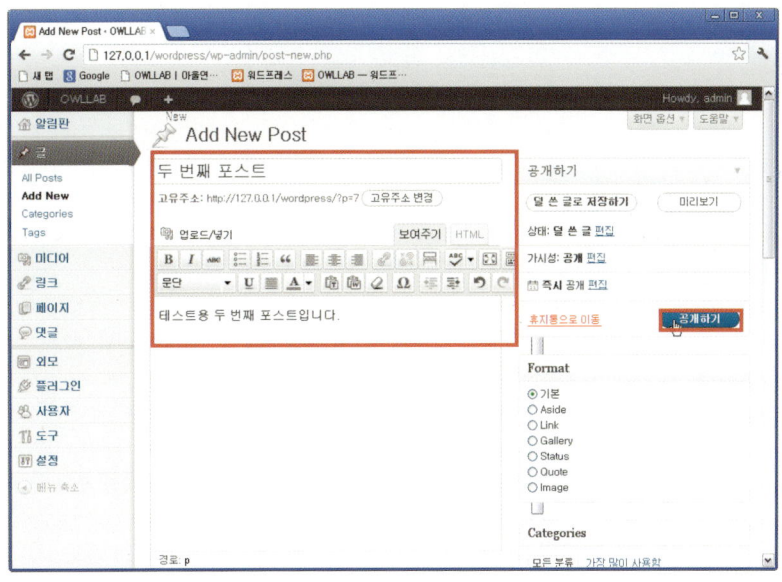

❹ 제목과 본문 입력 후 "공개하기" 클릭

이제 메뉴에서 "글 > All Posts"를 클릭해보자. 존재하는 모든 포스트가 목록으로 표시된다. 물론 우리는 3개 밖에 없다.

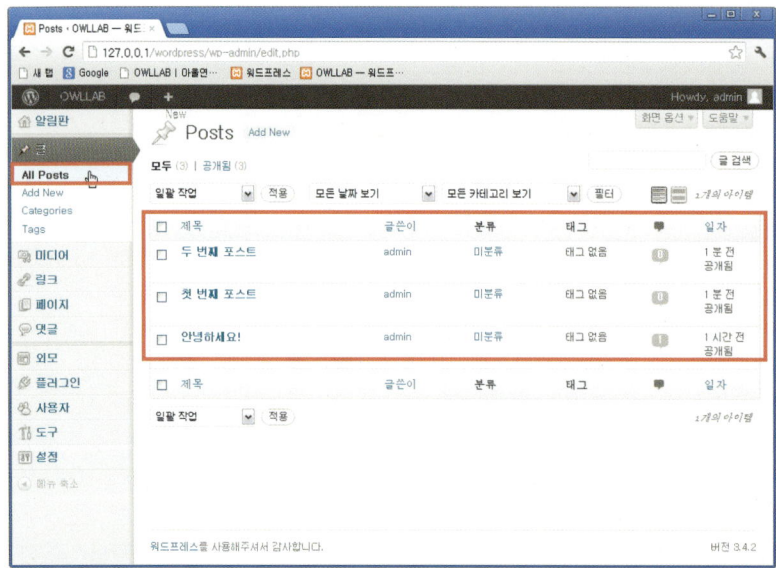

❺ "글 > All Posts" 클릭

글을 썼으니 어떻게 표시되는지 사이트 화면으로 가보자.

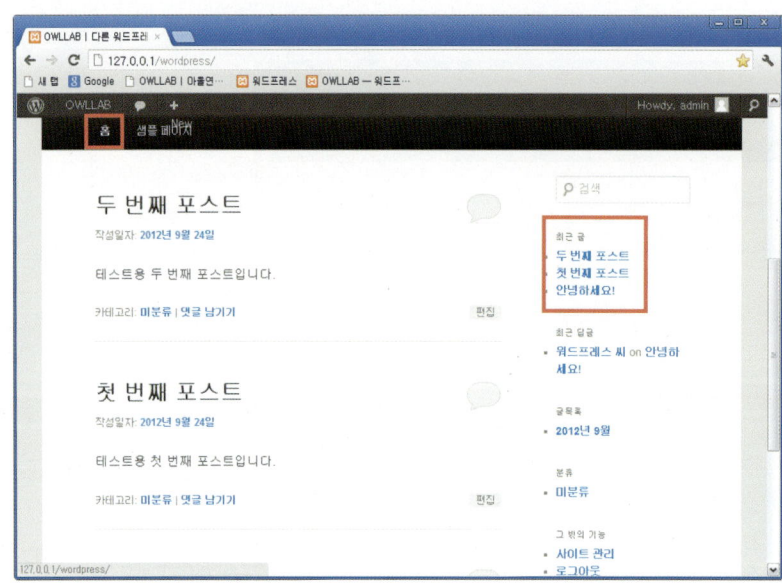

❻ 포스트 작성 후의 사이트 화면

2개의 포스트가 "홈" 메뉴에 등록이 되었다. 그리고 오른쪽의 "최근 글"에도 표시되었다. 아무 조치 없이 그냥 글을 쓰면 "All Posts"의 포스트 목록에는 "미분류"라고 표시되고, "홈" 메뉴에 표시된다. 블로그처럼 나중에 쓴 글이 제일 위에 표시된다. 하지만 이런 건 다 조절이 가능하다. 일단 확인만 해두자.

본 김에 "댓글 남기기"를 클릭해서 댓글을 하나씩 작성해보자. 뒤에서 확인할 것이 있으니 댓글도 꼭 달길 바란다. 본문 아래에 보면 작성자가 "admin"이다. 이것도 기억해두자.

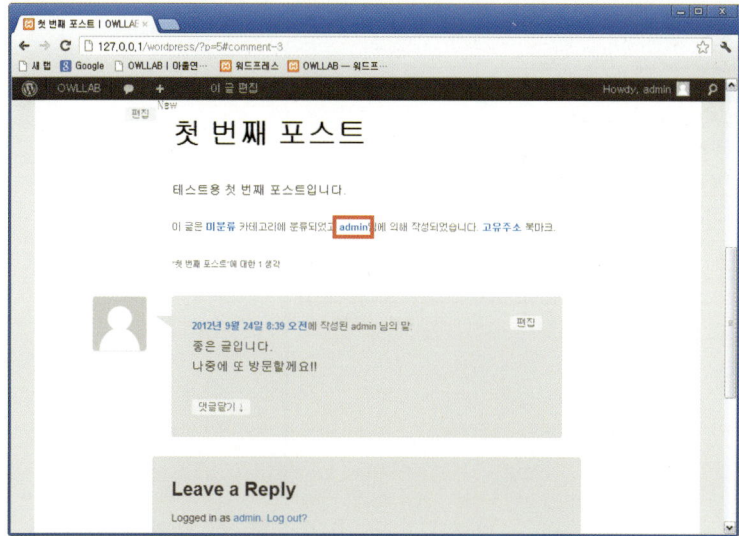

❼ 댓글을 작성한 화면

4-3 페이지 1개 작성하기

페이지를 작성하는 메뉴는 따로 있다. 대시보드의 메뉴에서 "페이지 > Add New"를 클릭하고 제목과 본문을 입력한 후, "공개하기" 버튼을 클릭한다.

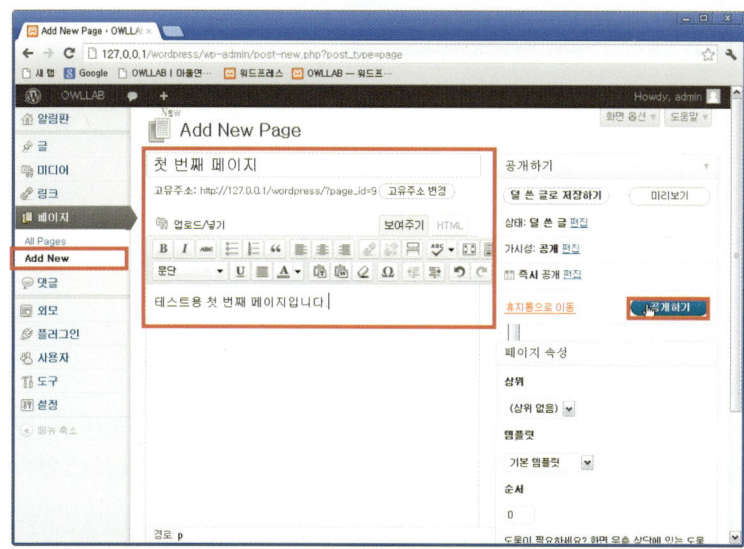

❶ "페이지 > Add New" 클릭 후 제목과 본문 작성하고 "공개하기" 클릭

4장 무작정 포스트와 페이지 작성해보기

"페이지 > All Pages"를 클릭하면 2개의 페이지가 보인다. 샘플 페이지는 워드프레스가 제공한 거다.

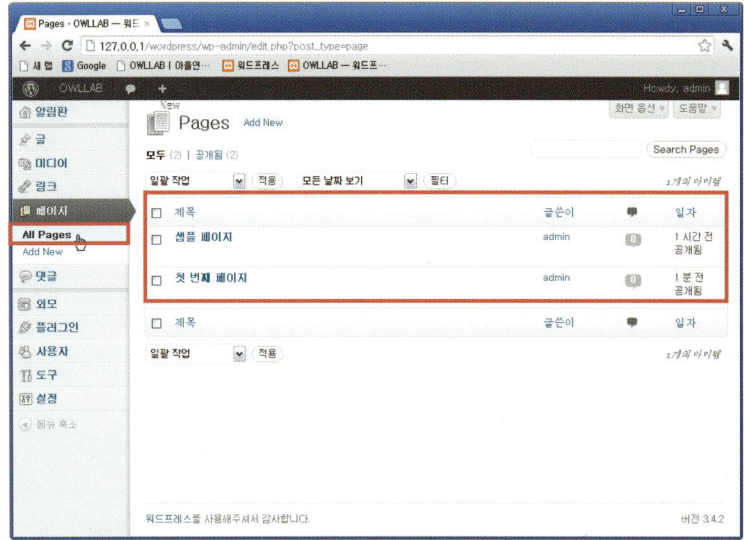

❷ "페이지 > All Pages" 클릭

사이트 화면으로 가보자. 페이지는 어떻게 표시될까?

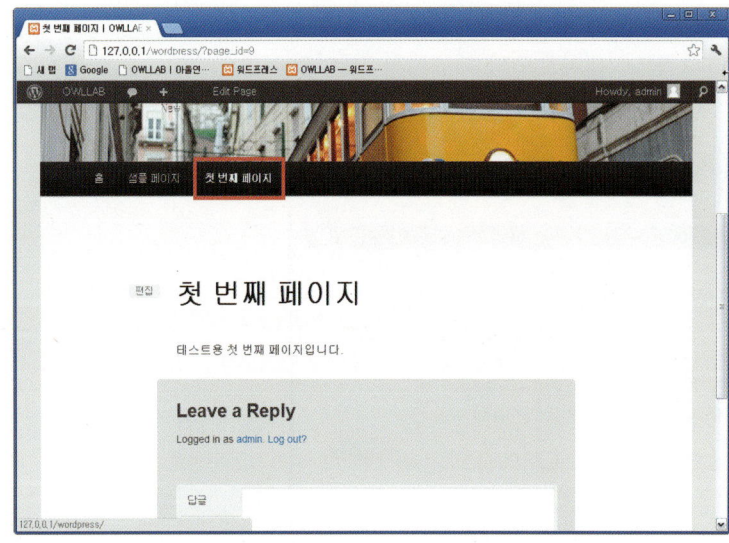

❸ 페이지 작성 후의 사이트 화면

첫 번째 페이지라는 메뉴가 생겼다. 페이지의 제목으로 메뉴가 만들어졌다. 아무 조치도 없이 그냥 페이지를 작성하면 그 페이지 제목으로 메뉴가 만들어진다. 잘 생각해보면 이건 좋은 게 아니다. 작성하는 페이지마다 메뉴가 되어 버리면… 일단은 페이지의 특성만 확인하자.

그런데 페이지는 포스트와는 달리 오른쪽에 아무 것도 안 나온다. 페이지도 오른쪽에 정보가 나오게 편집할 수 있다. 페이지 제목 아래의 "편집"을 클릭하자.

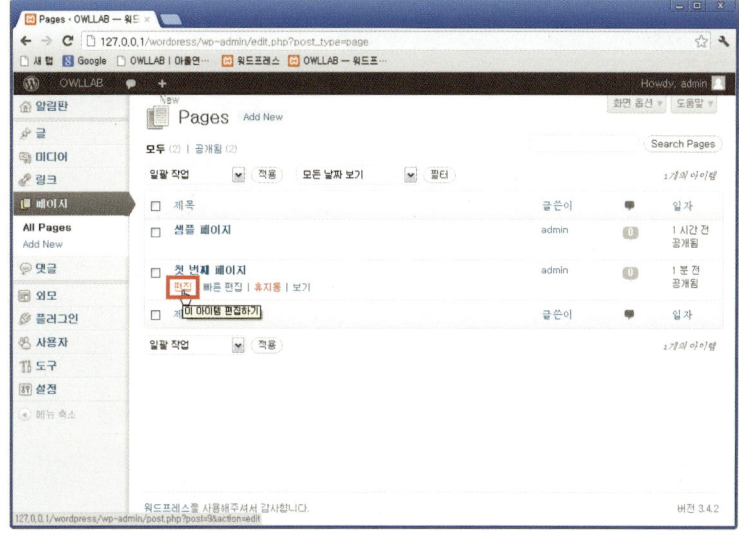

❹ 첫 페이지의 "편집" 클릭

"페이지 속성"에 템플릿이 있다. 거기서 "사이드바 템플릿"을 선택하고 "갱신"을 클릭하자.

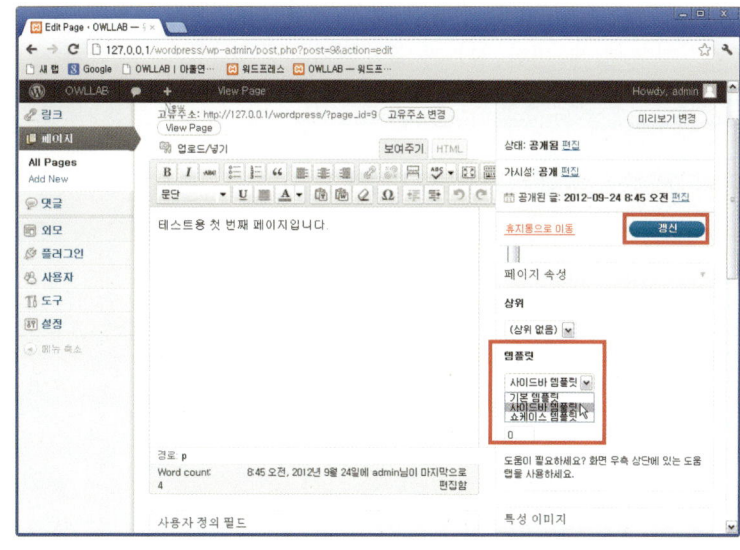

❺ "템플릿 > 사이드바 템플릿" 선택 후 "갱신" 클릭

그리고 다시 사이트 화면으로 가면 페이지의 오른쪽에 정보가 표시될 것이다.

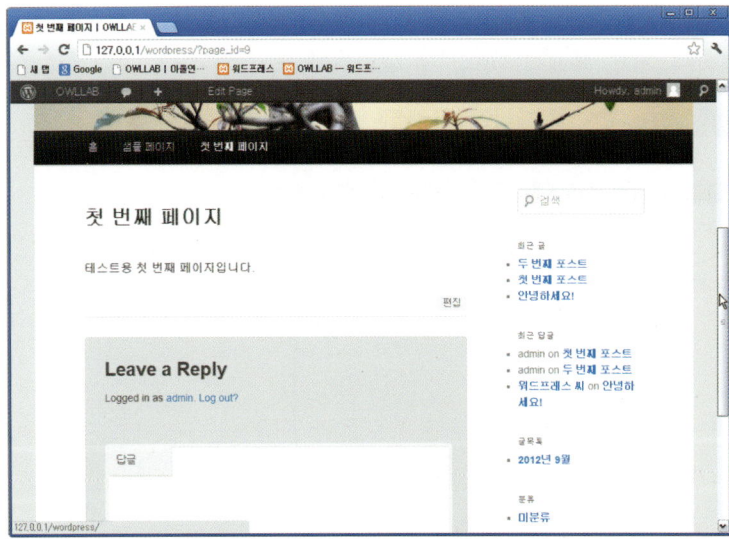

❻ 오른쪽에 정보가
표시되는 페이지 화면

4-4 알림판 다시 확인하기

대시보드로 와서 "알림판"을 다시 한 번 보자. "블로그 현황"을 보면 글(포스트를 의미)은 3개로 늘었고, 페이지는 2개, 댓글도 3개로 늘었다. 앞서 작업한 결과가 반영된 것이다. 또한 "최근 답글"을 보면 앞서 우리가 작성한 댓글에 대한 정보가 표시된다.

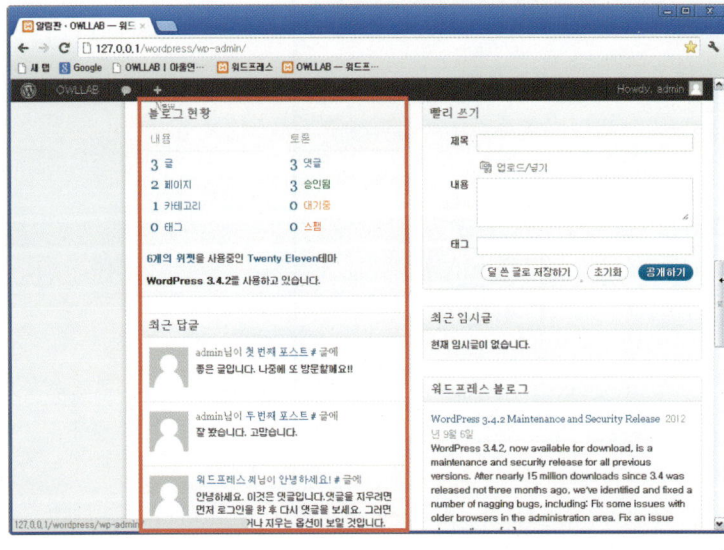

❶ 사이트 정보가 변경됨

05 프로필 설정하고 테마 조절하기

이 장에서는 사이트와 관리자의 프로필을 설정하고 기본으로 제공되는 테마를 조절해볼 것이다. 사이트 이름이나 날짜와 시간의 표시 방법, 관리자가 포스트를 쓸 때 포스트에 표시되는 닉네임의 설정 방법 그리고 테마를 변경하거나 다소 치장을 하는 등 기본적인 설정 작업을 해본다.

5-1 사이트 설정하기

사이트에 관한 설정 작업은 "설정 > 일반" 메뉴에서 한다.

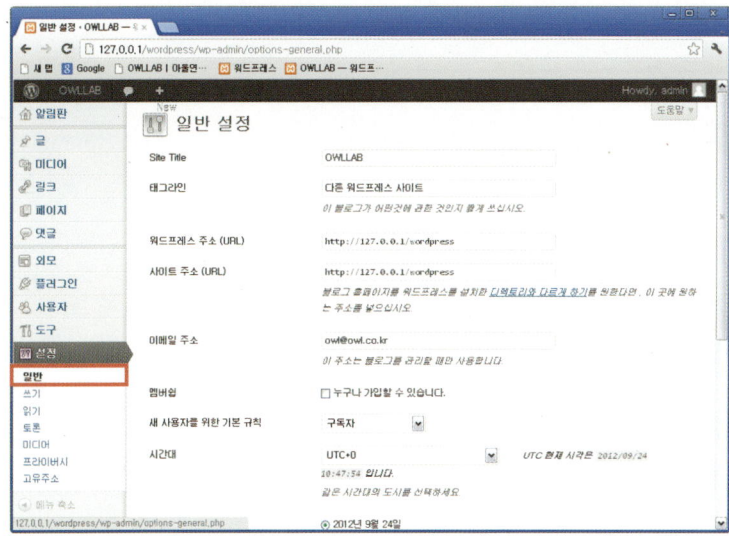

❶ "설정 > 일반" 클릭

"일반 설정" 화면을 보면 사이트 제목이나 사이트 주소, 이메일 주소 등이 앞서 워드프레스를 설치할 때 입력한 정보를 바탕으로 자동으로 채워져 있다.

그 중에서 특히 이메일 항목은 올바로 입력해야 한다. 나중에 사이트를 관리하면서 외부와 메일을 주고받는 용도로 사용되기 때문이다. 우리는 두 번째 항목인 "태그라인"을 수정하는 작업을 할 것이다.

"태그라인"에 "소프트웨어 연구소"를 입력했다.

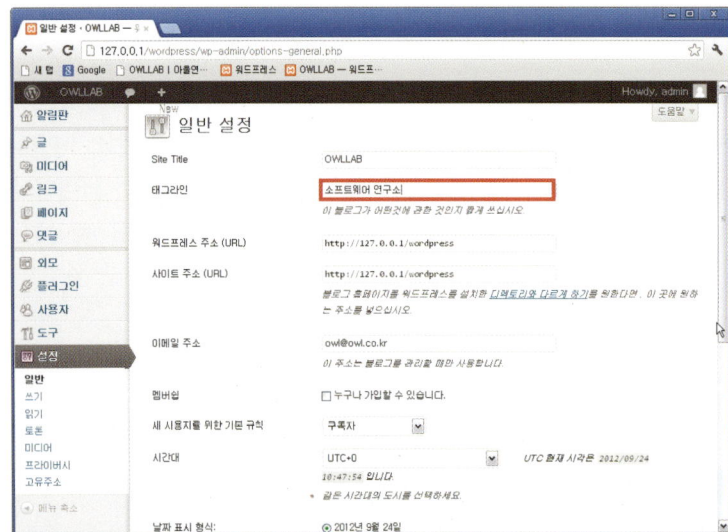

❷ "태그라인"에 "소프트웨어 연구소"를 입력

아래쪽에서는 시간 날짜 등의 표시 방식을 설정할 수 있게 되어 있다. 그냥 다 놔두고 "변경 사항 저장"을 클릭하자.

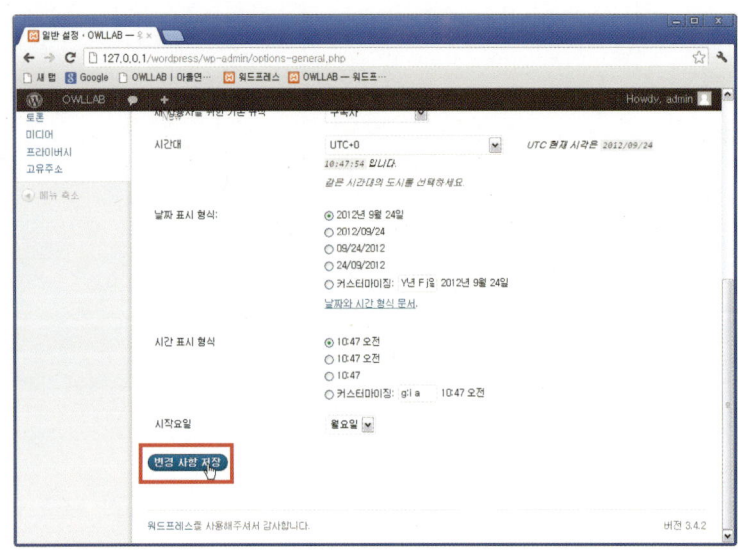

❸ "변경 사항 저장"을 클릭

이제 사이트 화면으로 가보자. 뭐가 달라졌을까?

사이트 제목 아래에 "소프트웨어 연구소"라고 태그라인이 표시된다.

❹ "태그라인"이 수정된 사이트 화면

5-2 관리자 프로필 설정하기

여기서는 관리자 프로필을 재설정해본다. 이 작업은 "사용자 > 당신의 프로필" 메뉴에서 한다.

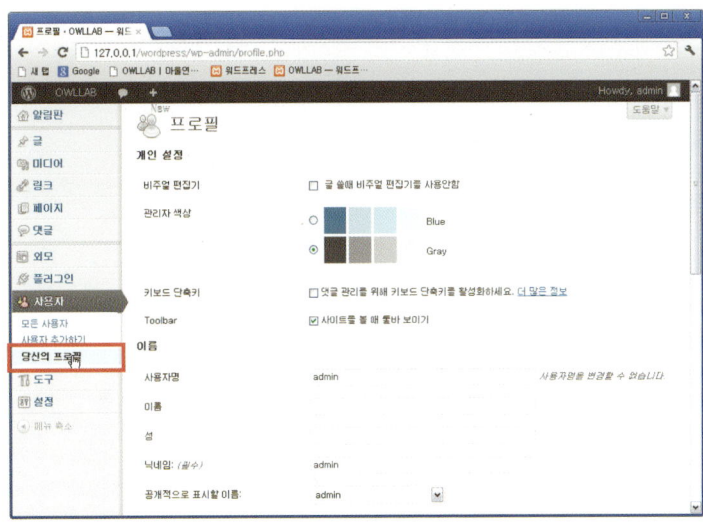

❶ "사용자 > 당신의 프로필" 클릭

프로필 화면에도 여러 가지 항목이 있다. 우리는 관리자가 작성한 포스트에 표시되는 작성자 이름을 변경해볼 것이다. "닉네임"에 "담담"을 입력하고 "공개적으로 표시할 이름"에서 "담담"을 선택한다.

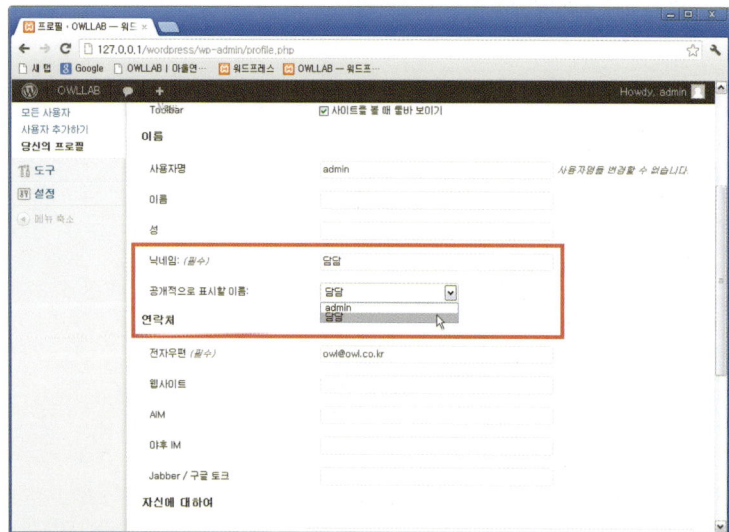

❷ "닉네임"에 "담담"을 입력하고 "공개적으로 표시할 이름"에서 "담담"을 선택

아래쪽에 보면 "새 비밀번호"가 있다. 로그인할 때의 비밀번호를 변경하는 기능이다. 필자는 새로운 비밀번호를 입력하고 "프로필 업데이트"를 클릭했다.

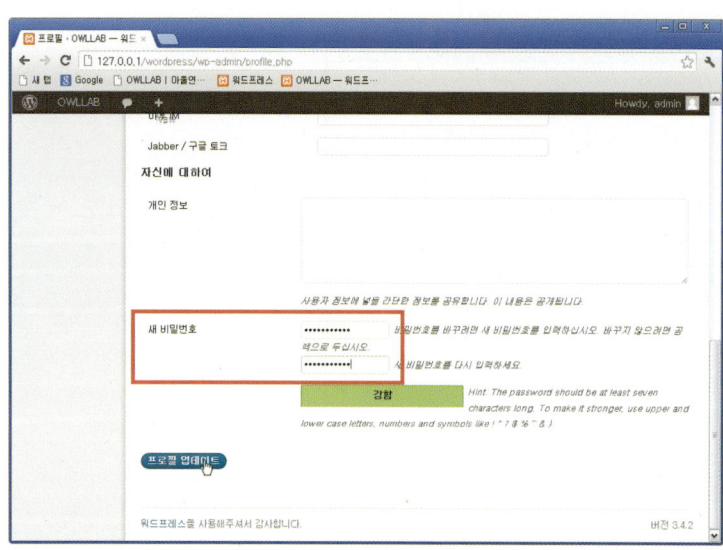

❸ "새 비밀번호"를 입력하고 "프로필 업데이트" 클릭

이 변경된 비밀번호를 잘 기억해야 한다. 로그인할 때 필요하다.

이제 사이트 화면으로 가보자. 포스트를 클릭해보면 이전에는 "admin"으로 표시되었는데 이제는 "담담"으로 변경되었다. 모든 게시물에 변경된 닉네임이 표시된다. 로그인도 테스트해보시라. 이전 비밀번호는 더 이상 안 통한다.

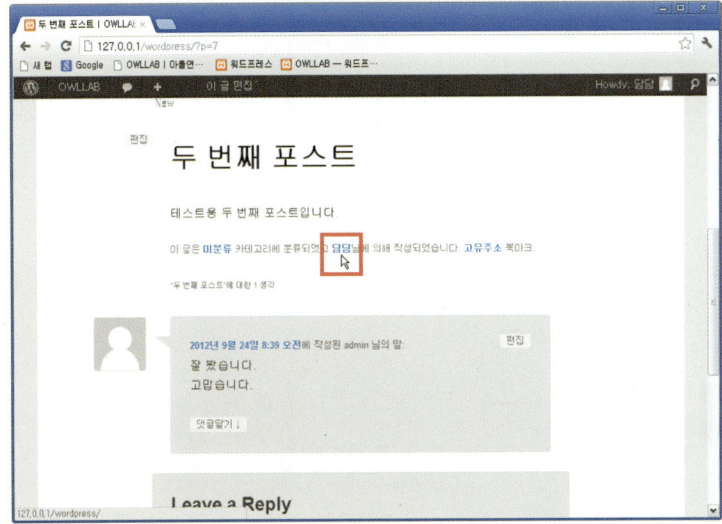

❹ 편집자 이름이 수정된 사이트 화면

5-3 테마 바꾸기

백문이 불여일타! 무조건 해보자. 테마를 바꾼다. 원래 상태로 복구도 되니까 안심하고 해보자. "외모 > 테마" 메뉴를 클릭한다.

❶ "외모 > 테마" 클릭

"테마 설치" 탭을 클릭하고 "키워드"에 "magazine"을 입력하고 "검색"을 클릭했다.

❷ "테마 설치" 탭 클릭 후 "키워드" 입력하고 "검색" 클릭

"magazine"이 주제인 테마들이 찾아진다. 이번에 다시 "테마 설치"를 클릭하고 조건들을 체크해보자. 조건을 대충 체크해야 테마가 많이 찾아진다.

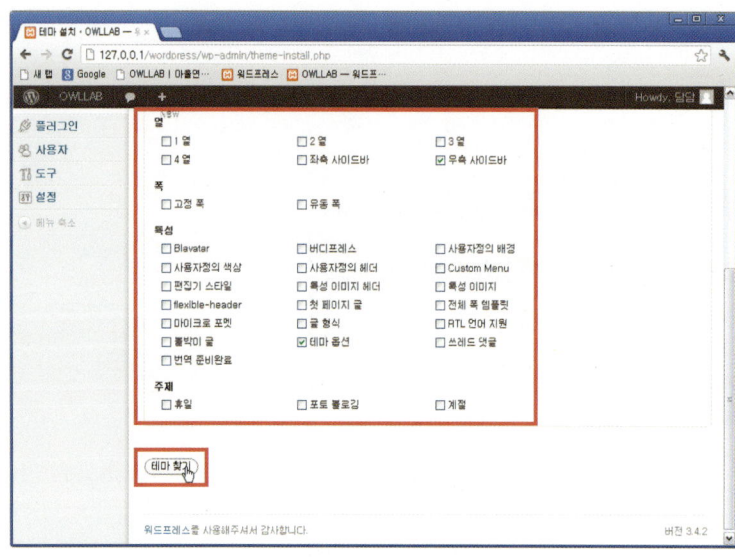

❸ "테마 설치" 탭 클릭 후 임의로 조건들을 체크하고 "테마 찾기" 클릭

조건들을 몇 개 체크하고 "테마 찾기"를 클릭한다.

맘에 드는 거 하나 찾아서 "지금 설치하기"를 클릭했다.

❹ 원하는 테마의
"지금 설치하기" 클릭

설치가 끝난 후 "Save & Activate"를 클릭한다.

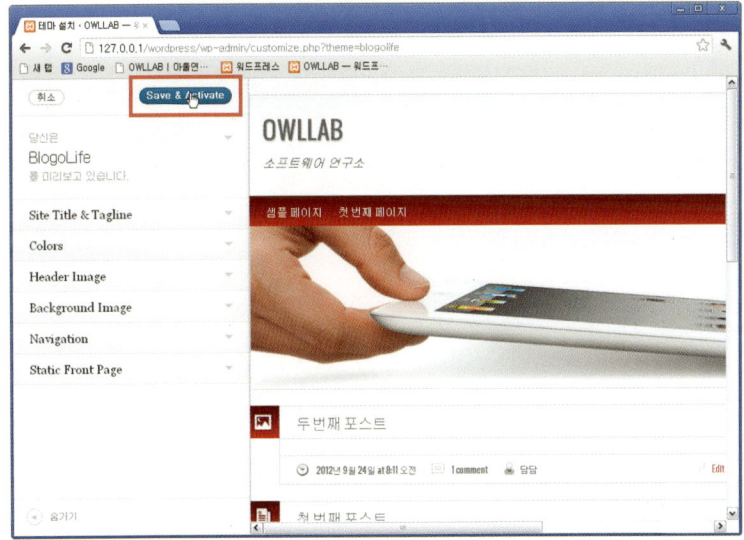

❺ "Save & Activate" 클릭

이제 사이트 화면으로 가보자. 새로운 테마가 적용되었을 것이다.

❻ 새로운 테마가 적용된
사이트 화면

멋진 사이트가 되어 가고 있다. 하지만 한 가지 유의할 것이 있다.

> 테마는 단순히 디자인만 변경하는 것이 아니다. 테마별로 화면 레이아웃도 다르고, 워드프레스의 특정 기능의 사용/비사용이 설정되기도 하며 나중에 플러그인을 추가로 설치하면 일부 기능을 다시 조절해야 하는 경우도 있다. 테마를 선정하거나 바꿀 때는 이런 점들을 모두 고려해서 세밀하게 살펴보아야 한다.

이제 우리의 학습을 위해 다시 원래의 테마인 "Twenty Eleven"을 활성화시키자.

❼ "존재하는 테마"에서
"Twenty Eleven"의
"활성화" 클릭

원래의 다소 후줄근한 테마로 돌아왔다.

❽ 복구된 테마 화면

하지만 "외모 > 테마"를 가보면 "존재하는 테마"에 우리가 적용했던 테마가 그대로 남아있다. 언제든지 필요하면 "활성화"를 클릭해서 다시 적용할 수 있다.

❾ "외모 > 테마"에 남아있는 새 테마

워드프레스에 익숙해지면 자기 사이트에 알맞은 테마를 몇 개 골라놓고 가끔씩 테마를 변경하면 재미있는 사이트를 만들 수 있다. 이것이 테마의 힘이다. 2012년 현재 워드프레스의 테마는 1500여개에 달하는데 그 수가 빠른 속도로 증가하고 있어 개수를 정확히 말하기가 어려울 정도이다.

5-4 사이트 머리글 색깔 바꾸기

"외모 > 머리글"을 클릭해서 아래로 가면 "헤더 텍스트"의 "글자 색상"이 있다. "색상 선택"을 클릭하고 표시되는 색판에서 색을 클릭한 후 "변경 사항 저장"을 클릭한다.

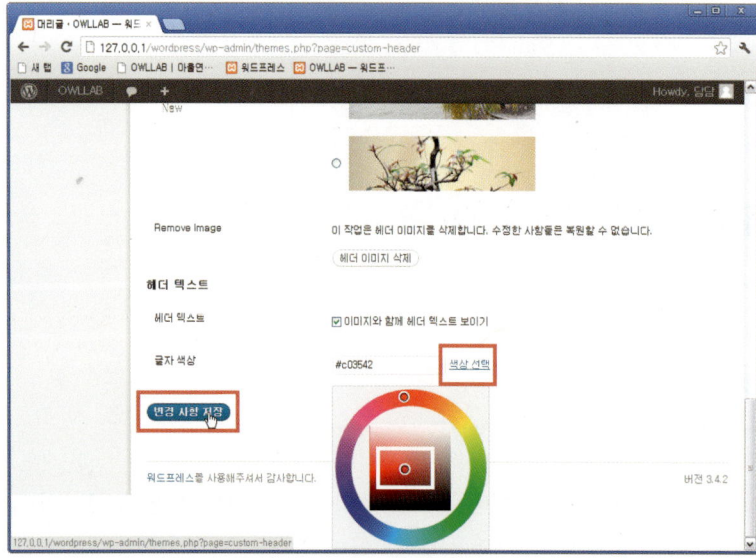

❶ "외모 > 머리글" 클릭 후 "색상 선택" 클릭해서 색을 선택하고 "변경 사항 저장" 클릭

이제 사이트 화면으로 가보자. 제목과 태그라인의 색이 바뀌었다.

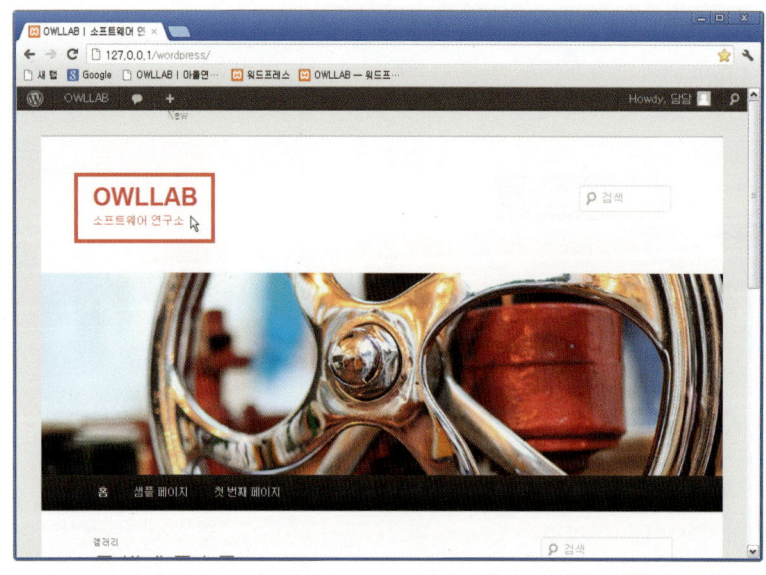

❷ 사이트 화면의 머리글과 태그라인의 색이 변경됨

5-5 첫 화면 배경 바꾸기

밋밋한 우리의 테마를 위해 배경을 바꾸어보자. "외모 > 배경"을 클릭하고 "파일 선택"을 클릭해서 배경으로 사용할 그림을 사용 중인 PC에서 가져온다.

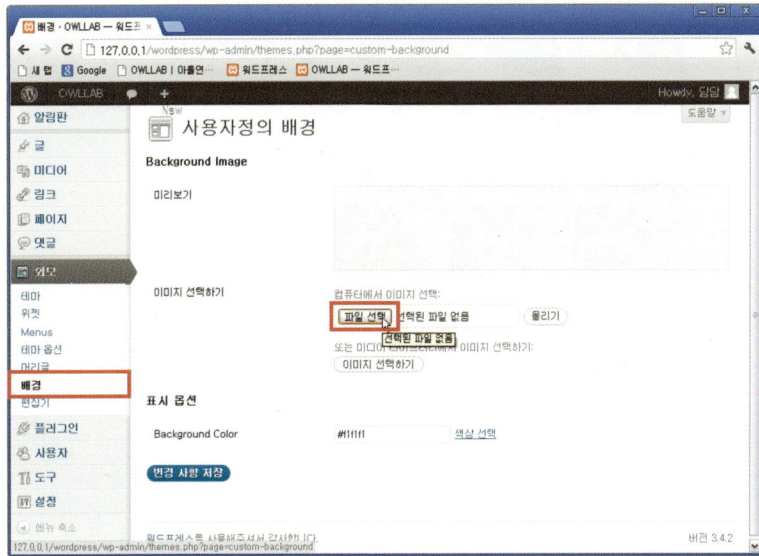

❶ "외모 > 배경" 클릭 후
"파일 선택" 클릭해서
PC에서 이미지 가져옴

이제 그림 선택이 끝났으면 "올리기"를 클릭한다.

❷ "올리기" 클릭

필자가 올린 그림이 "미리보기"에 나타나는데 반복되고 있다.

❸ 이미지가 반복되는 미리보기

아래의 "표시 옵션"에서 "중앙", "No Repeat", Fixed"를 클릭하고 "변경 사항 저장"을 클릭한다.

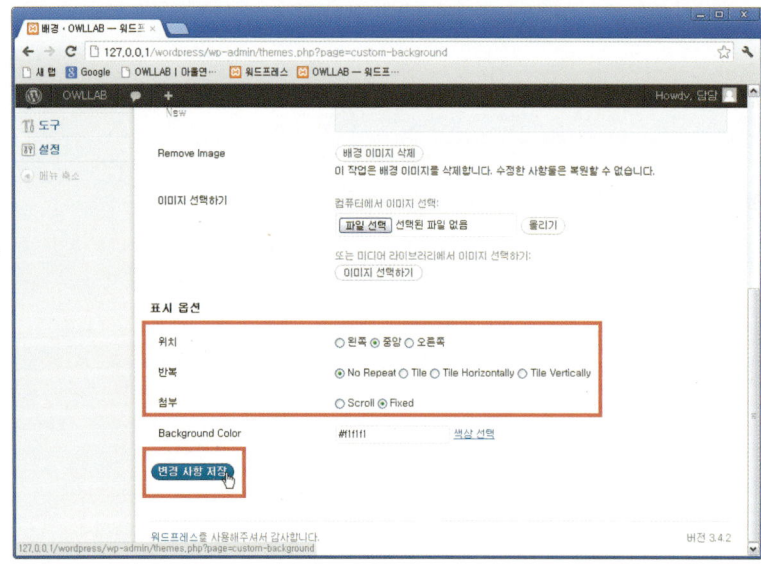

❹ "표시 옵션"에서 "중앙", "No Repeat", Fixed"를 클릭하고 "변경 사항 저장"을 클릭

이제 사용자 화면으로 가보자.

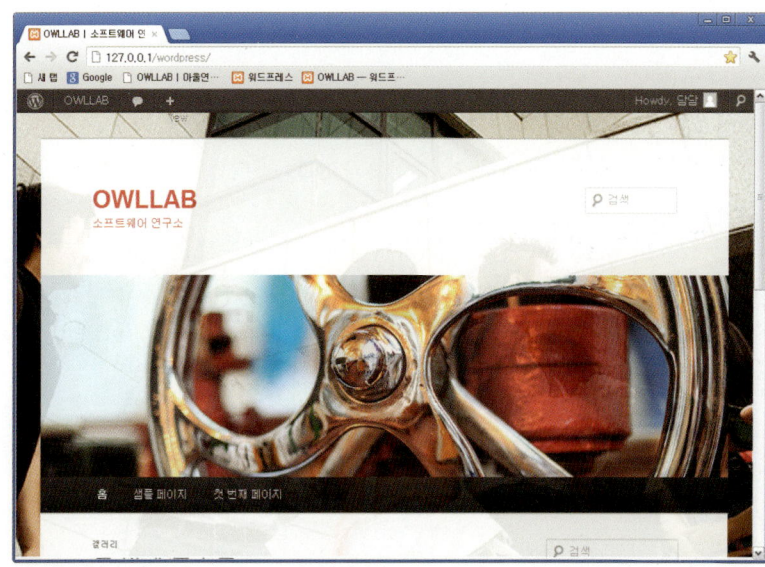

❺ 내가 올린 이미지로 배경이 수정된 사이트 화면

필자가 올린 그림으로 배경이 변경되었다.

우리는 학습을 위해 기본 테마를 고수하고 있지만, 전문적인 디자인 기술이 없어도 지금까지 작업한 방식으로 테마를 바꾸고, 사이트 제목을 치장하고, 배경만 바꿔도 얼마든지 멋진 사이트를 빠른 속도로 만들 수 있다.

06 위젯과 링크와 도움말 사용하기

이 장에서는 위젯을 사용하는 방법과 도움말을 사용하는 방법을 알아본다. 워드프레스에서 위젯은 주로 사이트 화면의 사이드 바에 표시되는 기능들을 말한다. 기술적으로는 가져다 놓기만 하면 바로 사용할 수 있는 작은 프로그램을 의미한다. 워드프레스는 테마마다 조금씩 다르기는 하지만 내장된 위젯들이 있어 이들을 사이트 화면의 특정 영역에 추가, 삭제할 수 있다. 워드프레스의 도움말 체제도 모르는 기능을 즉시 찾아볼 수 있게 되어 있다.

6-1 달력 위젯 추가하기

먼저 현재 우리의 사이트 화면을 보자. 화면의 오른쪽 사이드 바에 다음과 같이 기능들이 나열되어 있다.

❶ 사이트 화면의 오른쪽 사이드 바

이제 메뉴에서 "외모 > 위젯"을 클릭해서 위젯 화면으로 가보자.

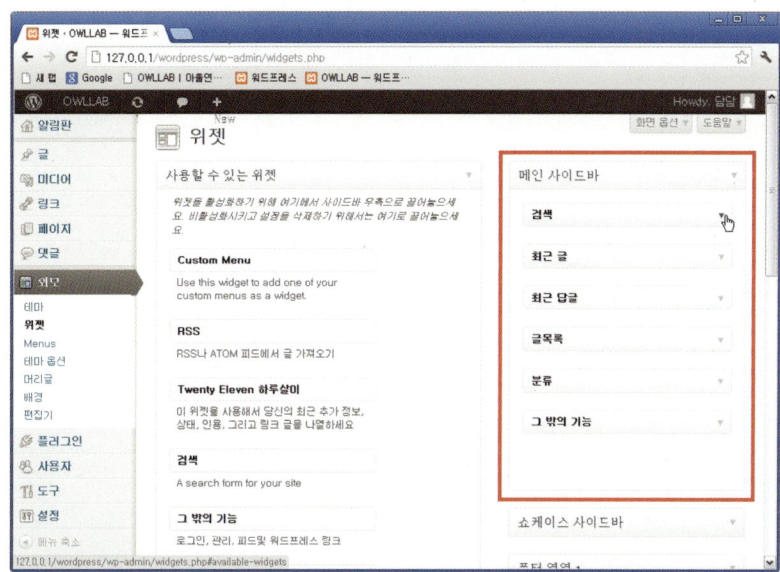

❷ 위젯 화면의
메인 사이드 바

"메인 사이드 바"에 있는 위젯들을 보자. 사이트 화면의 오른쪽 사이드 바의 내용과 순서까지 일치한다. 각 위젯의 화살표 토글 버튼을 클릭하면 이들을 조절할 수 있는 항목들이 표시된다.

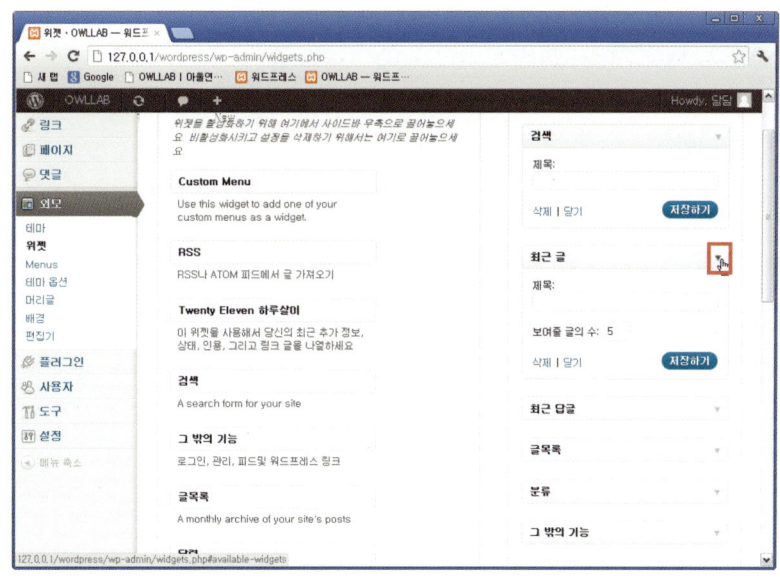

❸ 위젯의 토글 버튼
클릭

위젯 화면의 왼쪽에는 워드프레스가 기본으로 제공하는 위젯들이 있다. 이들 중 필요한 것을 오른쪽으로 드래그하면 위젯을 추가할 수 있다. 우리는 달력을 드래그해서 추가해보자.

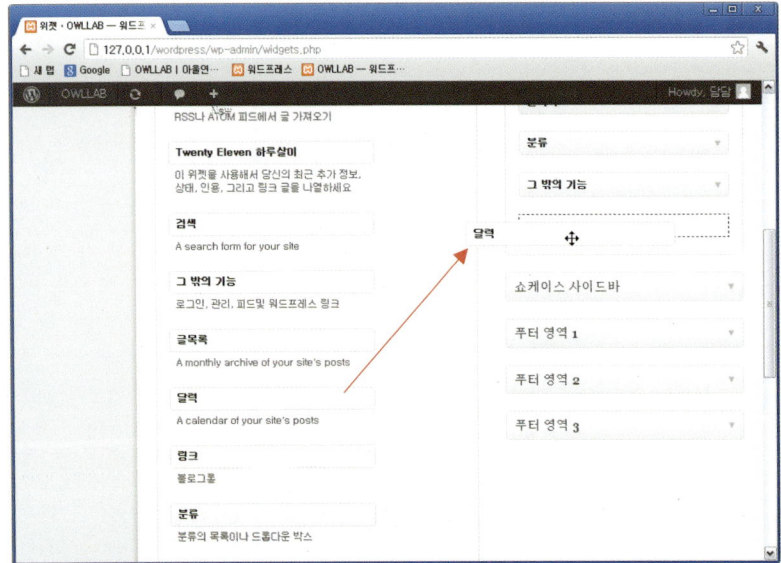

❹ 달력 클릭해서
드래그

달력의 제목을 "캘린더"라고 입력하고 "저장하기"를 클릭한다.

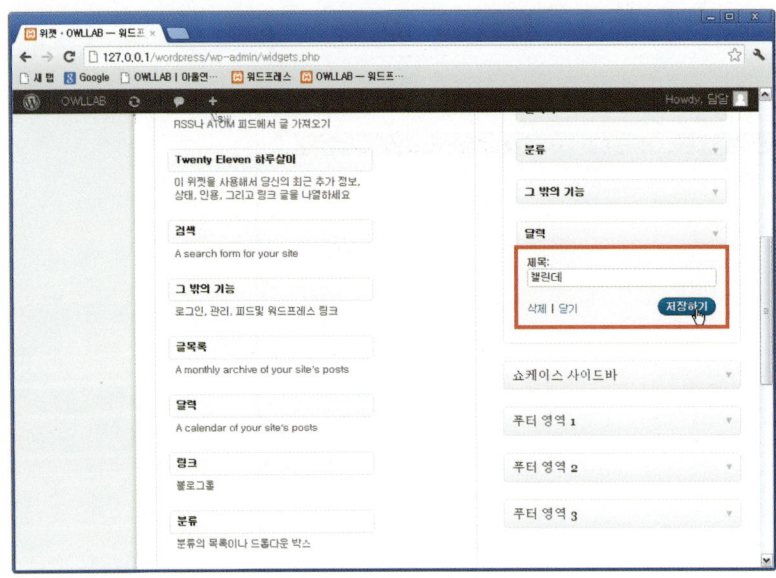

❺ 제목 입력 후
"저장하기" 클릭

물론 이렇게 추가하듯이 위치 이동이나 삭제도 간단하게 작업할 수 있다. 사이트 화면으로 가보자. 우리는 위젯 화면에서 제일 아래에 달력을 추가했기 때문에 오른쪽 사이드 바의 제일 아래에 "캘린더"라는 제목으로 달력이 표시된다.

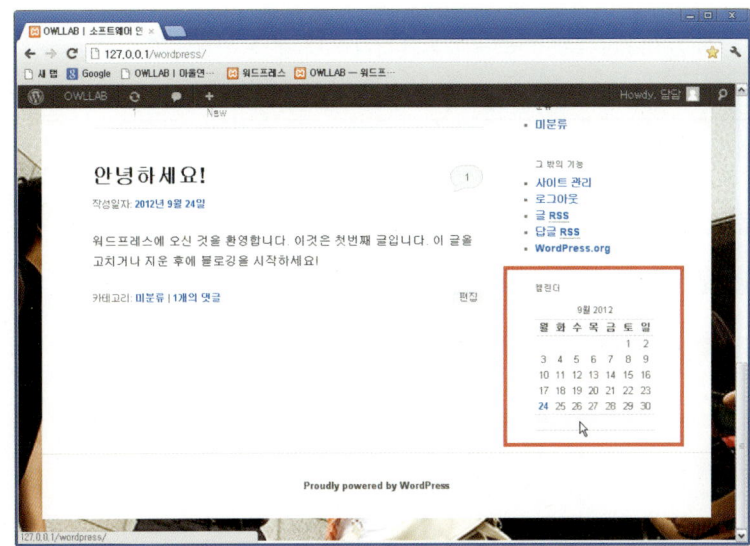

❻ 달력 위젯이 추가
된 사이트 화면

6-2 링크 위젯 추가하고 내 링크 정의하기

이번엔 링크를 살펴보자. 클릭하면 다른 사이트로 이동하는 링크도 기본 위젯 기능으로 제공된다. 우선 메뉴에서 "링크 > 모든 링크"를 클릭해보자 그림처럼 기본 링크 정의들이 보인다.

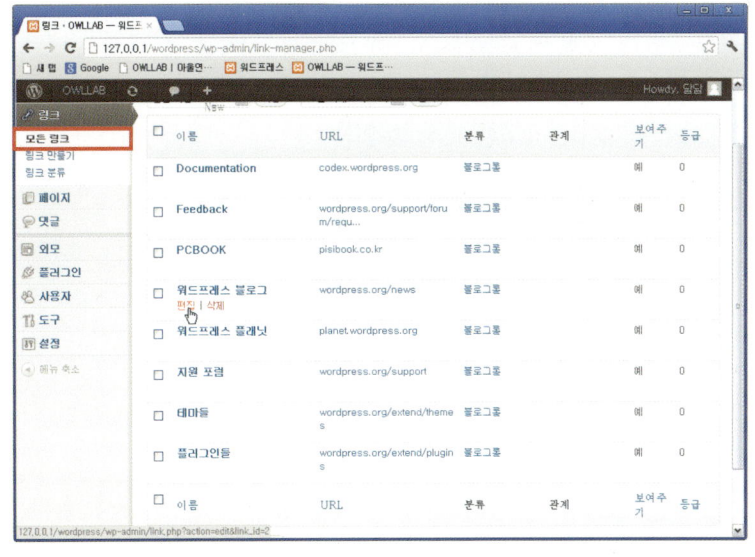

❶ "링크 > 모든 링크"
클릭

6장 위젯과 링크와 도움말 사용하기   69

분류에 있는 "블로그롤"은 기본 링크 카테고리를 의미한다. 별도의 링크 카테고리를 만들지 않는 한 모든 링크는 "블로그롤"이라는 기본 카테고리에 속한다. 카테고리는 폴더나 마찬가지다. 이에 대해서는 다시 배운다.

우리는 이 링크 정의에 나의 링크를 하나 추가하려고 한다. 메뉴에서 "링크 만들기"를 클릭한 후 "이름"에 "PCBOOK"을 입력하고 "웹 주소"에 "www.pisibook.co.kr"을 입력한다.

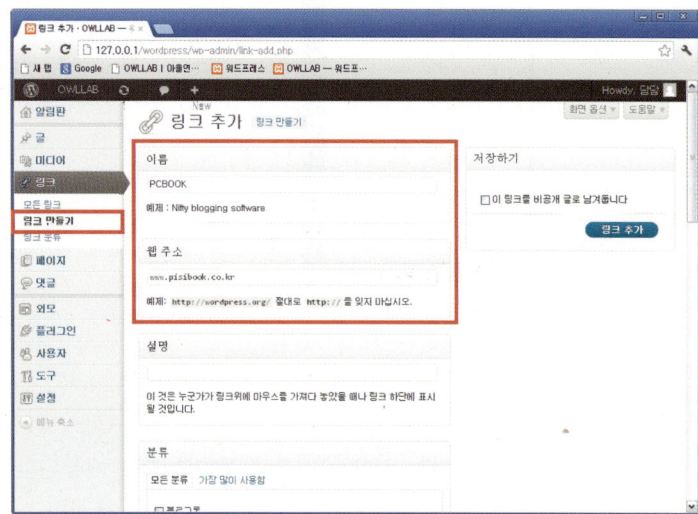

❷ "링크 만들기" 클릭 후 "이름"과 "웹 주소" 입력

아래로 내려가면 "타겟"이 있다. 여기서 "새 창이나 탭"을 체크한다. 그러면 이 링크를 클릭했을 때 새 창이나 새로운 탭에 PCBOOK 홈페이지가 뜬다.

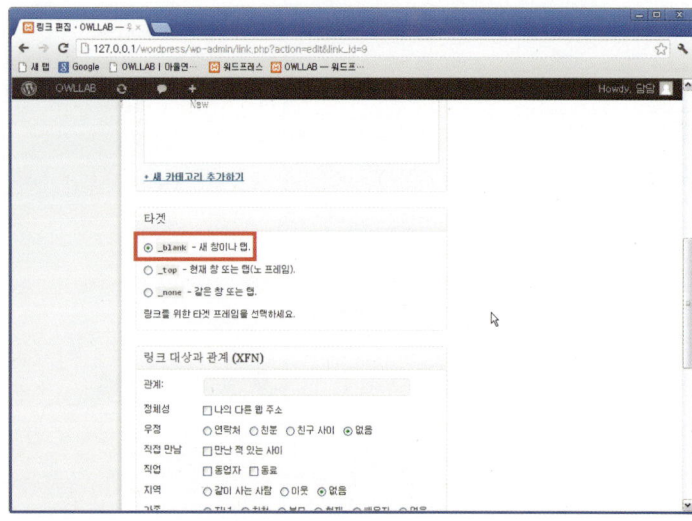

❸ "타겟"에서 "새 창이나 탭" 클릭

이제 "링크 추가"를 클릭한다.

❹ "링크 추가" 클릭

자, 이쯤에서 사이트 화면으로 가보자. 아무 변화가 없다. 링크를 정의했지만 링크 위젯을 추가하지 않았기 때문이다.

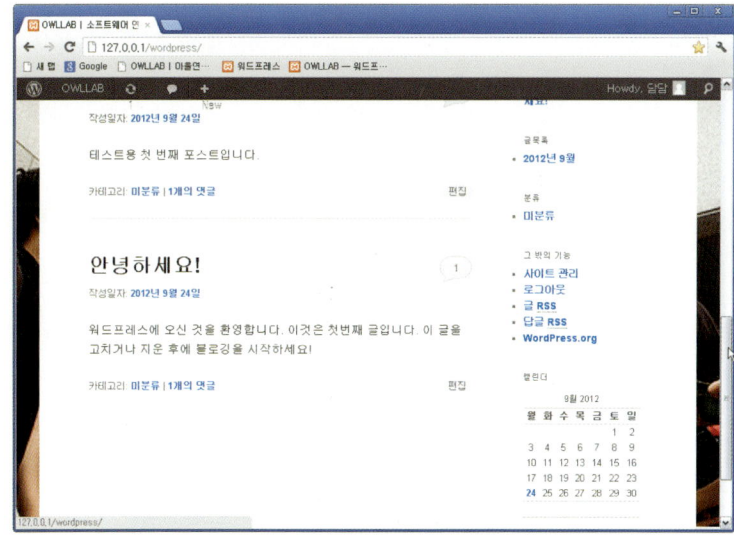

❺ 변화 없는 사이트 화면

6장 위젯과 링크와 도움말 사용하기

메뉴에서 "외모 > 위젯"을 클릭하고 "링크" 위젯을 오른쪽으로 드래그한 후 "저장하기"를 클릭한다.

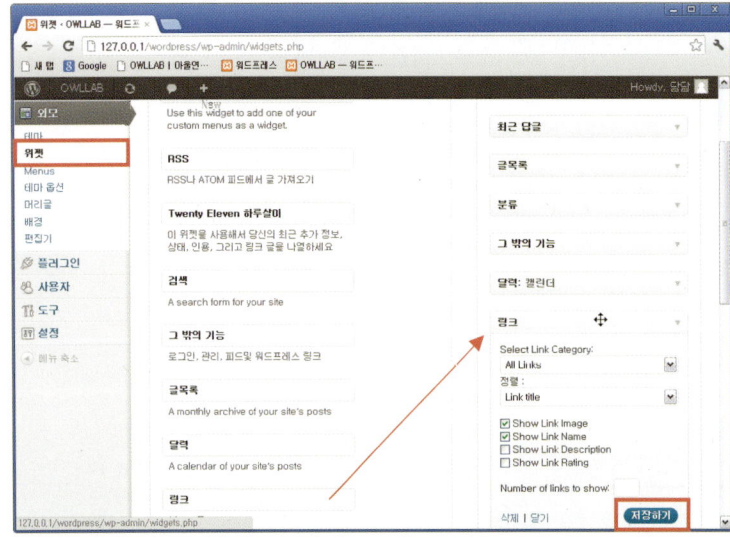

❻ "외모 > 위젯" 클릭 후 "링크"를 오른쪽으로 드래그하고 "저장하기" 클릭

이제 사용자 화면으로 다시 가보자. 제일 아래에 링크가 추가되었다. "PCBOOK"을 클릭해보자.

❼ "PCBOOK" 클릭

그림처럼 PCBOOK 홈페이지가 새로운 탭으로 열린다.

❽ PCBOOK 홈페이지

6-3 링크를 이미지로 표시하기

링크가 "PCBOOK"이라는 글자로 표시되었는데 이미지가 표시되게 해보자. "링크 > 모든 링크"를 클릭하고 "PCBOOK"의 "편집"을 클릭하자.

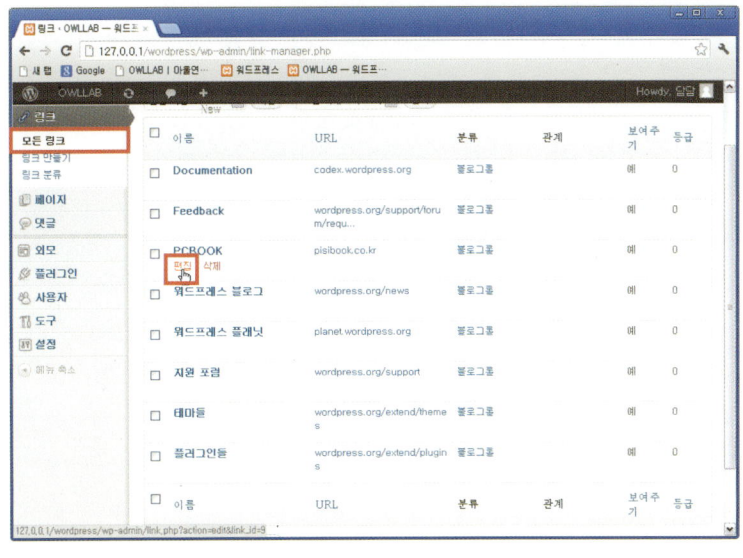

❶ "링크 > 모든 링크" 클릭 후 PCBOOK의 "편집" 클릭

6장 위젯과 링크와 도움말 사용하기 73

편집 화면의 제일 아래에 "고급"이 있다. 여기서 "이미지 주소"에 이미지 URL을 입력한다. 이미지 URL은 PCBOOK 사이트의 왼쪽 상단에 있는 이미지를 마우스 오른쪽 버튼으로 클릭하고 "속성"을 클릭한 후 등록정보 창에 표시되는 "주소"를 복사한 것이다.

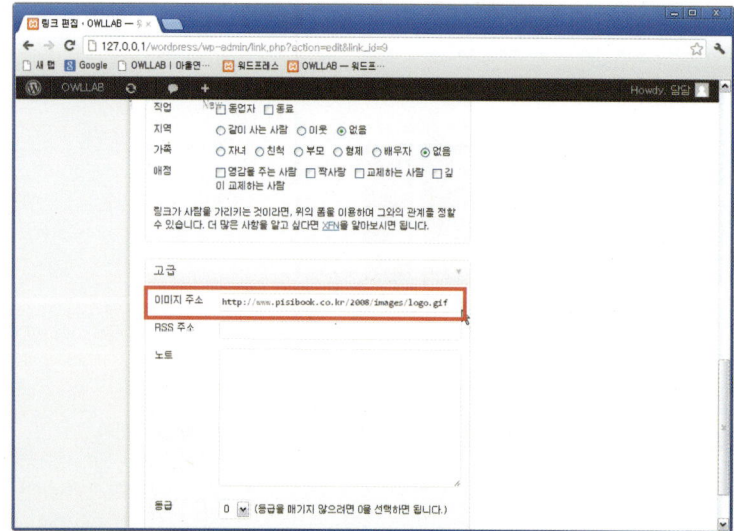

❷ "이미지 주소"에 이미지 URL 입력

이제 링크 업데이트를 클릭한다.

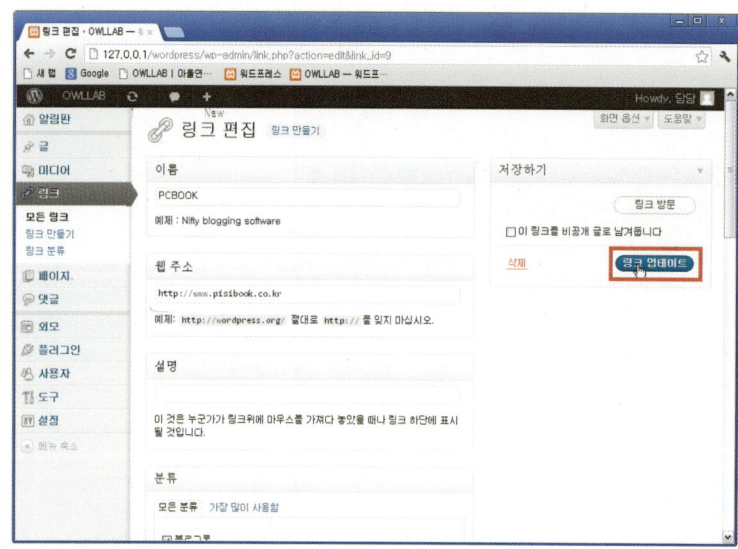

❸ "링크 업데이트" 클릭

사이트 화면으로 가보자. PCBOOK 링크에 이미지가 표시된다.

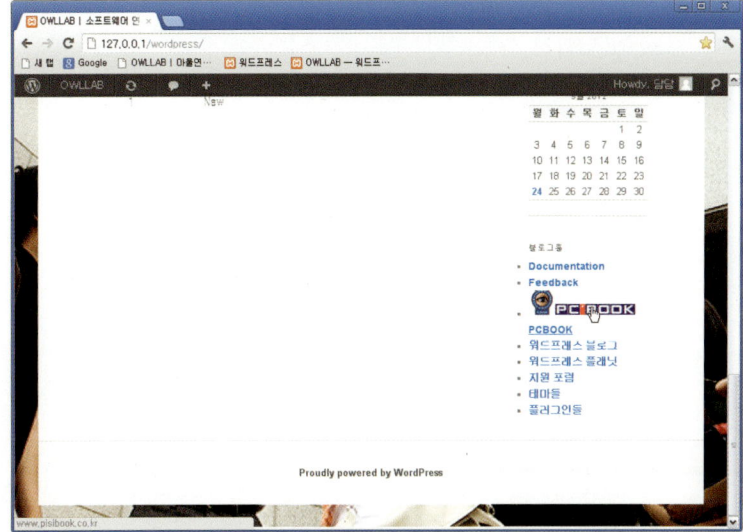

❹ 이미지 링크 표시됨

6-4 도움말 사용하기

워드프레스의 도움말은 현장감이 있다. 위젯 화면에서 도움말을 클릭하면 바로 위젯을 위한 문서가 표시되며 글 화면에서 도움말을 클릭하면 바로 글을 위한 문서가 표시된다. 위젯 화면에서 도움말 버튼을 클릭하고 "위젯 문서"를 클릭해보자.

❶ "도움말" 버튼 클릭 후 "위젯 문서" 클릭

그림처럼 위젯에 대한 문서가 표시된다.

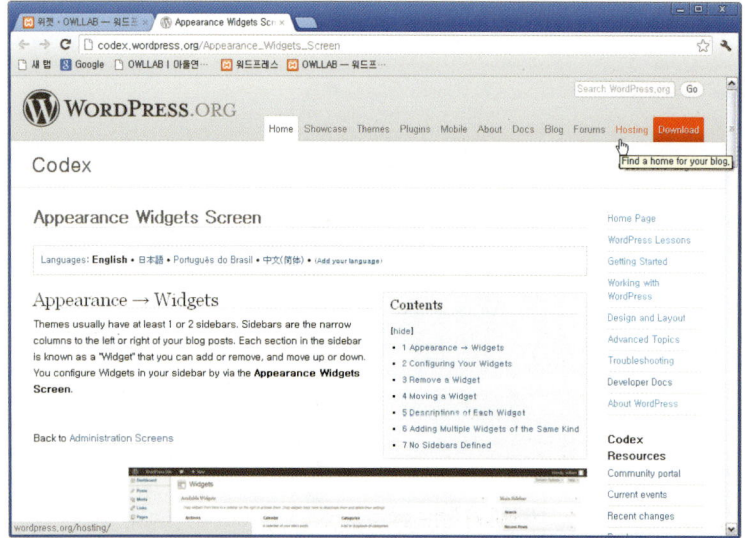

❷ 위젯 도움말 문서가 표시됨

또는 검색창에 키워드를 입력하고 "Go"를 클릭하면 해당 문서를 찾을 수 있다.

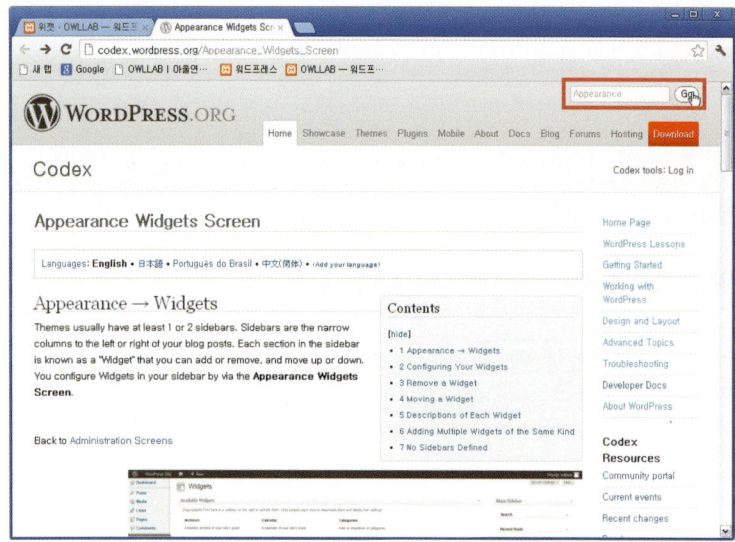

❸ 검색창에 키워드 입력하고 "Go" 클릭

이제 워드프레스로 그럴듯한 나만의 사이트를 만들기 위한 기초 작업은 끝이 났다. 2부에서는 간단한 사이트를 만들면서 워드프레스의 주요 기능들을 체험하게 될 것이다.

PART **2**

→ 무작정 웹 사이트 만들기

7장 우리가 만들 웹 사이트 설계하기
8장 OA 과정과 App 과정 메뉴 만들고 포스트 올리기
9장 웹 사이트 첫 페이지와 전체목록 만들기
10장 동영상 보기와 링크 메뉴 만들기
11장 웹 사이트 업그레이드하기

2부에서는 간단한 하지만 메뉴도 있고 글도 있는 웹 사이트를 하나 만듭니다. 이렇게 무작정 웹 사이트를 만들어보면 워드프레스의 핵심 기능들을 실감나게 그리고 아주 쉽게 파악할 수 있습니다.

여기서는 IT 교육 기관을 가정해서 교육 내용을 소개하는 사이트를 구축합니다. 워드프레스에서 글을 쓰는 가장 주된 도구인 포스트의 작성법과 카테고리의 의미와 활용 방법 그리고 메뉴를 만드는 방법을 쉽게 이해할 수 있도록 학습 순서를 배려하고 있습니다.

또한 포스트 전체목록 메뉴나 동영상 메뉴, 다른 사이트로 이동하는 링크 메뉴와 같은 특수 용도의 메뉴도 만듭니다. 웹 사이트를 만든 후에는 웹 사이트를 더 멋있게 다듬는 추가 작업을 통해 사이트 제작의 필수 지식을 완성합니다.

07 우리가 만들 웹 사이트 설계하기

워드프레스를 효율적으로 익히기 위해서 간단한 웹 사이트를 만들 것이다. 워드프레스는 많은 기능을 제공하지만 실제로 웹 사이트를 만들면서 필요한 기능들을 사용하다보면 빠르게 익숙해진다. 아주 간단한 사이트도 사이트 설계도는 반드시 필요하다. 이 장에서 필자가 미리 만들어둔 교육기관 샘플 사이트를 둘러보는 것으로 사이트 설계를 대신할 것이다.

여기서 살펴보는 내용은 8장부터 10장까지 단계적으로 만들어갈 것이다. 이후 11장에서는 그동안 배우지 않은 기능들을 사용해서 웹 사이트를 좀 더 다듬는 작업을 할 것이다. 11장까지 마치면 워드프레스 기본 기능을 대부분 경험하게 된다. 이후 3부에서 추가로 실무적인 지식을 쌓는다.

7-1 첫 화면인 안내 말씀

어느 사이트든지 방문자가 마주하게 되는 첫 화면이 있기 마련이다. 우리는 이미지가 1개 있는 "안내 말씀"이라는 글을 첫 화면으로 만든다. 워드프레스에서 글을 쓰려면 "페이지(Page)"와 "포스트(Post)"를 사용하는데 이 글은 "페이지"로 만들어야 한다. 첫 페이지로 고정하기 위한 설정 작업도 하고, 다른 사이트의 이미지를 URL로 가져오고, 그 이미지에 링크를 걸어 이미지를 클릭하면 링크된 사이트가 새 창이나 새 탭으로 열리는 기능도 구현한다.

❶ 웹 사이트의 첫 화면

7-2 OA 과정 메뉴

두 번째 메뉴인 "OA 과정"은 2개의 하위 메뉴를 가진다. "OA 과정" 메뉴를 클릭하면 OA 과정 전체에 대한 안내문이 나오는데 이 글은 텍스트만으로 구성된다. 그리고 하위 메뉴를 클릭하면 각 과정에 대한 글이 나온다. 이 글들은 모두 "포스트"로 작성한다.

❶ "OA 과정" 화면

"엑셀 과정"에는 이미지가 있는 2개의 글이 있고, "파워포인트 과정"에는 이미지가 있는 1개의 글이 있다. 포스트를 작성하는 방법과 이미지를 삽입하고 수정하는 방법을 익히게 된다.

❷ "엑셀 과정" 회면

7-3 App 과정 메뉴

"App 과정"은 "OA 과정"과 동일하다. 단지 이름과 글의 내용만 다를 뿐이다. 이 부분은 필자가 제시한 순서에 따라 독자님들이 혼자 연습하게 될 것이다.

❶ "App 과정" 화면

❷ "안드로이드 과정" 화면

7-4 전체목록 메뉴

네이버나 다음의 블로그를 보면 모든 포스트를 볼 수 있는 전체보기 기능이 있다. 바로 그 기능을 구현하는 것이 "전체목록"이다. 워드프레스에서는 글의 종류에 "페이지"와 "포스트"가 있는데 여기서 구현하는 "전체목록"은 "포스트"만 모두 표시한다. 이 작업은 "페이지"를 사용하며 특별한 설정 작업을 필요로 한다. 11장에서는 "페이지"까지 포함해서 이 기능을 구현하는 다른 방법을 추가로 보게 될 것이다.

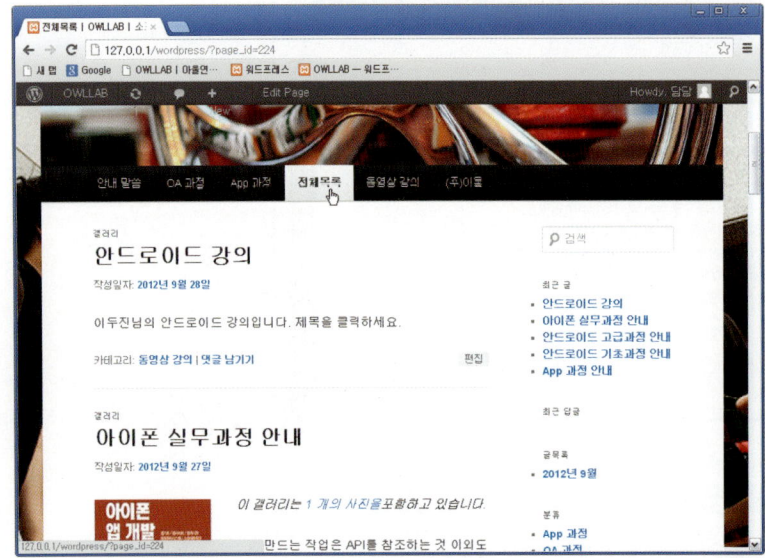

❶ "전체목록" 화면

❷ 모든 포스트를 표시하는 "전체목록" 화면

7-5 동영상 강의 메뉴

글을 쓸 때 주로 사용하는 "포스트"는 동영상을 게시하기 위해서도 사용할 수 있다. 유튜브를 방문해서 있는 동영상을 검색한 후 그 동영상을 내 사이트에 게시하는 방법을 볼 것이다. 유튜브가 제공하는 HTML 소스 코드를 활용해야 한다.

❶ "동영상 강의" 초기 화면

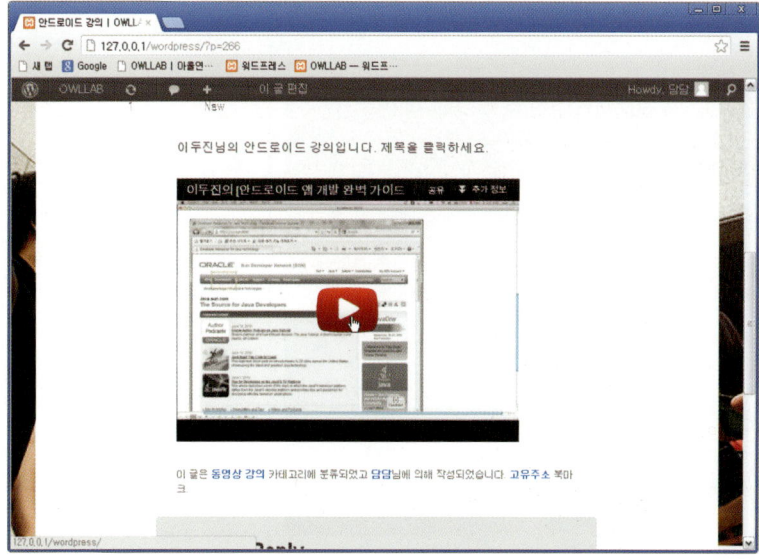

❷ "동영상 강의" 실행 화면

7-6 링크 메뉴

링크 메뉴를 클릭하면 연결된 웹 사이트로 바로 넘어간다. 이 작업은 메뉴 기능만 이용하면 되기 때문에 아주 간단하다. 사이드 바에 표시되는 링크와는 다른 형식의 링크를 경험하게 된다.

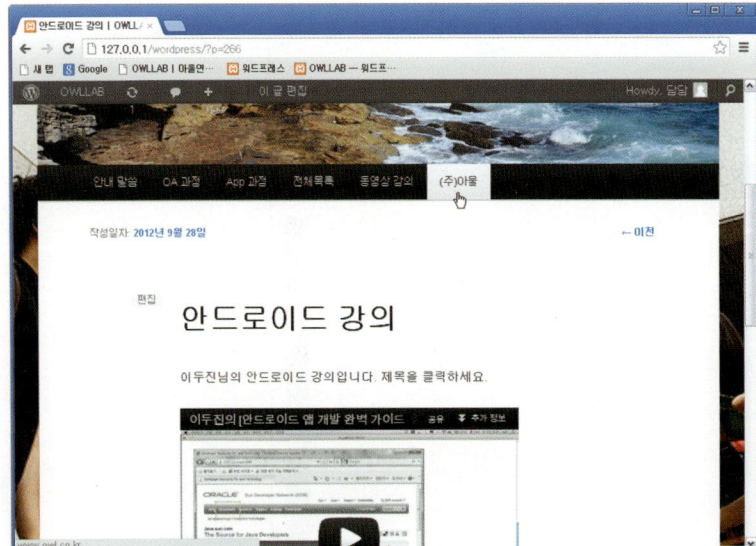

❶ 링크 메뉴
표시 화면

❷ 연결 사이트로
이동한 화면

08 OA 과정과 App 과정 메뉴 만들고 포스트 올리기

앞장에서 보았던 메뉴 중에서 "OA 과정" 메뉴부터 만들면서 콘텐츠를 하나씩 올려나갈 것이다. 이 과정을 통해서 포스트와 카테고리, 메뉴의 개념을 확실하게 잡을 수 있을 것이며, 이제 비로소 워드프레스를 제대로 맛보게 될 것이다. OA 과정만 잘 따라하면 App 과정을 구현하는 건 혼자해도 된다. 갑시다!

8-1 포스트의 특징

워드프레스에서 글을 쓰려면 "포스트"나 "페이지"를 이용하면 된다. 글을 쓰는 글판이라는 점에서는 동일하지만 이들은 서로 다른 특징들이 있다. 페이지는 뒤에서 살피기로 하고 여기서는 포스트를 알아보자. 포스트는 다음과 같은 특징이 있다.

- 포스트는 반드시 카테고리를 지정해야 한다.
- 포스트는 태그를 지정할 수 있다.

카테고리는 포스트를 분류하는 역할을 한다. 우리가 사용하는 PC에 비유하자면 카테고리는 폴더와 마찬가지이다. 폴더를 사용하는 이유는 유사한 또는 관련 있는 문서를 폴더별로 구분해서 보관하기 위해서이다. 그와 마찬가지로 워드프레스에서는 우리가 작성한 포스트들은 반드시 카테고리를 만들어 카테고리별로 분류해두어야 한다.

포스트를 작성하면 일단 모든 포스트는 워드프레스가 제공하는 "미분류"라는 기본 카테고리에 속하게 되고, "미분류" 카테고리에 속한 포스트들은 작성 순서대로 사이트 화면의 "최근 글"에 표시된다. 하지만 우리는 웹 사이트를 만들기 위해서 다음과 같은 순서로 작업할 것이다.

❶ 카테고리를 만든다.
❷ 카테고리를 메뉴에 추가한다.
❸ 포스트를 작성하고 카테고리를 지정한다.

작업을 마치고 사이트 화면에서 메뉴를 클릭하면 해당 카테고리 내의 포스트들을 읽을 수 있게 된다. 일반 블로그에서 흔히 사용하는 "카테고리"나 "그룹"과 마찬가지로 많은 수의 포스트를 관리하기 위한 방법으로 워드프레스도 "카테고리"라는 체제를 활용하는 것이다. 우리의 카테고리를 만들고 나면 메뉴에서 "설정 > 쓰기 > 기본 글 카테고리"로 가서 기본 카테고리를 바꿀 수도 있다.

태그는 포스트의 핵심어(색인의 역할)를 의미한다. 이 태그는 해당 포스트를 검색할 때도 사용되고 태그를 카테고리로 변환할 수도 있기 때문에 포스트가 많아지고 장기적으로 관리할 예정이라면 신중하게 지정할 필요가 있다. 블로그를 사용해본 분들은 태그에 익숙할 것이다. 블로그의 태그와 거의 동일한 기능이라고 생각하면 된다.

8-2 OA 과정의 작업 순서

웹 사이트가 만들어지는 과정을 하나씩 눈으로 확인하면서 학습하기 위해서 우리는 다음과 같은 순서로 작업을 할 것이다. 여기서 보여주는 작업 순서를 반드시 지켜야 하는 것은 아니다. 학습의 효율을 높이기 위해 필자가 구상한 순서일 뿐이다.

❶ "OA 과정", "엑셀 과정", "파워포인트 과정"이라는 3개의 카테고리를 만든다.
❷ 3개의 카테고리를 메뉴에 추가한다.
❸ "엑셀 과정"과 "파워포인트 과정" 메뉴를 "OA 과정"의 하위 메뉴가 되도록 조절한다.

위의 작업은 카테고리를 만들고 카테고리를 메뉴에 추가한 것이다. 카테고리를 메뉴에 추가했기 때문에 포스트를 작성한 후에 그 포스트가 속할 카테고리를 지정하면 포스트가 바로 해당 메뉴에 표시된다. 이런 식으로 작업하는 경우 카테고리가 곧 메뉴라고 생각하고 작업하면 된다.

❹ "OA 과정 안내"라는 포스트를 작성하고, "OA 과정" 카테고리에 속하도록 지정한다.
❺ "엑셀 기초과정 안내"라는 포스트를 작성하고, "엑셀 과정" 카테고리에 속하도록 지정한다.
❻ "엑셀 실무과정 안내"라는 포스트를 작성하고, "엑셀 과정" 카테고리에 속하도록 지정한다.
❼ "파워포인트 기초과정 안내"라는 포스트를 작성하고, "파워포인트 과정" 카테고리에 속하도록 지정한다.

8-3 새로운 메뉴 그룹 만들기

우리는 지금까지 워드프레스가 제공하는 기본 메뉴 체제 아래에서 작업을 해왔다. 그러나 워드프레스에서는 기본 메뉴이외에 나만의 메뉴를 별도로 구성할 수 있다. 이 작업은 "외모 > Menus"에서 한다. 갑시다!

"외모 > Menus"를 클릭하면 필자의 워드프레스는 현재 "WPLOOK Main Menu"가 있으나 독자들은 메뉴 이름이 비어 있을 것이다. 좌우간 새로운 메뉴를 추가하기 위해서 "+"를 클릭한다.

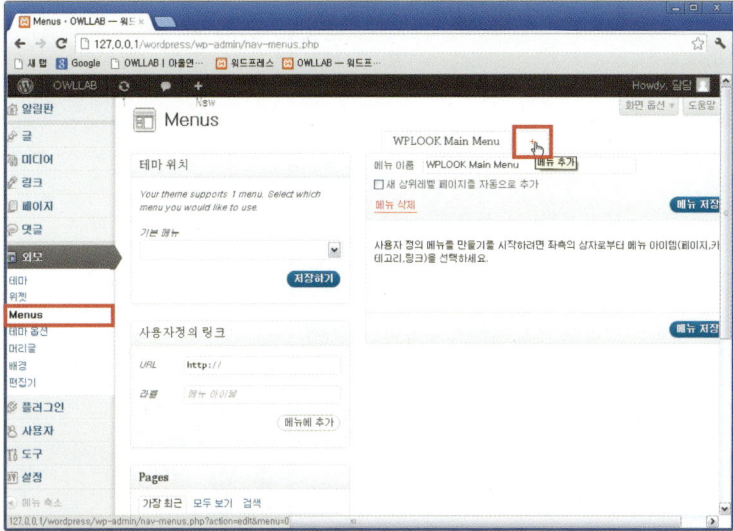

❶ "외모 > Menus" 클릭 후 "+" 클릭

우리는 새 메뉴 이름을 "EDUCATION"이라고 결정했다. "메뉴 이름"에 "EDUCATION"을 입력하고 "메뉴 생성"을 클릭한다.

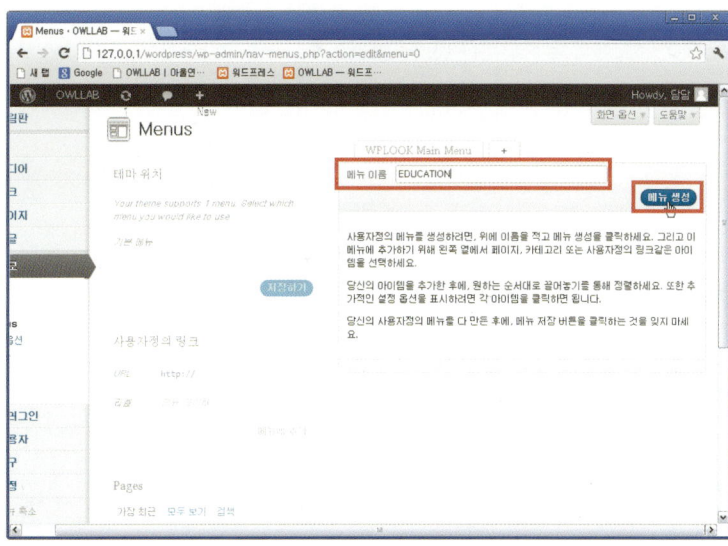

❷ "메뉴 이름"에 "EDUCATION" 입력 후 "메뉴 생성" 클릭

8장 OA 과정과 App 과정 메뉴 만들고 포스트 올리기

"테마 위치 > 기본 메뉴"의 버튼을 클릭하면 기본 메뉴와 우리가 새로 만든 메뉴 이름이 표시된다. "EDUCATION"을 선택한다.

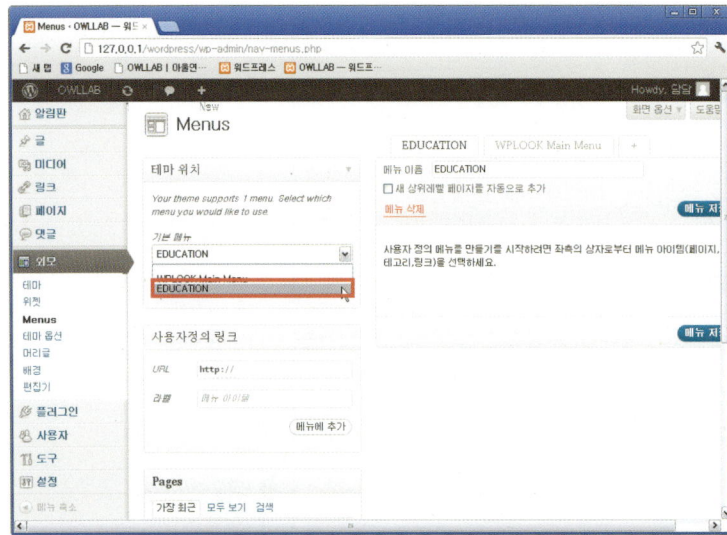

❸ "기본 메뉴"에서 "EDUCATION" 선택

"저장하기"를 클릭하고 "메뉴 저장"을 클릭한다.

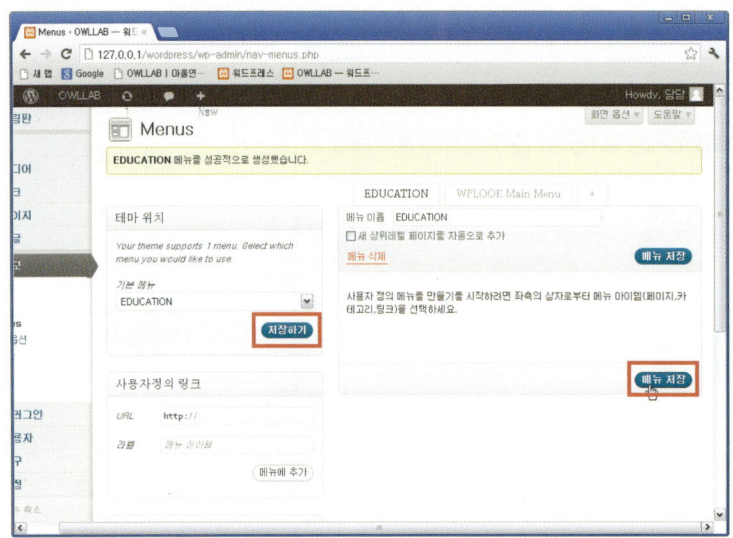

❹ "저장하기" 클릭 후 "메뉴 저장" 클릭

이제 새 메뉴를 등록하는 작업이 끝났다. 하지만 여기까지는 워드프레스에게 기본 메뉴가 아닌 새 메뉴를 사용하겠다고 신고한 것일 뿐이다. 그래서 사이트 화면을 보면 기본 메뉴가 사라지고 메뉴 위치에 아무 것도 없다. 물론 기본 메뉴는 여전히 존재한다. 단지 비활성화 되었을 뿐이다.

❺ 메뉴가 없는
사이트 화면

이제 카테고리를 만들어 메뉴에 추가해야 사이트 화면에 메뉴가 보이기 시작한다.

8-4 3개의 카테고리 만들기

"OA 과정", "엑셀 과정", "파워포인트 과정" 등 3개의 카테고리를 만들어야 한다. 포스트들을 분류할 폴더들을 만드는 과정이라고 생각하면 된다. 카테고리를 만드는 작업은 "글 > Categories" 에서 한다. 현재는 항상 존재하는 "미분류"라는 기본 카테고리 하나만 보인다.

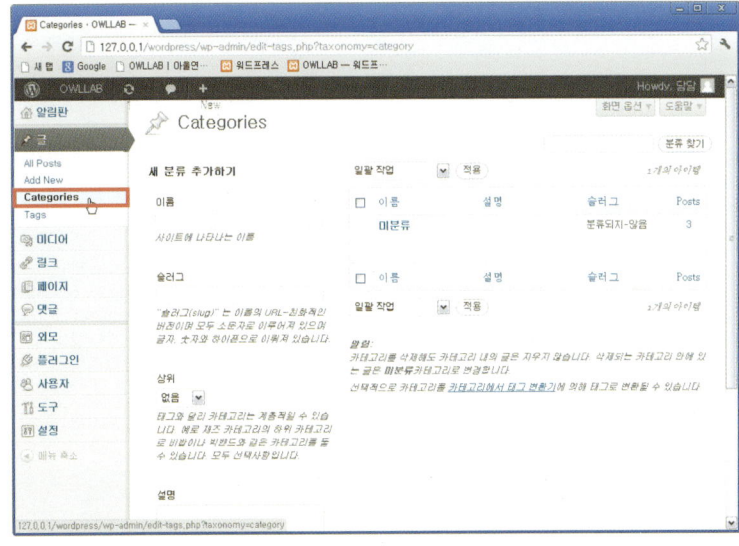

❶ "글 > Categories" 클릭

8장 OA 과정과 App 과정 메뉴 만들고 포스트 올리기　89

OA 과정 카테고리 만들기

"새 분류 추가하기"에서 "이름"에 "OA 과정"을 입력한다.

❶ "이름"에 "OA 과정" 입력

아래로 내려가 "새 분류 추가하기"를 클릭한다.

❷ "새 분류 추가하기" 클릭

오른쪽에 우리가 추가한 "OA 과정" 카테고리가 보인다.

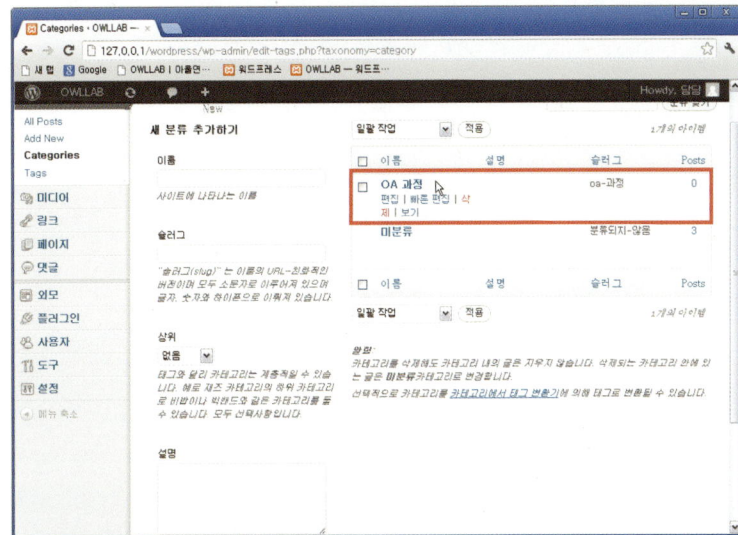

❸ "OA 과정" 카테고리 생성

엑셀 과정 카테고리 만들기

"새 분류 추가하기"의 "이름"에 "엑셀 과정"을 입력한다.

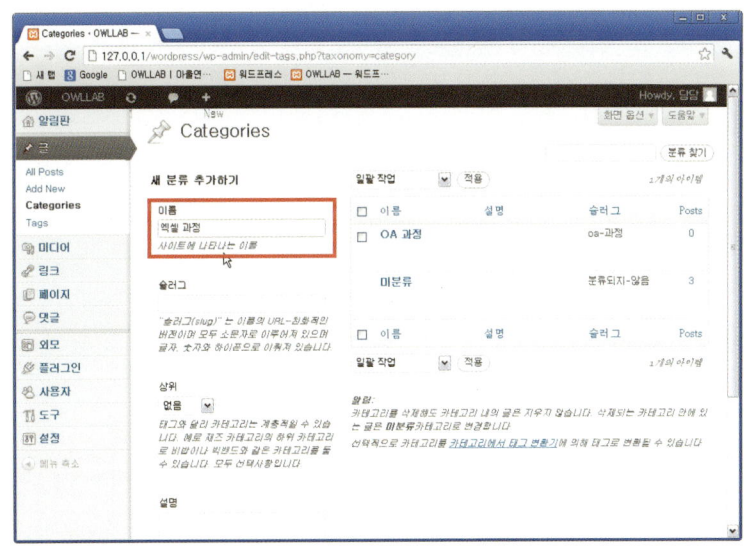

❶ "이름"에 "엑셀 과정" 입력

"새 분류 추가하기"를 클릭한다.

❷ "새 분류 추가하기" 클릭

이제 오른쪽에 "엑셀 과정"이라는 카테고리가 보인다.

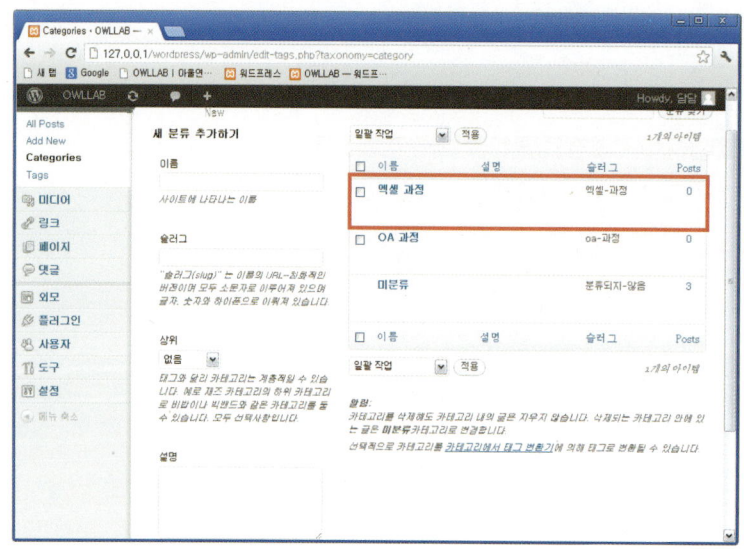

❸ "엑셀 과정" 카테고리 생성

파워포인트 과정 카테고리 만들기

"새 분류 추가하기"의 "이름"에 "파워포인트 과정"을 입력한다.

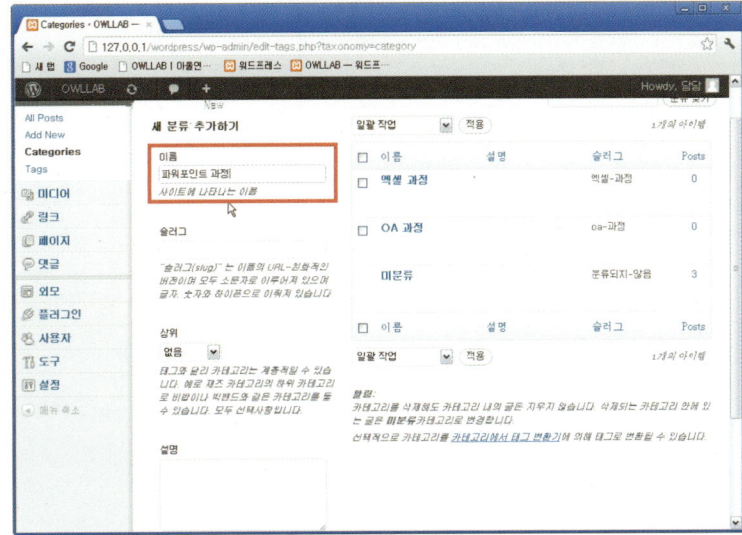

❶ "이름"에 "파워포인트 과정" 입력

"새 분류 추가하기"를 클릭한다.

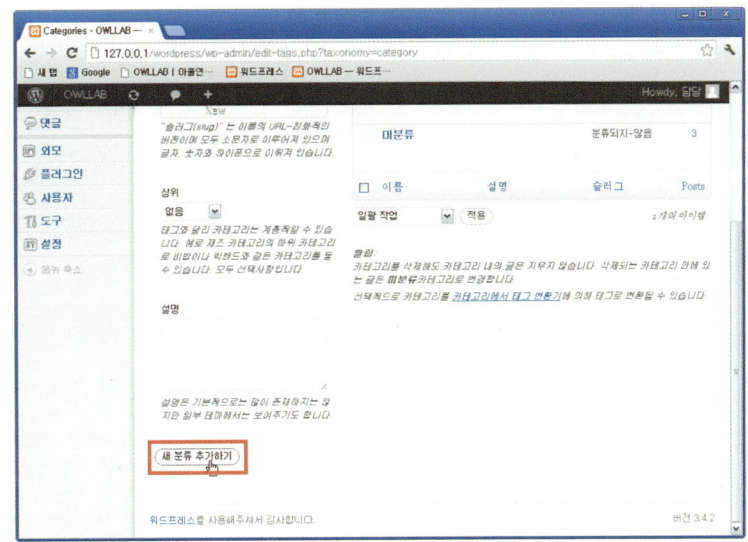

❷ "새 분류 추가하기" 클릭

3개의 카테고리를 다 만들었다. 이제 미분류 카테고리를 포함해서 그림처럼 총 4개의 카테고리가 보일 것이다. 미분류 카테고리는 PC의 바탕화면과 같은 기본 폴더 역할을 하기 때문에 항상 존재한다.

❸ 총 4개의 카테고리

8-5 3개 카테고리를 메뉴에 추가하기

지금 사이트 화면을 가도 아직 메뉴가 없다. 카테고리들을 메뉴에 추가해야 메뉴가 보이기 시작한다.

카테고리를 메뉴에 추가하기

이제 "외모 > Menus"로 가서 "Categories"의 "모두 보기"를 클릭하면 앞서 만든 카테고리들이 보인다.

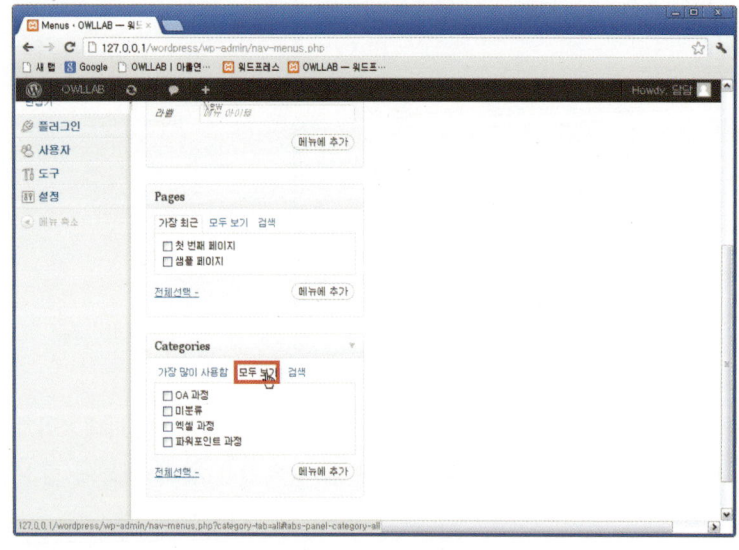

❶ "외모 > Menus" 클릭 후 "모두 보기" 클릭

우리의 새로운 메뉴에 추가할 3개의 카테고리를 체크하고 "메뉴에 추가"를 클릭한다.

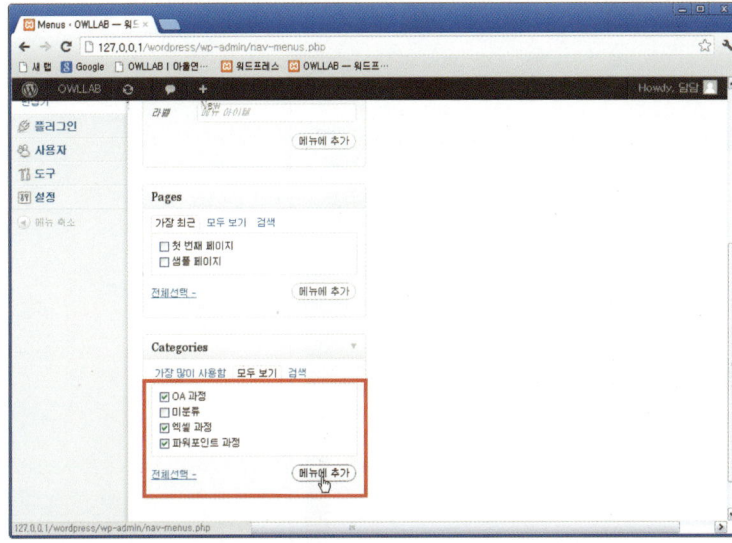

❷ 3개 카테고리 체크 후 "메뉴에 추가" 클릭

하위 메뉴로 조절하기

오른쪽에 3개의 메뉴가 표시된다. 여기서 "엑셀 과정"과 "파워포인트 과정"을 옆으로 살짝 드래그해서 "OA 과정"의 하위 메뉴가 되도록 조절한 후, "메뉴 저장"을 클릭한다.

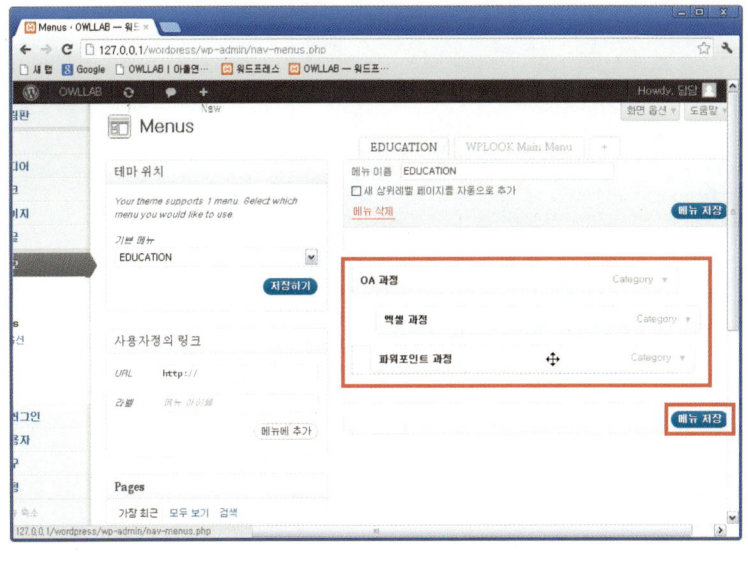

❶ 하위 메뉴 2개를 옆으로 드래그 후 "메뉴 저장" 클릭

사이트 화면에서 메뉴 확인하기

이제 사이트 화면을 보면 계층구조로 메뉴가 표시된다.

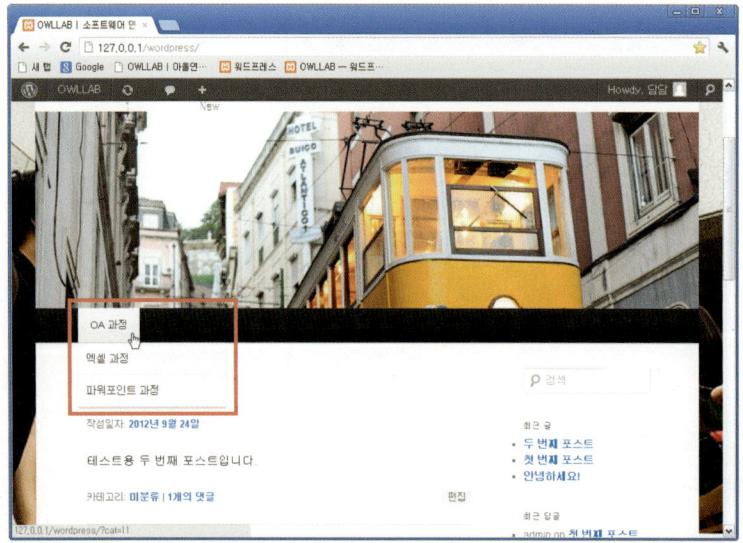

❶ 메뉴가 표시된 사이트 화면

하지만 아직 포스트를 올리지 않아 메뉴를 클릭하면 "찾지 못함"이라는 메시지가 표시된다.

❷ 포스트가 없음을 표시

8-6 포스트 작성 준비하기

우리는 다음과 같이 총 4개의 포스트를 작성할 것이다. 포스트를 작성할 때도 "화면 옵션"의 모든 항목들을 체크해서 표시되도록 하는 것이 좋다.

포스트 제목	내용	소속될 메뉴
OA 과정 안내	글만 있음	OA 과정
엑셀 기초과정 안내	이미지 1개와 글	엑셀 과정
엑셀 실무과정 안내	이미지 1개와 글	엑셀 과정
파워포인트 기초과정 안내	이미지 1개와 글	파워포인트 과정

> 포스트를 작성하면서 다른 사이트에 있는 글을 복사해서 붙여넣기 하는 경우가 있을 것이다. 이 경우 글이 제대로 작성되지 않거나 생각과는 달리 표시되기도 한다. 그럴 때는 복사한 내용을 먼저 메모장이나 노트패드와 같은 기본 편집기에 붙여넣은 후 그걸 다시 복사해서 포스트에 붙여 넣으면 해결되는 경우가 많다.

기존 포스트 삭제하기

현재 우리 사이트는 기본으로 제공된 1개의 포스트와 우리가 연습으로 작성한 2개의 포스트를 이미 가지고 있다. 우선 이들부터 삭제해버리자. "글 > All Posts"를 클릭하면 현재의 포스트 목록이 나온다. 각 포스트의 "휴지통"을 클릭해서 모두 삭제한다.

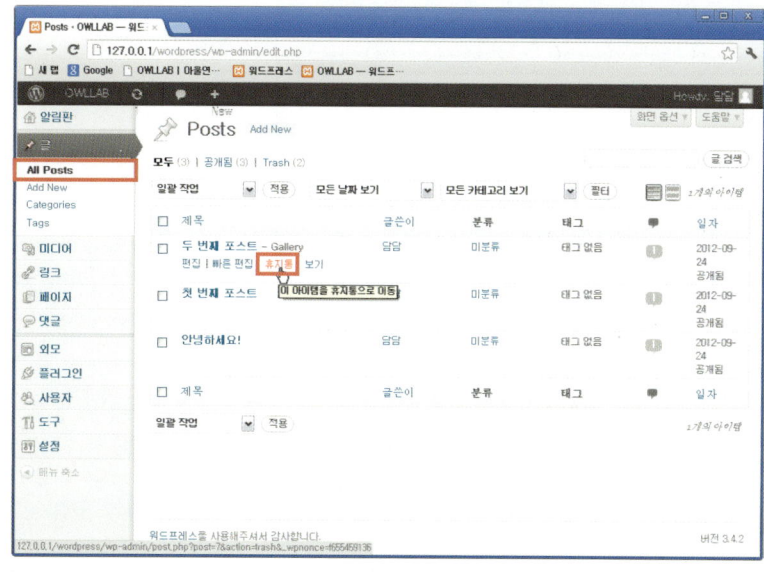

❶ "글 > All Posts" 클릭 후 포스트들의 "휴지통" 클릭

모든 포스트를 삭제한 후 사이트 화면을 보면 그림처럼 깨끗할 것이다.

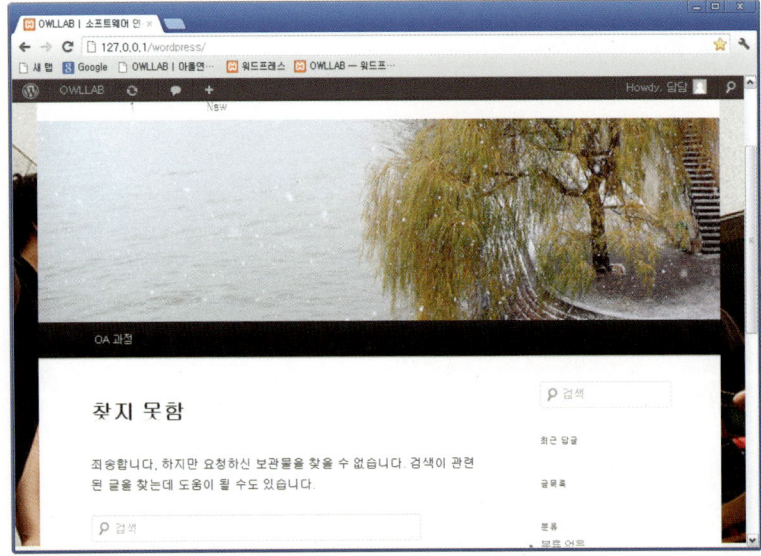

❷ 포스트가 모두 삭제된 사이트 화면

8-7 OA 과정 안내 포스트 작성하기

"글 > Add New"를 클릭하고 제일 위의 제목과 아래의 본문을 입력한다. 그리고 오른쪽 "Categories"에서 "OA 과정"에 체크하고 "공개하기"를 클릭한다.

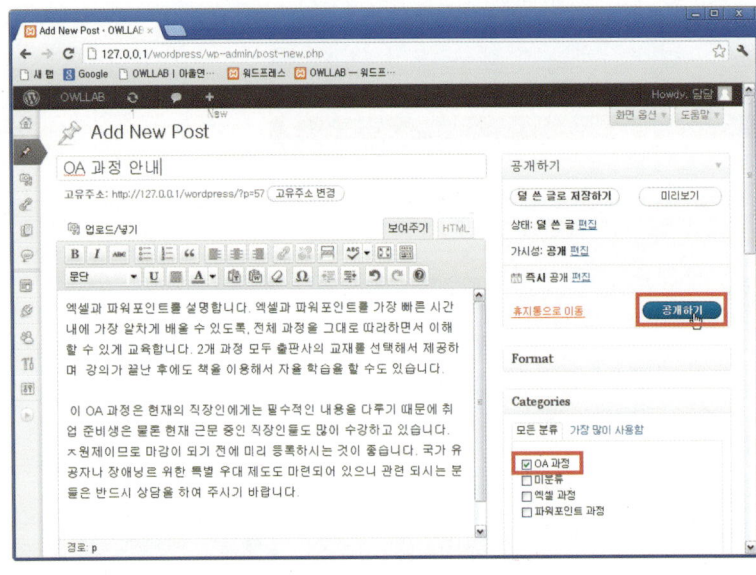

❶ "글 > Add New" 클릭 후 제목, 본문 작성하고 "Categories"에서 "OA 과정" 체크 후 "공개하기" 클릭

이제 사이트 화면으로 가보자. 그림처럼 우리가 작성한 포스트가 "OA 과정" 메뉴에 표시된다. 포스트 아래의 "편집"을 클릭해도 곧바로 이 포스트의 입력 화면으로 갈 수 있다.

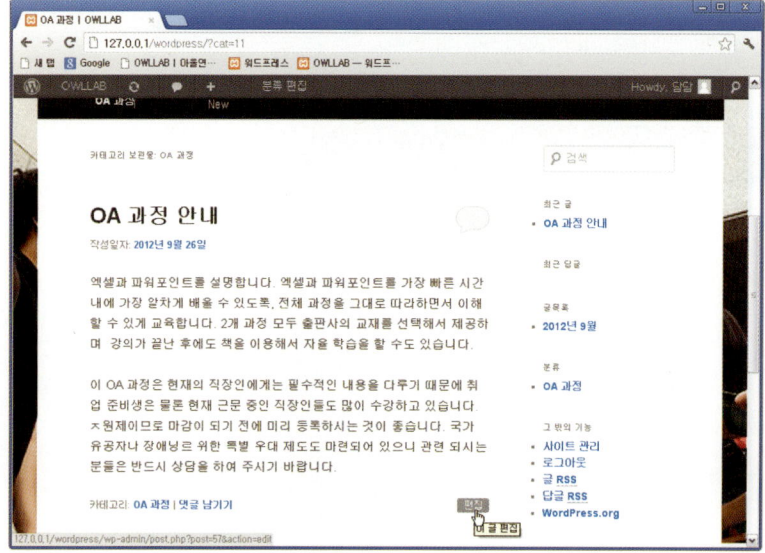

❷ OA 과정 포스트가 보임

8-8 엑셀 기초과정 안내 포스트 작성하기

"글 > Add New"로 새 포스트 작성 화면을 부른다. 제목과 본문을 입력하고, 커서를 글의 맨 앞에 위치시킨 후 이미지를 넣기 위해 "업로드/넣기"를 클릭한다.

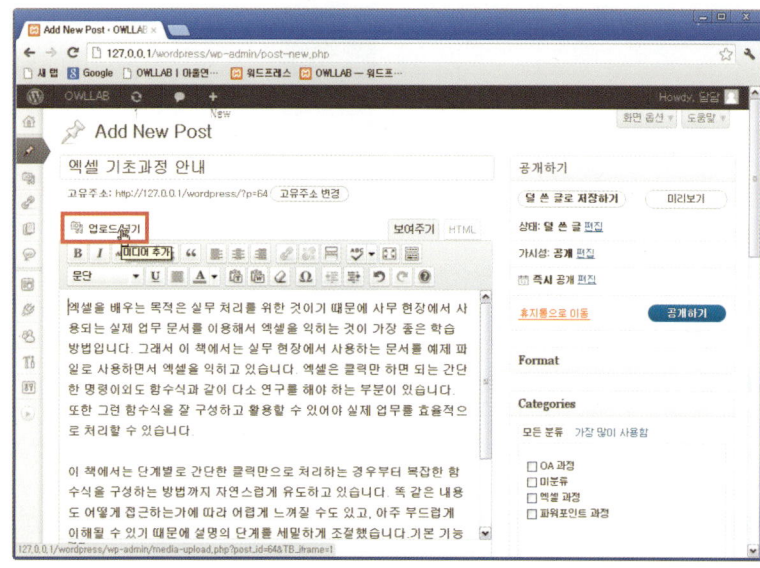

❶ "글 > Add New" 클릭 후, 제목과 본문을 입력하고, 커서를 글의 맨 앞에 위치시킨 후 "업로드/넣기"를 클릭

포스트에 이미지 삽입하기

"미디어 추가"라는 창이 표시된다. 이미지나 비디오, 오디오 등의 미디어 파일을 사용하기 위해서는 항상 이 창을 이용한다. "컴퓨터에서" 탭에서 "파일 선택"을 클릭한다.

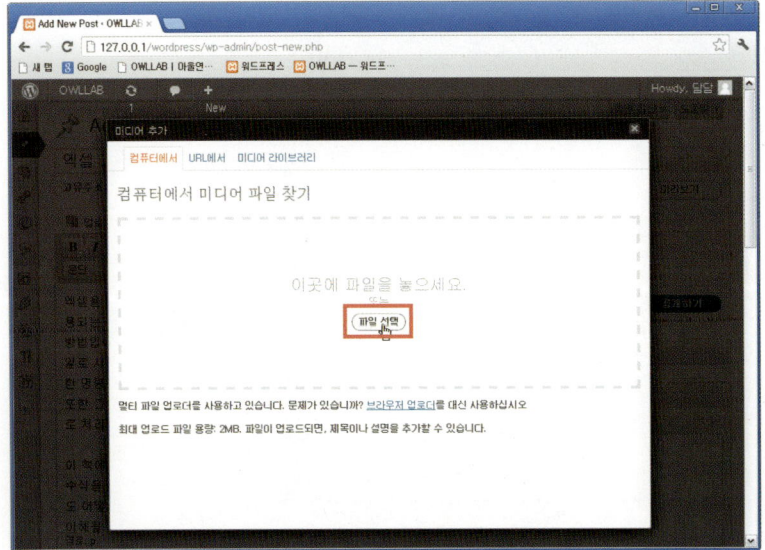

❶ "파일 선택" 클릭

준비된 이미지를 선택하고 "열기"를 클릭한다.

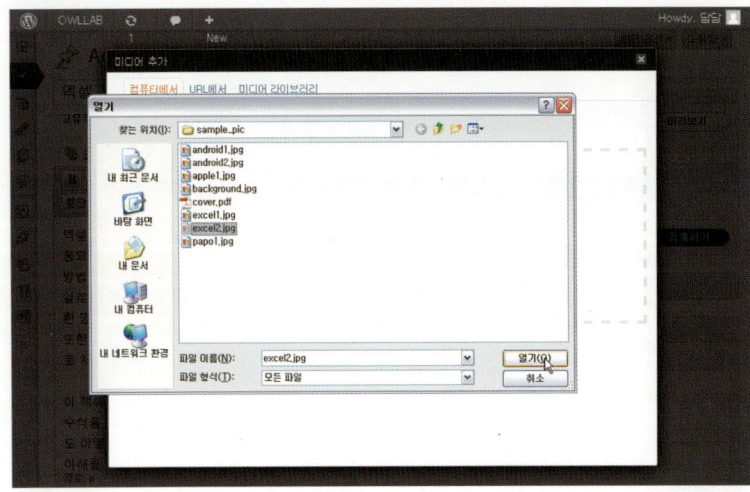

❷ 내 PC에서 이미지 선택

그림처럼 우리가 올린 이미지의 정보가 표시된다.

❸ 올린 이미지 정보 표시

아래에서 "정렬"을 "왼쪽"으로 지정하고 "본문 삽입"을 클릭한다.

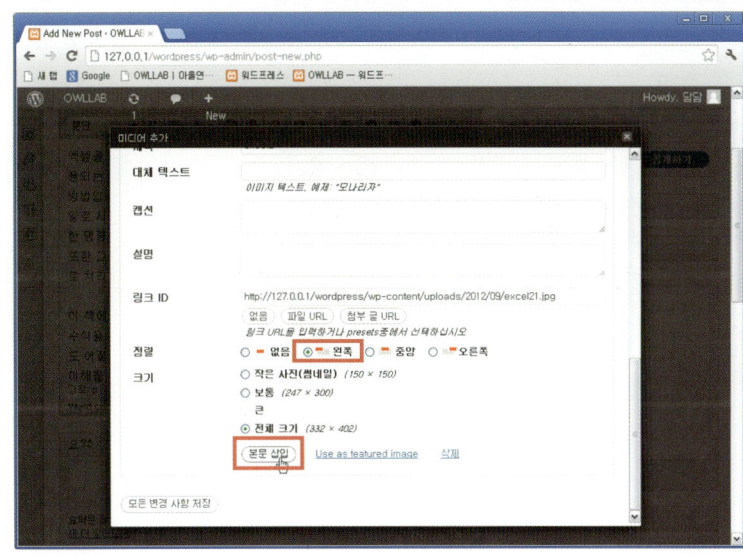

❹ "정렬"에서 "왼쪽" 선택 후 "본문 삽입" 클릭

크기 지정은 올린 이미지가 해당 크기보다 커야 한다. 예를 들어 "작은 사진"을 지정하려면 올리는 이미지의 크기가 가로, 세로 150 픽셀 이상이어야 한다. 우린 그냥 전체 크기를 사용했다. "Use as featured image"는 이 기능을 지원하는 템플릿이나 플러그인에서 사용한다.

포스트 이미지 수정하기

삽입된 이미지가 너무 크다. 이미지를 수정해야 한다. 이미지를 클릭하면 2개의 아이콘이 표시된다.
"이미지 고치기"를 클릭한다.

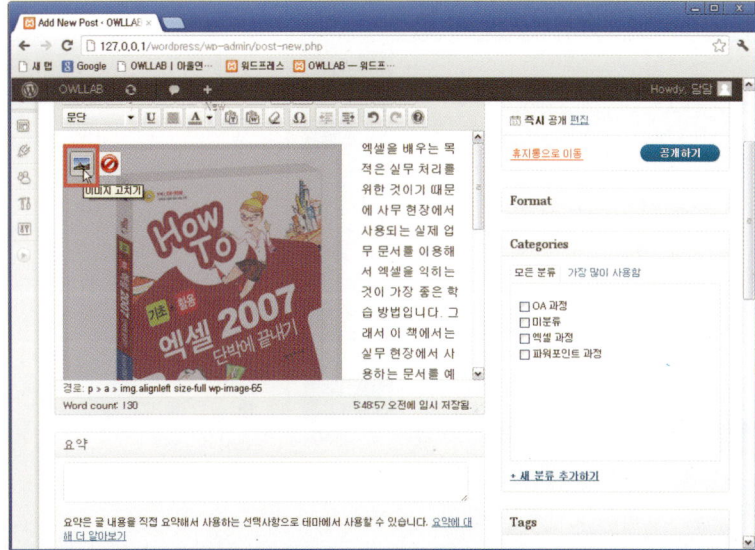

❶ 이미지 클릭 후
"이미지 고치기" 클릭

"이미지 고치기" 탭의 "크기"에서 "60%"를 선택한다.

❷ "크기"에서 "60%"
선택

"고급 옵션" 탭을 클릭한다. 이미지를 좀 더 다듬을 수 있는 기능이 제공된다.

❸ "고급 옵션" 탭 클릭

"크기"에서 "폭"은 200, "높이"는 240을 지정하고, "수직 공간"은 2, 수평 공간은 1을 지정한다. "갱신"을 클릭한다. 참고로 경계선은 이미지에 테두리 선을 그린다.

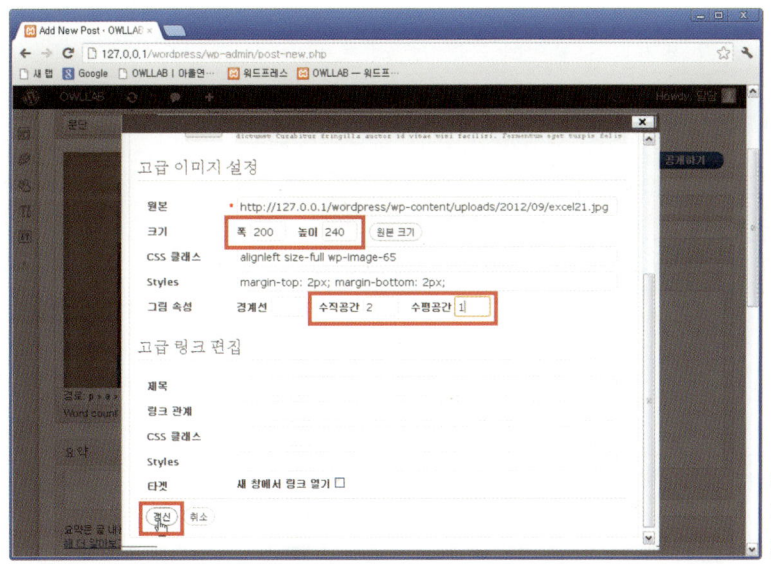

❹ "크기"와 "수직 공간", "수평 공간"을 지정하고 "갱신" 클릭

다른 포스트의 이미지 크기도 동일하게 맞추기 위해 "폭" 200, "높이" 240을 기억해두자.

"고급 링크 편집"은 이 기능을 지원하는 플러그인을 위한 기능이다.

대충 된 것 같다. 사이트 화면에서 볼 수 있도록 "공개하기"를 클릭한다.

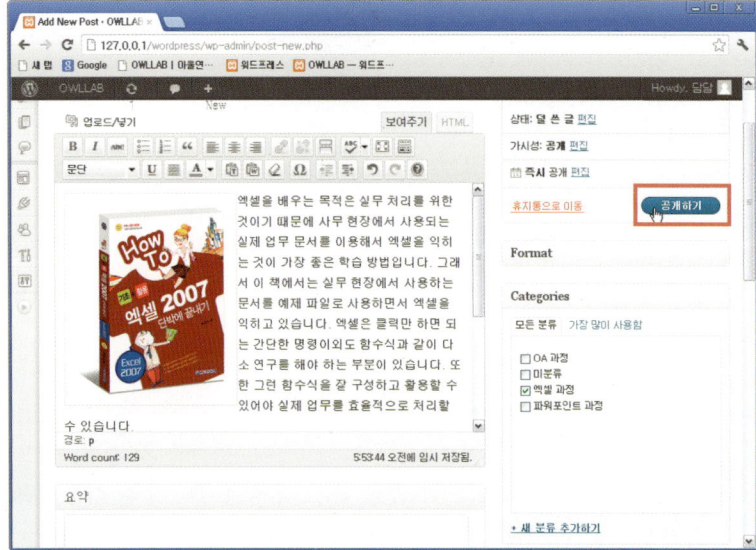

❺ "공개하기" 클릭

"엑셀 과정" 메뉴를 클릭하니 포스트가 보인다.

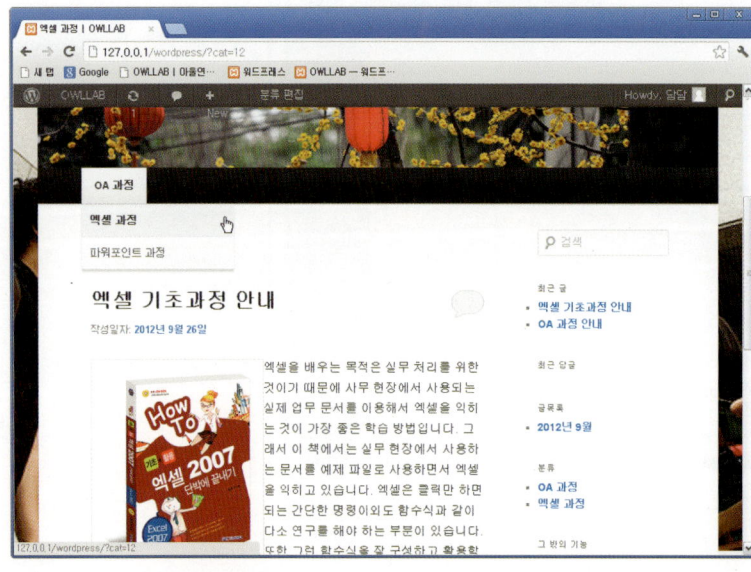

❻ 사이트 화면에서의 포스트 표시

그런데 이미지와 글자 사이의 간격이 너무 좁다. 다시 이미지를 클릭하고 "이미지 고치기"를 클릭한 후 "고급 옵션" 탭에서 "수평 공간"을 20으로 수정하고 "갱신"을 클릭하자. 이건 혼자 해보자. 그러면 아래 그림처럼 제대로 나온다. 이제 수정된 내용을 적용하기 위해 "갱신"을 클릭한다.

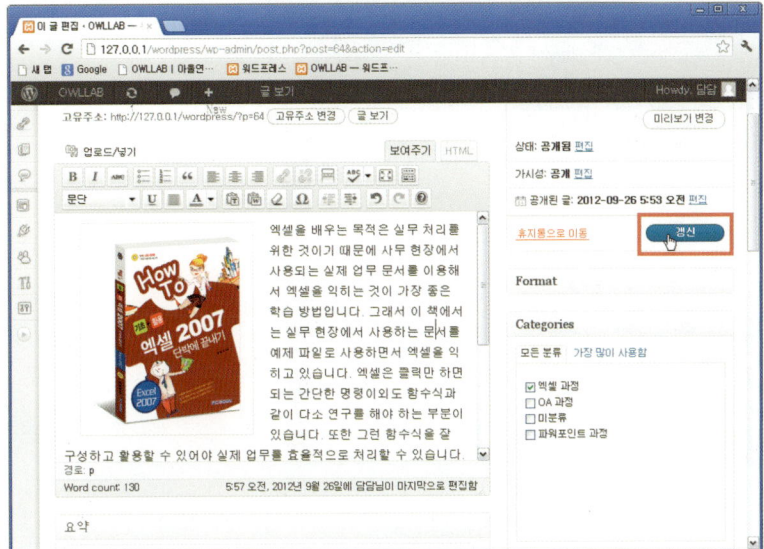

❼ "갱신" 클릭

글이 업데이트되었다는 메시지가 나온다. 이번에는 "글 보기"를 클릭해보자.

"공개하기"의 "미리보기 변경"은 수정하면서 확정되지 않은 중간 결과를 볼 때 사용한다.

❽ "글 보기" 클릭

갱신된 포스트가 보인다. 오른쪽 사이드 바 없이 글 내용을 확인할 수 있게 표시된다.

❾ "글 보기"로 표시된 포스트

메뉴에서 "엑셀 과정"을 클릭하면 사이드 바도 보인다.

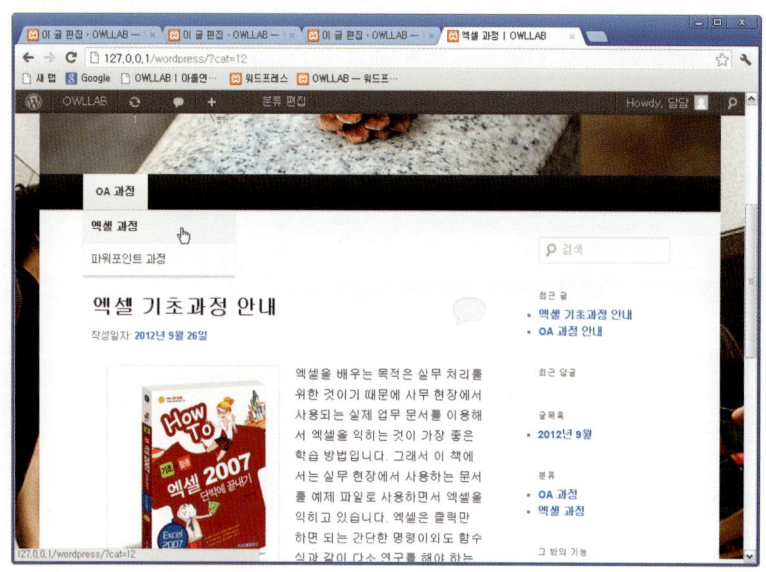

❿ 메뉴로 표시된 포스트

자, 이제 "엑셀 실무과정 안내"와 "파워포인트 실무과정 안내"는 독자님께서 혼자 해보시길… 작업 과정은 지금까지 한 것과 똑 같습니다. 단지 카테고리 설정만 제대로 하시면 됩니다.

8-9 상위 메뉴에서 하위 메뉴의 모든 포스트 보게 만들기

지금까지의 작업 결과를 사이트 화면에서 살펴보자. "OA 과정" 메뉴를 클릭하면 "OA 과정" 카테고리에 속한 포스트만 제대로 표시된다.

❶ "OA 과정" 포스트

"엑셀 과정"이나 "파워포인트 과정" 메뉴도 마찬가지로 해당 카테고리에 속한 포스트들만 표시한다.

❷ "엑셀 과정"과 "파워포인트 과정"의 포스트

그런데 "OA 과정" 메뉴에서 "엑셀 과정"과 "파워포인트 과정"의 포스트들도 모두 보이게 하고 싶다. 물론 "엑셀 과정"과 "파워포인트 과정"은 원래대로 존재해야 한다. 이 경우 카테고리만 살짝 조절하면 된다. 해봅시다! "글 > Categories"에서 "엑셀 과정"의 "편집"을 클릭한다.

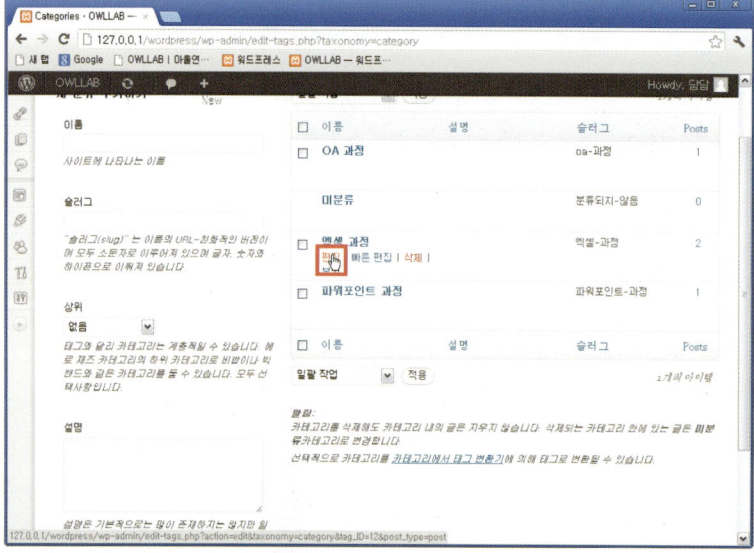

❸ "글 > Categories" 클릭 후 "엑셀 과정"의 "편집" 클릭

"분류 편집" 창의 "상위"에서 "OA 과정"을 선택하고 "갱신"을 클릭한다.

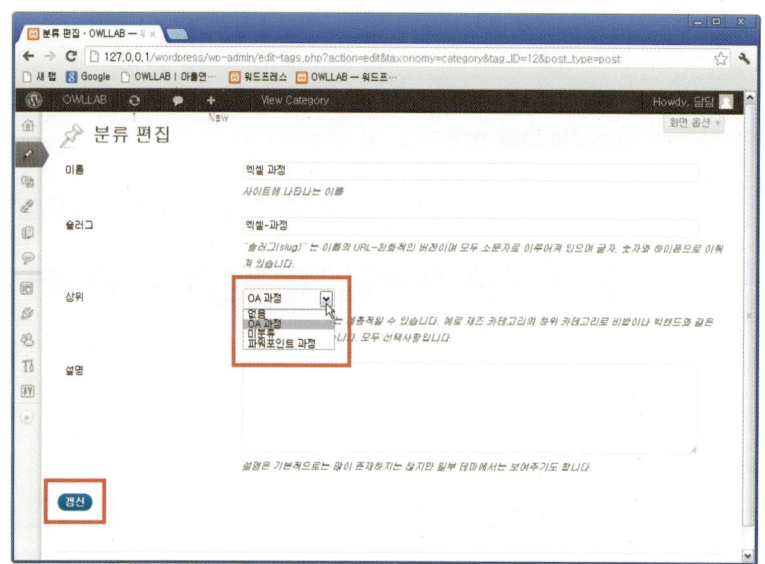

❹ "상위"에서 "OA 과정" 선택 후 "갱신" 클릭

"파워포인트 과정" 카테고리에 대해서도 동일하게 작업한다.

작업을 마치고 사이트 화면으로 가서 "OA 과정" 메뉴를 클릭해보자. 다 나온다.

❺ "OA 과정"의 변경된 포스트

그런데 최신 글이 제일 위에 표시되고 있다. "OA 과정" 메뉴를 클릭하면 "OA 과정 안내" 글이 제일 먼저 표시되면 좋겠다. 다른 포스트들의 순서도 맘대로 조절하면 좋겠다. 아쉽게도 그냥은 안 된다. 포스트의 "가시성"에서 "이 글을 첫 페이지에 고정"을 체크하면 될 것 같지만 이걸 체크하면 그 포스트는 9장에서 만드는 전체 목록의 제일 위에 표시된다. 우리는 3부에서 플러그인을 사용해서 자유롭게 포스트 순서를 지정하는 방법을 배울 것이다.

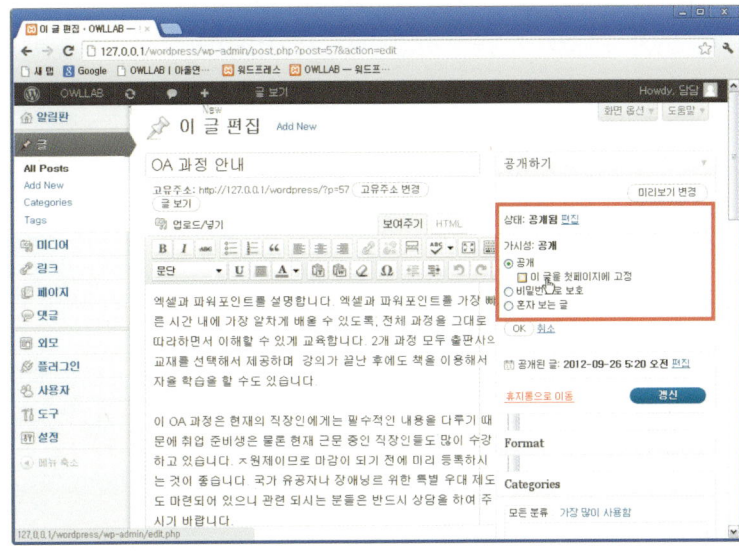

❻ "가시성" 검토 화면

8-10 App 과정 작업하기

연습 삼아 이제 App 과정은 다음의 순서를 참고해서 독자님이 혼자 만들어보시길! 초보자의 경우 앞의 과정을 그대로 따라했다면 책을 덮고 혼자 해보시는 게 좋은 경험이 됩니다. 대개 "저장하기"나 "갱신"과 같은 마무리 버튼을 클릭하지 않는 실수를 많이 하게 된답니다.

❶ "App 과정", "안드로이드 과정", "아이폰 과정"이라는 3개의 카테고리를 만든다.
❷ 3개의 카테고리를 메뉴에 추가한다.
❸ "안드로이드 과정"과 "아이폰 과정" 메뉴를 "App 과정"의 하위 메뉴가 되도록 조절한다.

❹ "App 과정 안내"라는 포스트를 작성하고, "App 과정" 카테고리를 지정한다.
❺ "안드로이드 기초과정 안내"라는 포스트 작성하고, "안드로이드 과정" 카테고리를 지정한다.
❻ "안드로이드 실무과정 안내"라는 포스트를 작성하고, "안드로이드 과정" 카테고리를 지정한다.
❼ "아이폰 실무과정 안내"라는 포스트를 작성하고, "아이폰 과정" 카테고리를 지정한다.

Tech Note 워드프레스의 기능들

워드프레스를 사용하면서 부족해 보이거나 작동하지 않는 기능들이 있을 것입니다. 그래서 혹자는 워드프레스를 얼핏 살펴보고 별거 아니라는 평을 하기도 합니다. 하지만 그건 아주 큰 오해입니다. 워드프레스의 기본 방침을 이해하지 못했기 때문입니다. 워드프레스는 필수적인 기능들만 확정하고 나머지는 추가 프로그램인 다양한 플러그인들을 조합해서 기능을 완성하거나, PHP나 CSS 코딩을 통해 기능을 추가, 수정할 수 있습니다. 소프트웨어가 제반 기능을 완벽하게 갖추어 제공되면 사용자는 자신의 구미에 맞게 가공할 여지가 없지만, 이렇게 하면 동일한 워드프레스로 만든 사이트들도 각기 다른 특성을 가지게 됩니다.

2012년 현재 플러그인이 2만 여개, 테마가 1500여개 제공되고 있는데 이것들은 전 세계의 개발자들이 무료나 유료로 제공하는 것이며 엄청난 속도로 증가하고 있습니다. 웹에 관한 세계인의 아이디어와 개발 능력이 워드프레스로 모이고 있는 것입니다. 이러한 소프트웨어 생태계는 사용자나 개발자 모두에게 커다란 기회를 제공하고 있으며, 기부를 통해 기술을 발전시키는 바람직한 모델이 되고 있습니다. 차츰 워드프레스에 익숙해지고 내부를 들여다볼 수 있는 힘이 생기면 이런 오픈과 소통의 생태계가 우리에게 얼마나 큰 힘이 되고 선물이 되는지를 절감하시게 될 것입니다.

09 웹 사이트 첫 페이지와 전체목록 만들기

외부에서 내 웹 사이트를 방문했을 때 제일 먼저 표시되는 페이지를 만들어 볼 것이다. 이 페이지는 "안내 말씀"이라는 제목으로 작성한다. 또한 기존 블로그에서 보듯이 카테고리에 상관없이 내 사이트에 있는 모든 포스트들을 보여주는 "전체목록"도 만들 것이다. 8장에서는 글을 쓰기 위해 포스트를 사용했지만 여기서는 다음과 같은 특성을 가진 "페이지"를 사용한다.

- 페이지는 카테고리나 태그 기능이 없다.
- 페이지는 곧장 메뉴에 등록할 수 있다.

플러그를 사용하지 않는 한 페이지의 기능은 제한적이다. 우리는 태그가 필요 없는 단순한 안내 말씀과 전체 포스트를 나열하는 밑판의 용도로 페이지를 사용할 것이다.

9-1 사이트 첫 페이지 만들기

안내 말씀 같은 문서는 대개 태그나 분류가 필요 없으므로 페이지로 작성한다.

안내 말씀 작성하기

메뉴에서 "페이지 > Add New"를 클릭하고 제목과 본문을 입력한다.

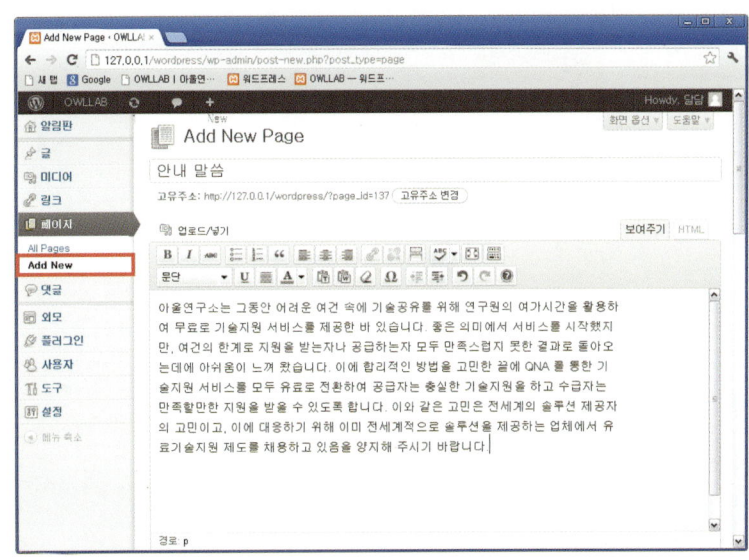

❶ "페이지 > Add New" 클릭 후 제목과 본문을 입력

이 페이지에 외부 사이트의 이미지를 삽입하기 위해서 잠시 다른 작업을 해야 한다. 이렇게 글을 잠시 저장해둘 경우 "덜 쓴 글로 저장하기"를 클릭하는 것이 좋다.

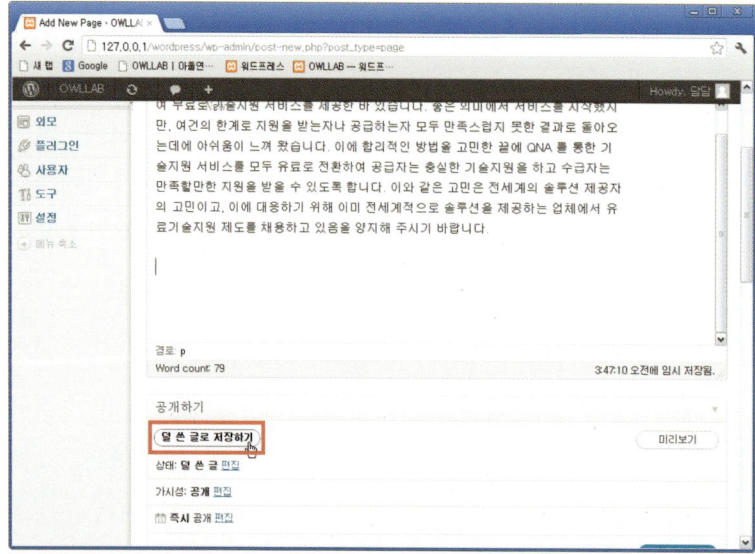

❷ "덜 쓴 글로 저장하기" 클릭

외부 사이트의 약도 이미지 정보 얻기

여기서는 www.owllab.com을 방문해서 "Support" 메뉴를 클릭하고 아래쪽 이미지를 내 사이트로 가져올 것이다. 이미지를 마우스 오른쪽 버튼으로 클릭하고 "속성"을 클릭한다.

❶ "속성" 클릭

"등록 정보" 창에서 "주소"를 복사한다.

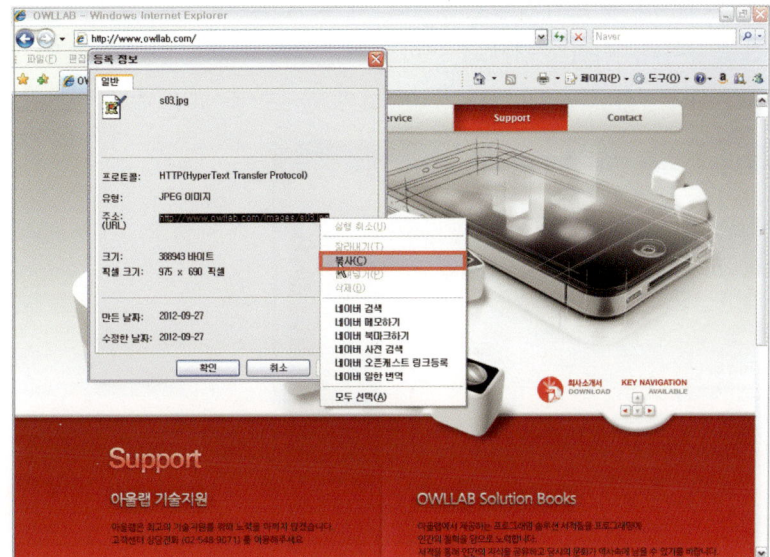

❷ 주소 복사

외부 사이트의 이미지 삽입하고 링크걸기

이미 저장한 페이지로 돌아와 "업로드/넣기"를 클릭한다.

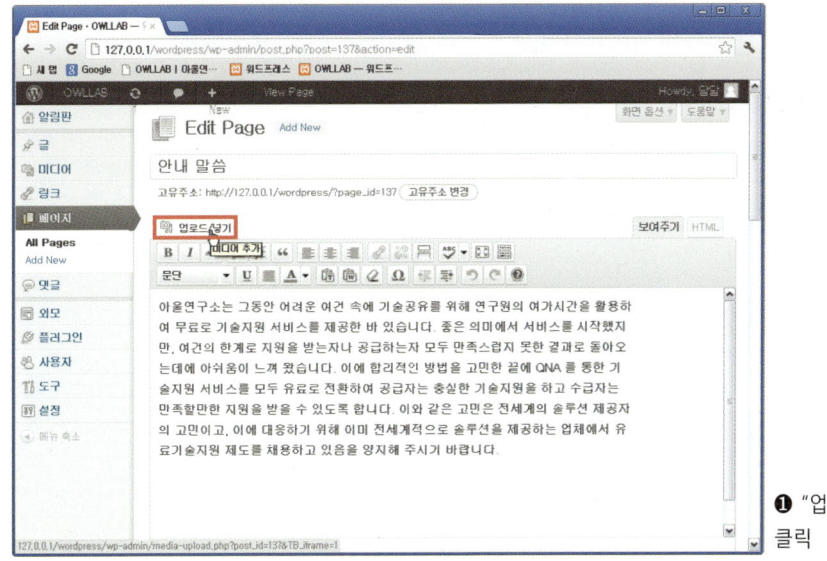

❶ "업로드/넣기" 클릭

"미디어 추가" 창에서 "URL에서" 탭을 클릭하고 "URL"에 앞서 복사한 주소 정보를 붙여 넣는다. "제목"은 이미지 위에 커서가 위치하면 표시되는 문장이고 "대체 텍스트"는 이미지가 제대로 연결되지 않을 때 표시되는 문장이다. "이미지 캡션"은 이미지 아래에 표시되며, "이미지 연결"은 이 이미지를 클릭했을 때 이동할 사이트 주소이다. 모두 입력 후 "본문 삽입"을 클릭한다.

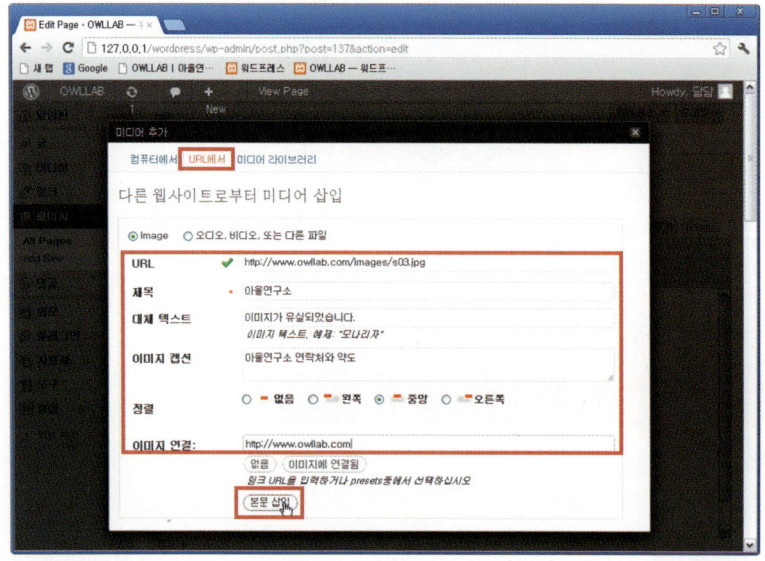

❷ "URL에서" 탭 클릭하고 정보 입력 후 "본문 삽입" 클릭

이미지 수정하고 새 창으로 뜨게 하기

이미지를 수정하기 위해 이미지를 클릭하고 "이미지 고치기"를 클릭한다.

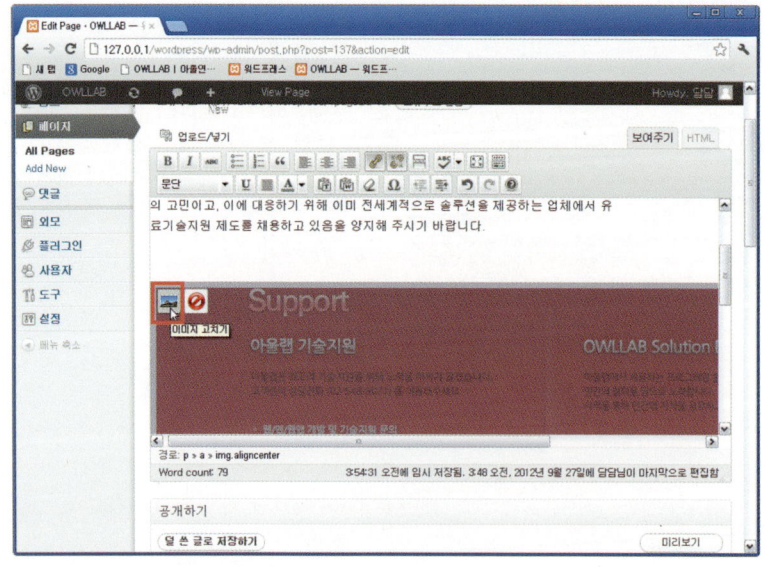

❶ "이미지 고치기" 클릭

"고급 옵션" 탭에서 "크기"를 지정하고, 이미지를 클릭했을 때 외부 사이트가 새 창이나 새 탭으로 나타나도록 "타겟"의 "새 창에서 링크걸기"에 체크를 하고 "갱신"을 클릭한다.

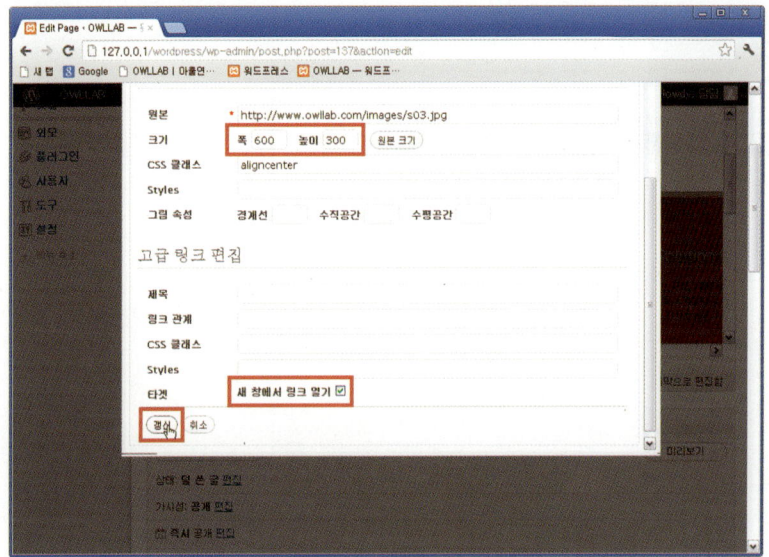

❷ "크기" 지정 후
"새 창에서 링크 열기"
체크하고 "갱신" 클릭

이제 "공개하기"를 클릭한다.

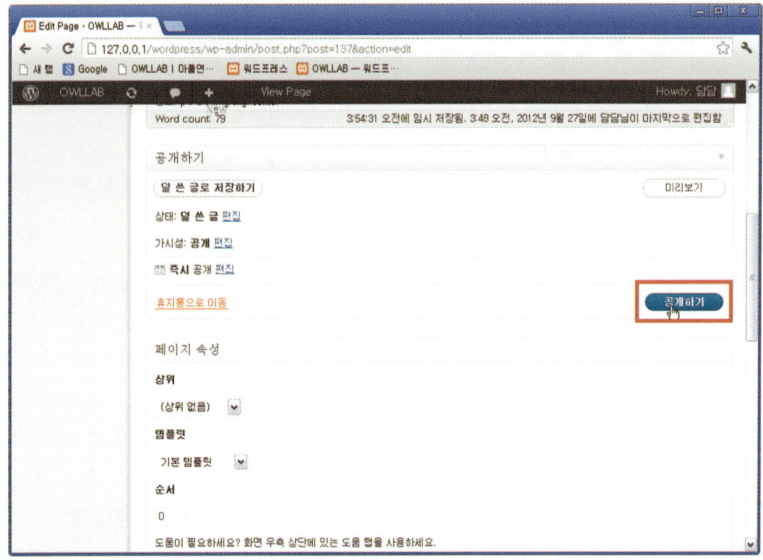

❸ "공개하기" 클릭

지금까지는 페이지를 만들기만 했다. 이제 이 페이지를 메뉴에 등록해야 사이트 화면에 표시된다.

페이지 메뉴 만들기

"외모 > Menus"로 가서 "Pages"를 보면 우리가 작성한 페이지인 "안내 말씀"이 있다. "안내 말씀"을 체크하고 "메뉴에 추가"를 클릭한다.

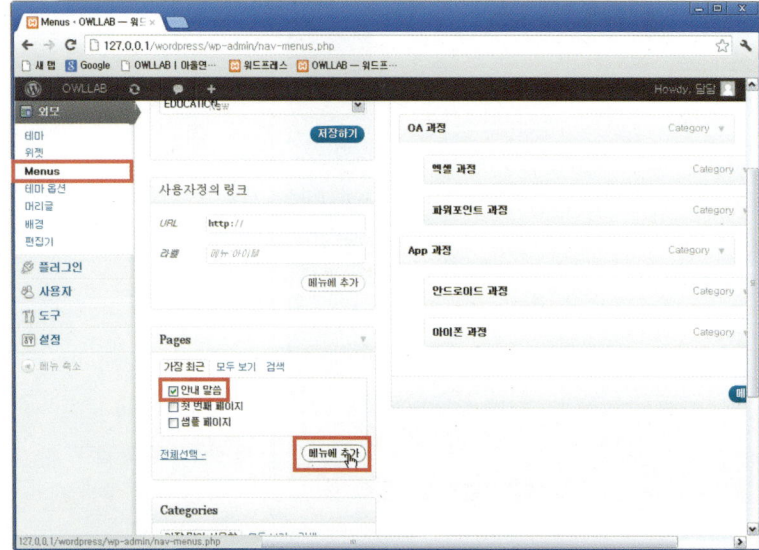

❶ "외모 > Menus" 클릭 후 "안내 말씀" 체크하고 "메뉴에 추가" 클릭

"안내 말씀"을 제일 위로 드래그하고 "메뉴 저장"을 클릭한다.

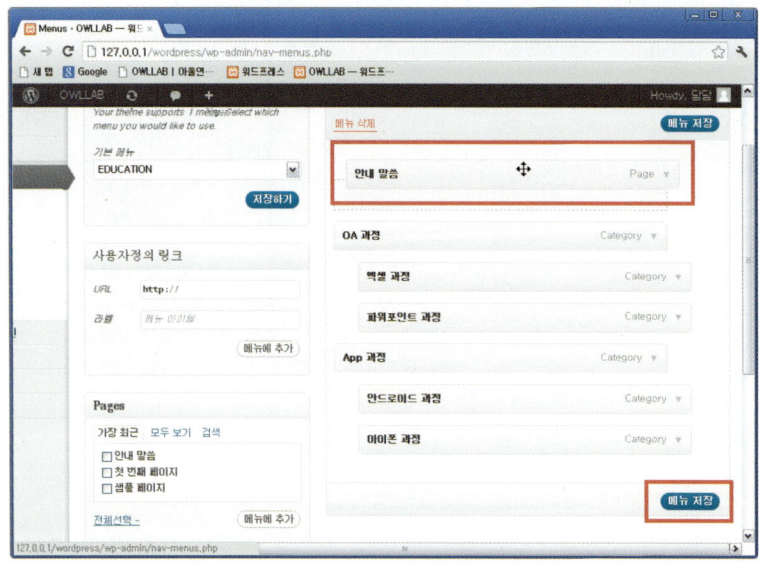

❷ "안내 말씀" 메뉴를 위로 드래그 후 "메뉴 저장" 클릭

사이트 첫 페이지로 설정하기

"설정 > 읽기"를 클릭한다.

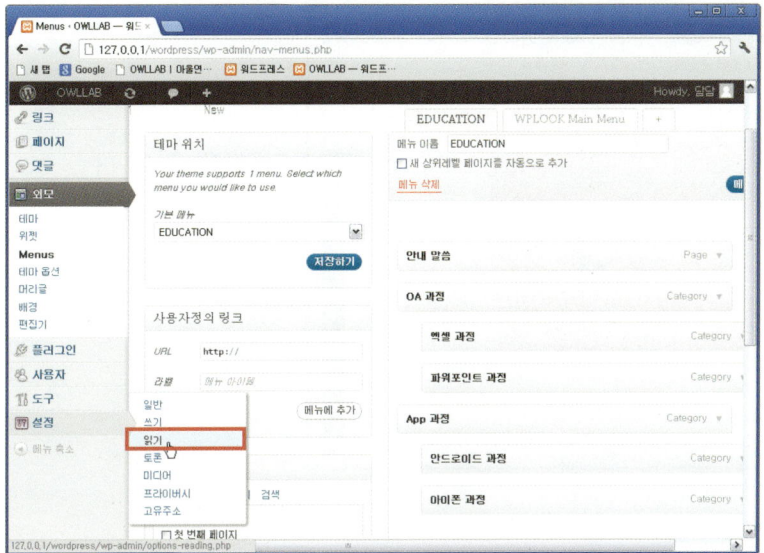

❶ "설정 > 읽기" 클릭

"읽기 설정"의 "전면 페이지"에서 "안내 말씀"을 선택하고 "변경 사항 저장"을 클릭한다.

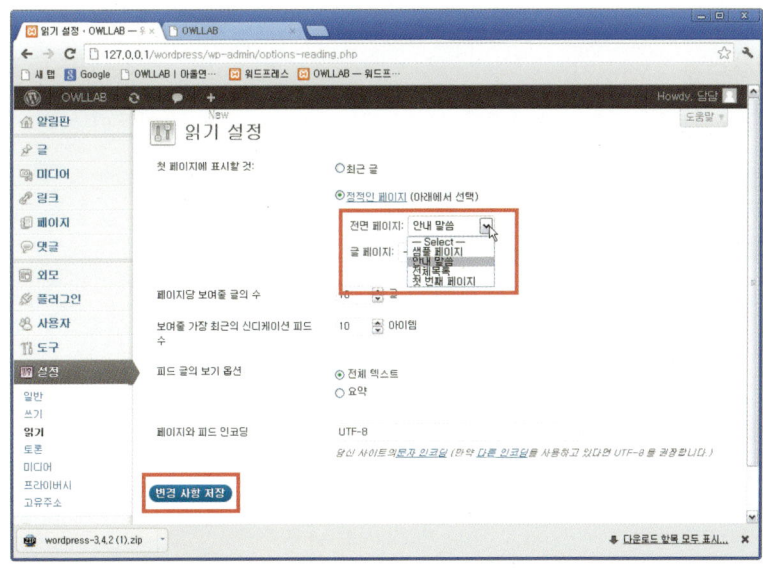

❷ "전면 페이지"에서 "안내 말씀" 선택하고 "변경 사항 저장" 클릭

이제 내 사이트를 방문해보면 "안내 말씀" 메뉴도 보이고 이 페이지가 제일 먼저 표시된다. 이미지를 클릭하면 아울연구소 홈페이지가 새 창이나 새 탭으로 열린다. 이 페이지에도 오른쪽에

사이드 바가 표시되게 하려면 "편집"을 클릭하고, "템플릿"에서 "사이드바 템플릿"을 선택한다.

❸ "안내 말씀" 페이지

9-2 전체목록 만들기

이번에는 내 사이트에 있는 모든 포스트의 목록을 표시하는 전체목록을 만들어보자.

빈 페이지 만들고 글 목록으로 지정하기

"페이지 > Add New"를 클릭하고 제목에 "전체목록"을 입력한다. 본문은 비워둔다.

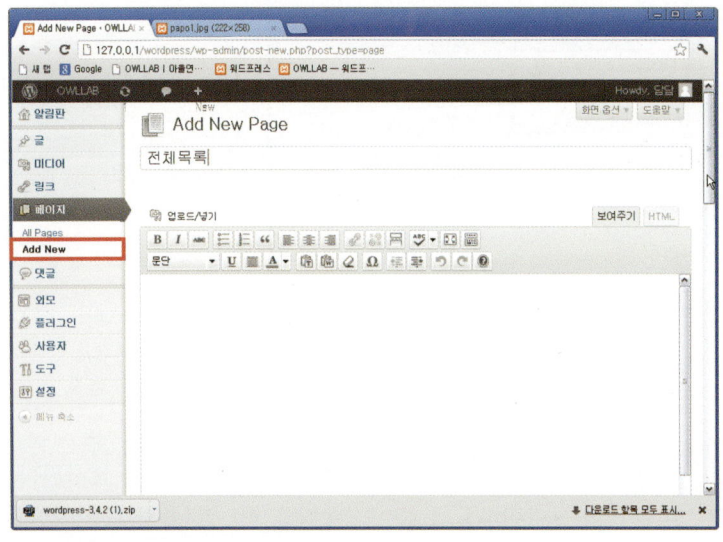

❶ "페이지 > Add New" 클릭 후 제목 입력

"공개하기"를 클릭한다.

❷ "공개하기" 클릭

"설정 > 읽기"를 클릭한다.

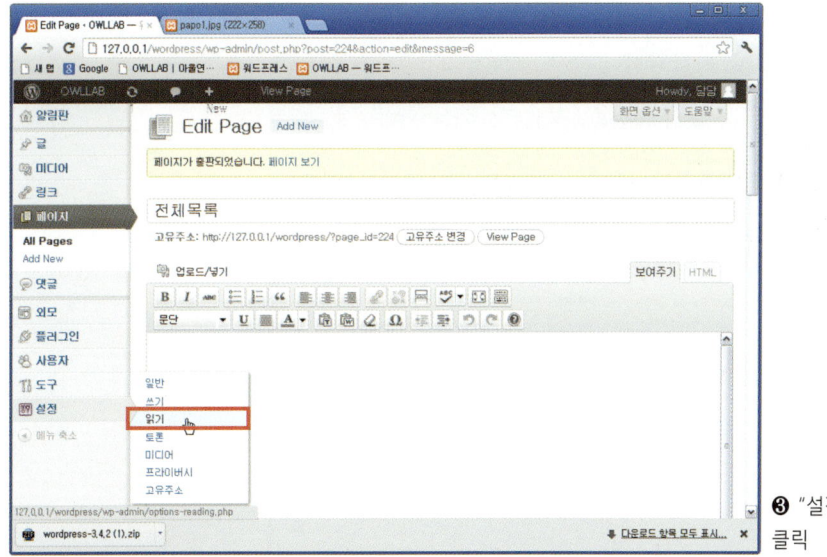

❸ "설정 > 읽기"
클릭

"글 페이지"에서 "전체목록"을 선택하고 "변경 사항 저장"을 클릭한다.

❹ "글 페이지"에서 "전체목록" 선택 후 "변경 사항 저장" 클릭

페이지를 메뉴에 추가하기

이 페이지도 메뉴에 표시되어야 하므로 "외모 > Menus"를 클릭한 후, "Pages"에서 "전체목록"을 체크하고 "메뉴에 추가"를 클릭한다.

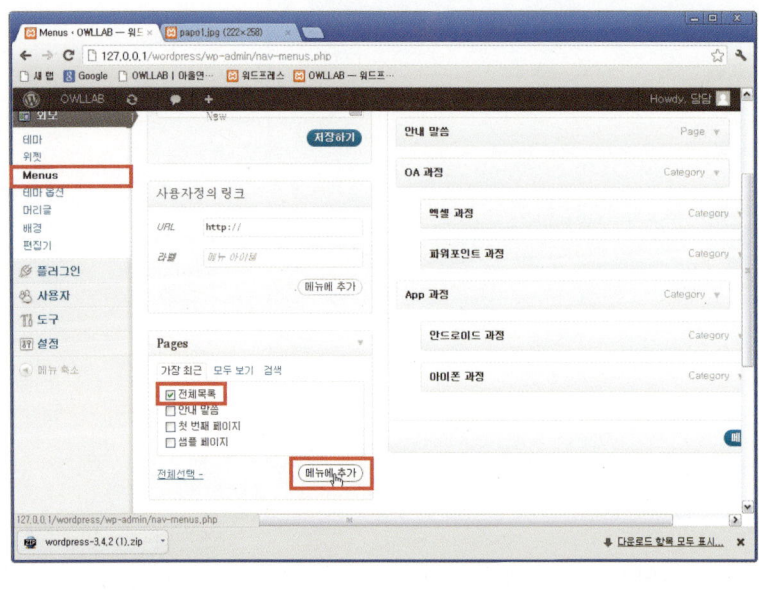

❶ "외모 > Menus" 클릭 후 "Pages"에서 "전체목록" 선택하고 "메뉴에 추가" 클릭

"메뉴 저장"을 클릭한다.

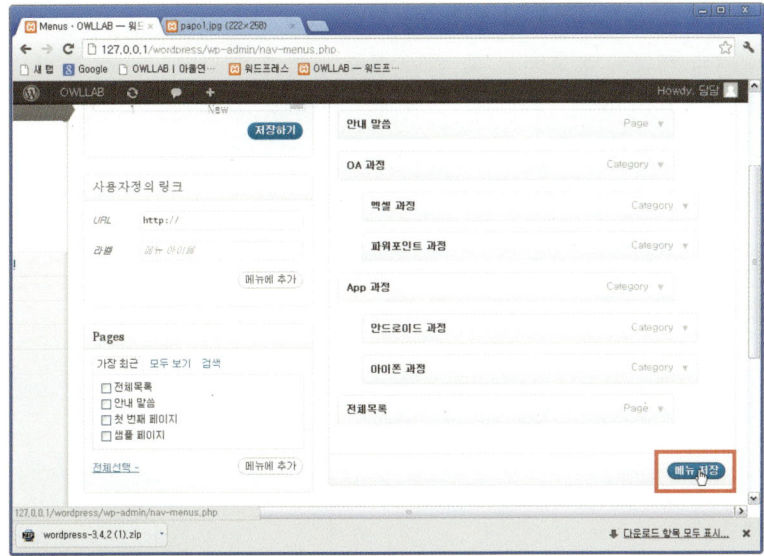

❷ "메뉴 저장" 클릭

이제 사이트 화면에서 "전체목록" 메뉴를 클릭하면 카테고리에 관계없이 모든 포스트들이 표시된다.

❸ "전체목록" 화면

전체목록에서 항상 제일 앞에 위치시킬 포스트는 편집 화면으로 가서 "가시성 > 이 글을 첫 페이지에 고정"에 체크하고 "OK"와 "갱신"을 클릭하면 된다.

이 글을 첫페이지에 고정하기

포스트를 작성하는 옵션 중에 "가시성"에 "이 글을 첫페이지에 고정" 기능이 있다. 이 옵션을 체크를 하면 그 포스트는 전체 목록에서 표시될 때 제일 위에 붙박이가 된다. 즉, 이후 다른 포스트를 작성해도 최근의 포스트가 먼저 게시되는 원칙에서 벗어나 그 포스트가 항상 제일 먼저 표시된다. 붙박이로 지정할 포스트의 편집 화면에서 "가시성 > 이 글을 첫페이지에 고정"에 체크하고 "갱신을 클릭한다.

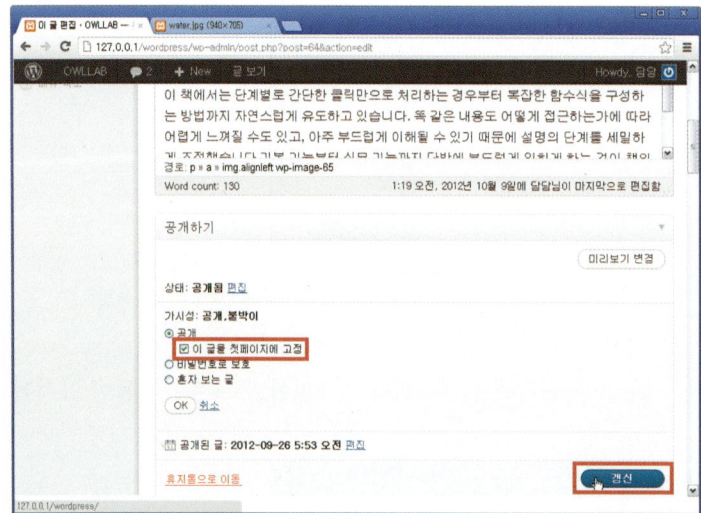

❶ "이 글을 첫페이지에 고정" 클릭 후 "갱신" 클릭

붙박이로 지정된 포스트는 전체목록에서 항상 제일 위에 게시된다.

❷ 지정된 포스트가 전체목록에서 제일 위에 게시됨

10 동영상 보기와 링크 메뉴 만들기

이 장에서는 2가지 작업을 해볼 것이다. 첫 번째는 youtube에 올려져 있는 필자의 동영상 강의를 포스트에 연결하고, 동영상 강의라는 메뉴를 만들어 내 사이트에서 동영상 강의를 게시하고 보는 방법을 살펴본다.

두 번째는 메뉴를 클릭하면 곧장 원하는 사이트로 이동하는 링크 메뉴를 만든다. 위젯을 이용해서 사이드 바에 링크를 표시하는 방법은 6장에서 살펴보았다. 여기서 배우는 것은 링크를 메뉴로 만들어 사용하는 것이다.

10-1 동영상 보기 만들기

우리가 사용할 동영상 파일을 유투브에서 찾기로 했다. 필자가 유투브에 올린 안드로이드 앱 개발 강의를 활용할 것이다.

유투브에서 동영상 찾기

유투브를 방문해서 "이두진"으로 검색하면 그림과 같이 필자의 동영상 강의를 찾을 수 있을 것이다. 찾았으면 제목을 클릭하자.

❶ 제목을 클릭

동영상 아래의 "공유"를 클릭하고 "소스 코드"를 클릭한다.

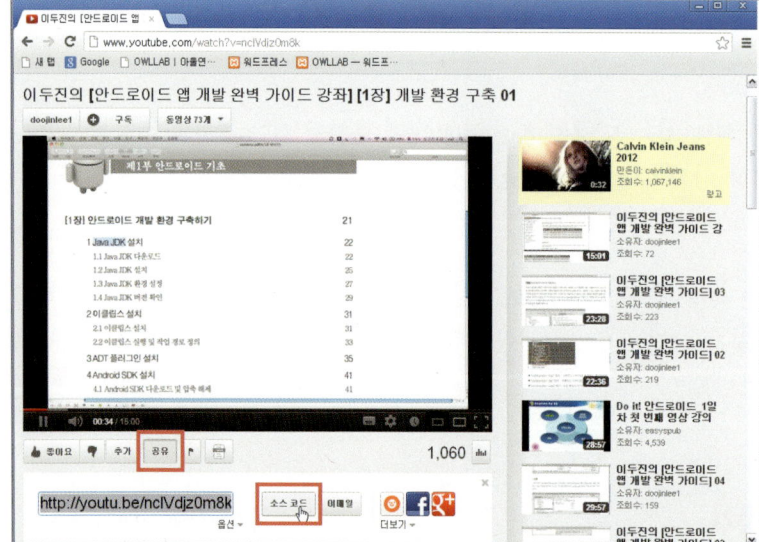

❷ "공유" 클릭 후
"소스 코드" 클릭

그러면 소스 코드가 보인다. 이 코드를 복사한다.

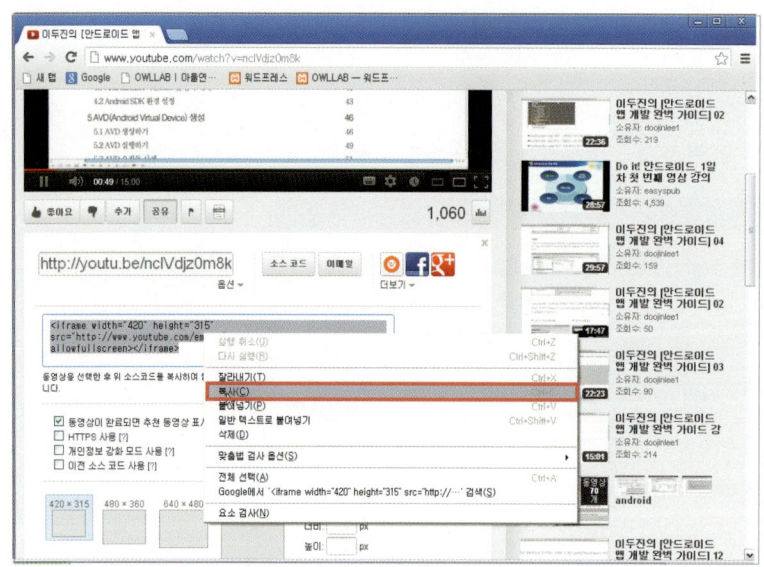

❸ 소스 코드 복사

동영상 포스트 만들기

이제 "글 > Add New"를 클릭한 후 포스트의 제목과 본문을 입력하고 "HTML" 탭을 클릭한다.

❶ "글 > Add New" 클릭 후 제목과 본문 입력하고 "HTML" 탭 클릭

앞서 유투브에서 복사한 소스 코드를 붙여넣기 한다.

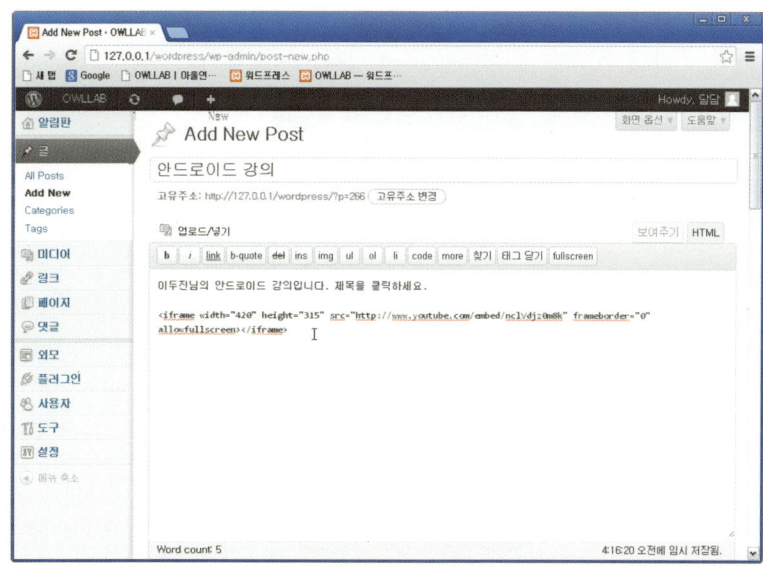

❷ 복사한 소스 코드 붙여넣기

새 카테고리 만들기

"Format"은 "Gallery"로 지정하고, "새 분류 추가하기"를 클릭한다. 포스트를 작성하면 반드시 카테고리를 지정해야 하는데 우리는 이 동영상 강의 포스트를 새로운 카테고리에 넣을 것이다. 그래서 포스트를 작성하면서 새로운 카테고리를 만드는 작업을 함께 하고 있는 것이다.

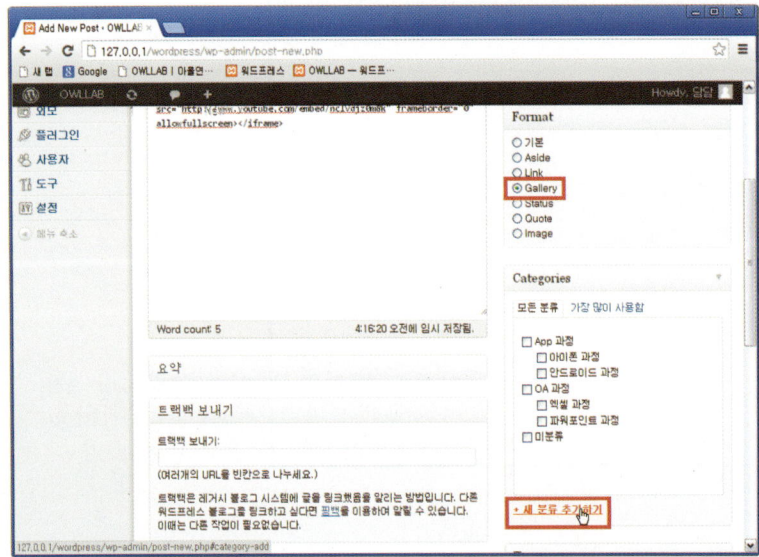

❶ "Format"의 "Gallery" 클릭 후 "새 분류 추가하기" 클릭

카테고리 제목을 "동영상 강의"라고 입력하고 "새 분류 추가하기"를 클릭한다.

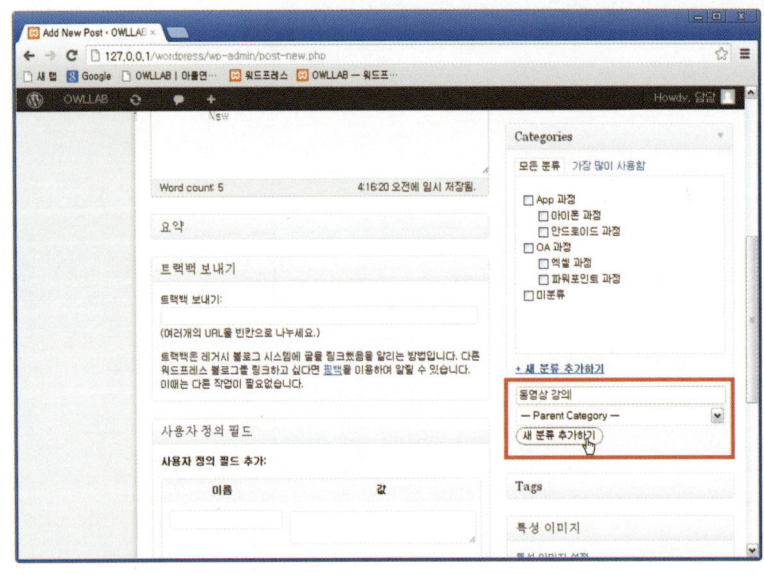

❷ 제목 입력 후 "새 분류 추가하기" 클릭

그러면 "Categories"에 "동영상 강의"라는 새로운 카테고리가 보인다. 이 포스트는 "동영상 강의"라는 카테고리에 속한 것이다.

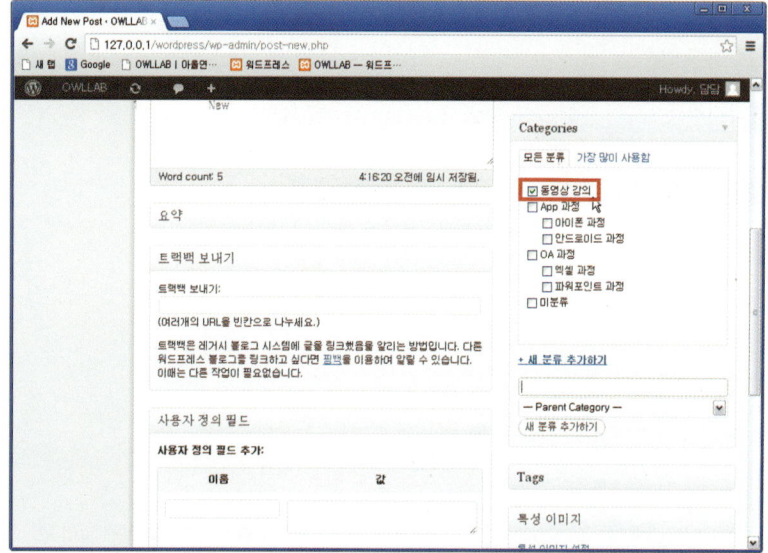

❸ "동영상 강의" 카테고리 확인

포스트 작성 작업은 다 끝났다. "공개하기"를 클릭한다.

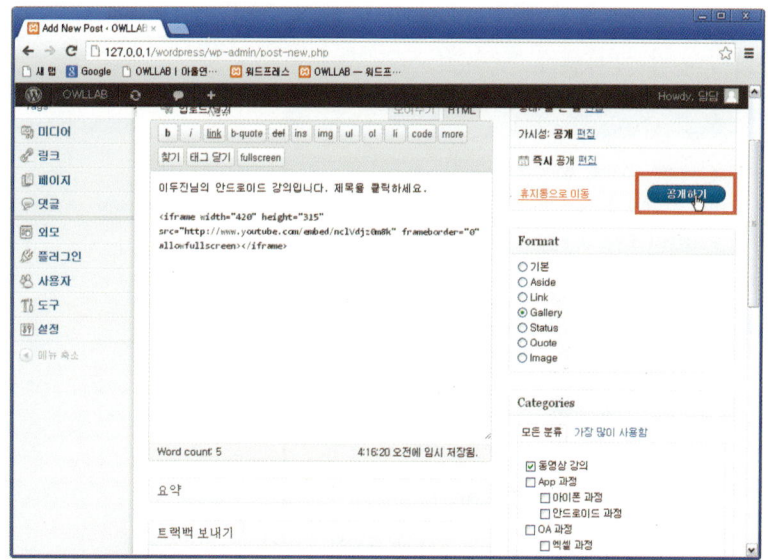

❹ "공개하기" 클릭

임베드 기능으로 동영상을 퍼오는 방법

앞서의 방법 이외에 워드프레스의 임베드 기능을 이용해도 간단히 동영상을 가져올 수 있다. "설정 > 미디어"를 클릭한 후, "자동 임베드"에 체크를 하고 "최대 임베드 크기"를 설정한 후, "변경 사항 저장"을 클릭한다.

❶ "설정 > 미디어" 클릭 후 "자동 임베드"를 체크하고 "최대 임베드 크기" 지정 후 "변경 사항 저장" 클릭

유투브에서 찾은 동영상의 주소를 복사한다.

❷ 동영상 주소 복사

포스트 편집기에서 "HTML" 탭을 클릭한 후, 복사한 주소를 붙여넣기하고 "공개하기"를 클릭한다.

❸ "HTML" 탭 클릭 후 주소 붙여넣기

이제 사이트 화면에서 보면 지정한 크기로 동영상이 표시된다.

❹ 동영상 표시 포스트

이 방법은 미디어 임베드 기능을 사용한 것으로 임베드는 텍스트 URL 주소를 해석하여 해당 미디어를 삽입하는 기능을 제공한다.

동영상 강의 메뉴 만들기

"외모 > Menus"에 가서 "Categories"의 "동영상 강의"가 체크되어 있음을 확인하고 "메뉴에 추가"를 클릭한다.

❶ "외모 > Menus" 클릭 후 "Categories"에서 "동영상 강의" 체크 확인 후 "메뉴에 추가" 클릭

"동영상 강의"라는 메뉴가 생겼다. "메뉴 저장"을 클릭한다.

❷ "메뉴 저장" 클릭

사이트 화면으로 가보자. "동영상 강의" 메뉴가 보인다. 포스트의 제목을 클릭하면 동영상 강의가 나온다.

❶ 제목 클릭

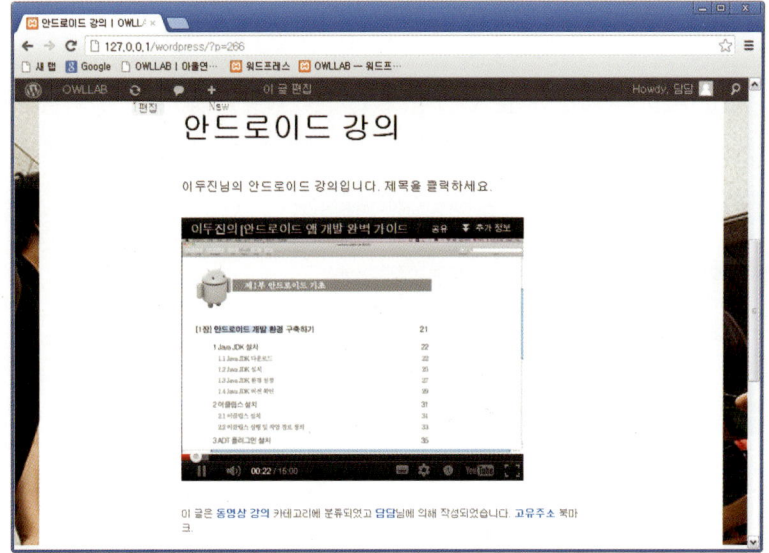

❷ 동영상 강의 화면

한 가지 알아둘 것은 이 동영상 파일이 내 사이트에 복사된 것은 아니다. 유튜브 서버에 있는 상태에서 내 포스트에 연결되어 보이는 것이다. "미디어 > 라이브러리" 메뉴를 사용하면 내 사이트 데이터베이스에서 보관 중인 미디어 파일들이 보인다. 거길 살펴보자. 동영상 파일은 없다.

10-2 링크 메뉴 만들기

링크 메뉴도 메뉴이기 때문에 이 작업은 "외모 > Menus"에서 한다. 링크 메뉴를 만드는 것은 아주 간단하다. "사용자 정의 링크"에서 이동할 사이트의 "URL"을 입력하고 메뉴로 표시될 "라벨"을 입력한 후 "메뉴에 추가"를 클릭한다.

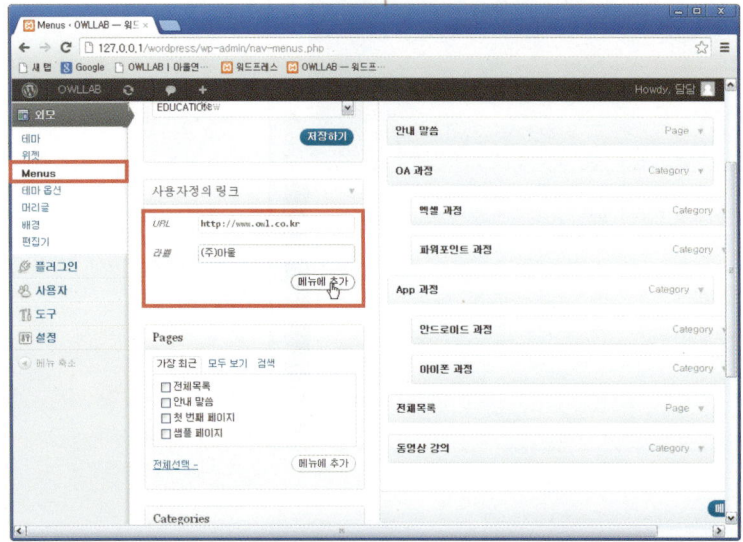

❶ "외모 > Menus" 클릭 후 "URL"과 "라벨" 입력하고 "메뉴에 추가" 클릭

이제 "메뉴 저장"을 클릭하고, 사이트 화면을 보면 그림처럼 링크 메뉴가 보이고 그 메뉴를 클릭하면 정의한 사이트로 이동한다.

❷ 링크 메뉴가 표시된 사이트 화면

11 웹 사이트 업그레이드하기

이 장에서는 웹 사이트를 좀 더 다듬는 작업을 할 것이다. 이 작업 과정을 통해 10장까지 미처 살펴보지 못한 기능들을 활용해보면서 워드프레스를 좀 더 들여다보게 된다.

11-1 화면 배경 투명하게 만들기

우리의 사이트는 현재 하얀 사각 바탕이 배경 이미지를 가리고 있다. 이 사각 바탕을 다소 투명하게 조절하면 더 멋있어 보일 것이다. 작업을 해보자.

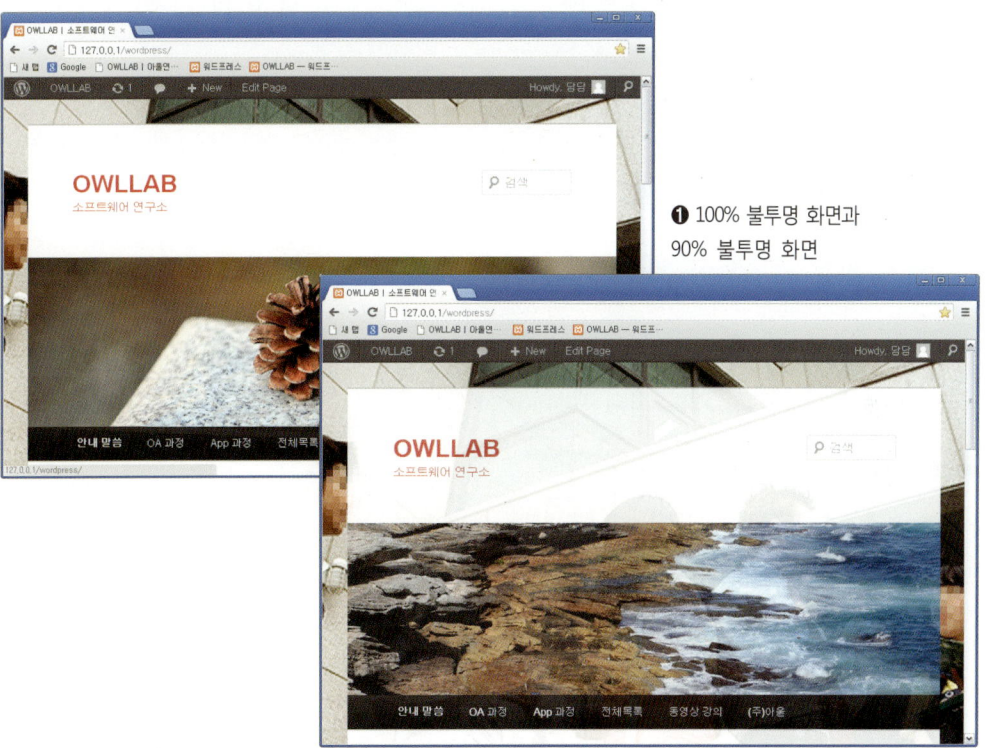

❶ 100% 불투명 화면과 90% 불투명 화면

워드프레스는 테마에 의해 디자인이 결정되고, 테마는 style.css 파일에 디자인 관련 소스 코드를 보관하고 있다. 그래서 우리는 style.css 파일에서 해당 코드를 찾아 수정해야 한다. 메뉴에서 "외모 > 편집기"를 클릭한다. 그러면 테마 편집 화면이 표시된다.

❷ "외모 > 편집기" 클릭

이제 키보드에서 Ctrl + F를 누르면 검색 상자가 표시된다. 검색 상자에 "#page {"를 입력하고 Enter 키를 누른다.

❸ Ctrl + F 키 누르고 검색 상자에 "#page {" 입력 후 Enter 키 클릭

"#page {"가 여러 곳에 있다. Enter 키를 누르면서 "background: #fff;"라는 코드가 있는 곳을 찾는다. "background: #fff;" 코드 아래에 다음의 코드를 입력하고 "파일 업데이트"를 클릭한다.

   opacity: 0.9; filter: alpha(opacity=90);

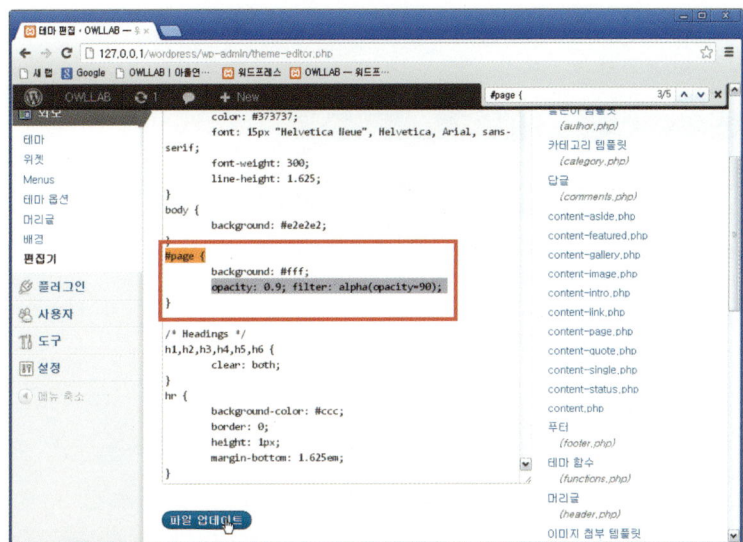

❹ 코드 입력 후
"파일 업데이트" 클릭

이제 사이트 화면으로 가서 새로고침을 하면 불투명도 90%로 보일 것이다. opacity: 0.9는 최신 브라우저를 위한 코드이고, filter: alpha(opacity=90)은 구형 브라우저를 위한 코드이다.

11-2 다른 사이트 콘텐츠 자동 퍼오기

워드프레스는 웹 서핑을 하다가 발견한 콘텐츠를 가져와 자신의 사이트에 게시하는 아주 간단한 방법을 제공한다. "도구 > 사용 가능한 도구"를 클릭하고 "끌어오기"를 북마크로 드래그한다.

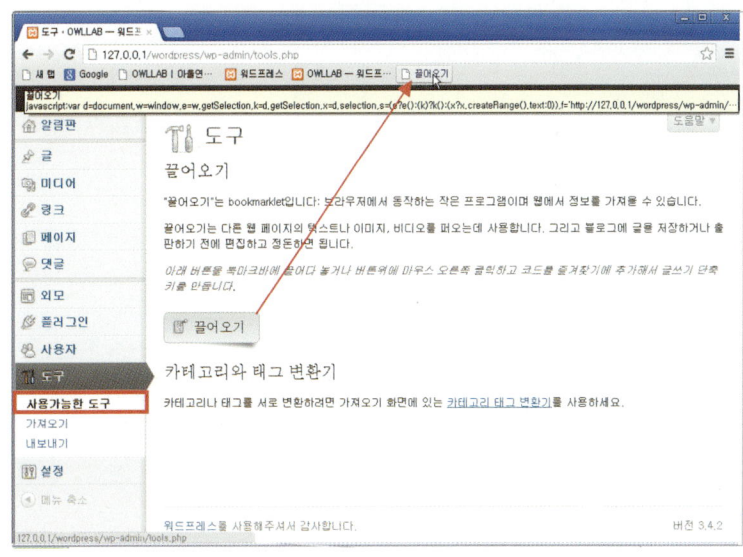

❶ "도구 > 사용 가능한 도구"
클릭 후 "끌어오기"를
북마크로 드래그

11장 웹 사이트 업그레이드하기 **135**

이제 웹 서핑을 하다가 필요한 콘텐츠가 있으면 그림처럼 드래그해서 범위를 지정하고 "끌어오기"를 클릭한다.

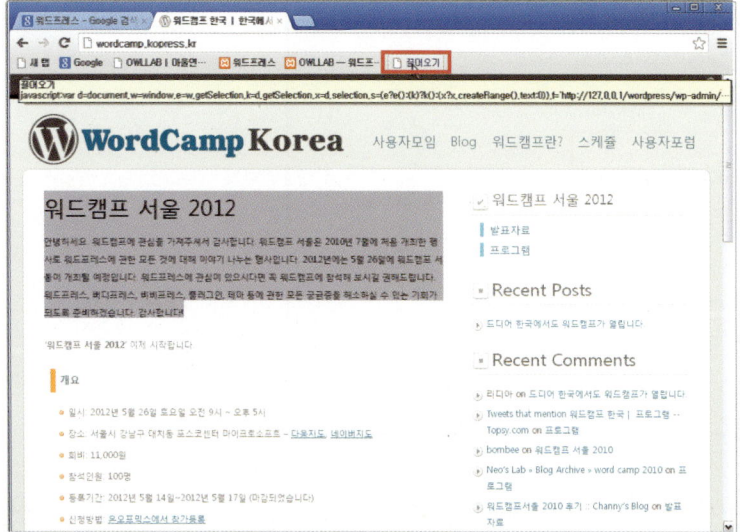

❷ 범위 지정 후 "끌어오기" 클릭

그러면 곧장 포스트 편집 화면이 표시되고, 제목과 본문이 드래그한 내용으로 채워진다. "공개하기"를 클릭하면 우리의 경우 "전체목록" 메뉴에 게시될 것이다.

❸ "공개하기" 클릭

11-3 목록의 게시 내용 내 맘대로 자르기

포스트의 Format을 "Gallery"로 설정하면 포스트 목록에서 각 포스트의 내용이 일부만 표시되고, "계속 읽기"를 클릭하면 모든 내용을 볼 수 있다. 그러나 편집기의 "Insert More Tag" 버튼을 이용하면 콘텐츠별로 처음에 표시되는 내용을 더 자유롭게 조절할 수 있다.

예를 들어, 다음의 포스트 목록에서 모든 내용을 보여주고 있는데 이를 조절해보자

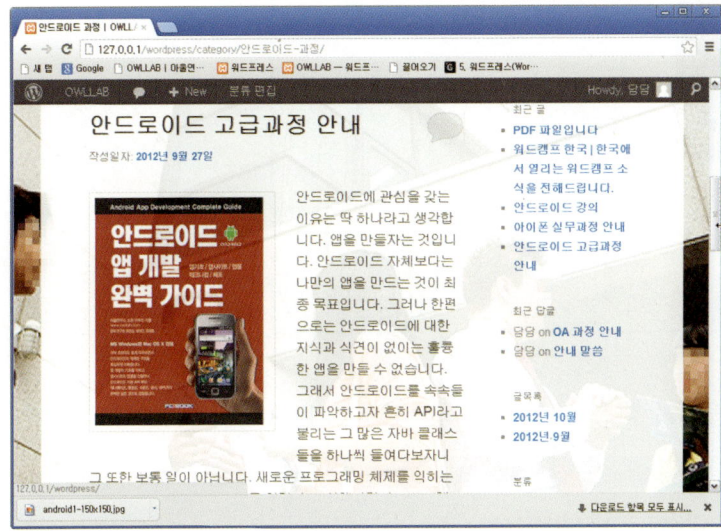

❶ Format이 "기본"으로 설정되어 포스트 목록에서 모든 내용이 보임.

자를 위치에 커서를 놓고 "Insert More Tag" 버튼을 클릭한다.

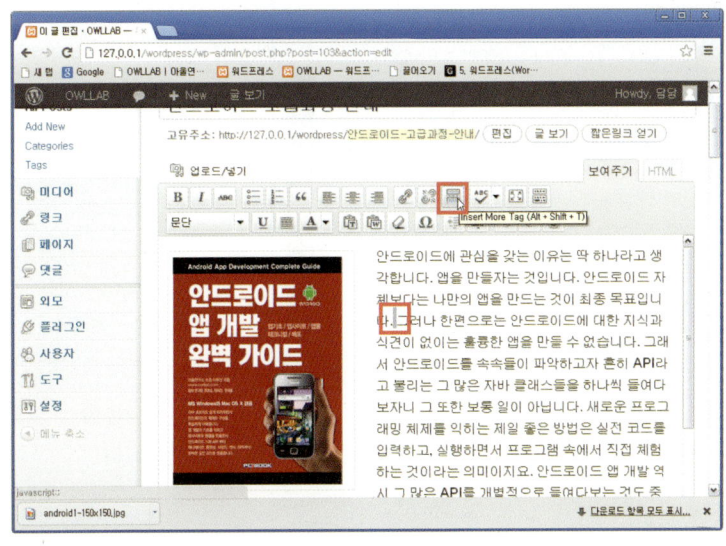

❷ 잘라낼 위치에 커서를 놓고 편집기에서 "Insert More Tag" 버튼을 클릭

그림처럼 "More"가 표시되고 내용이 분할된다. "갱신"을 클릭한다.

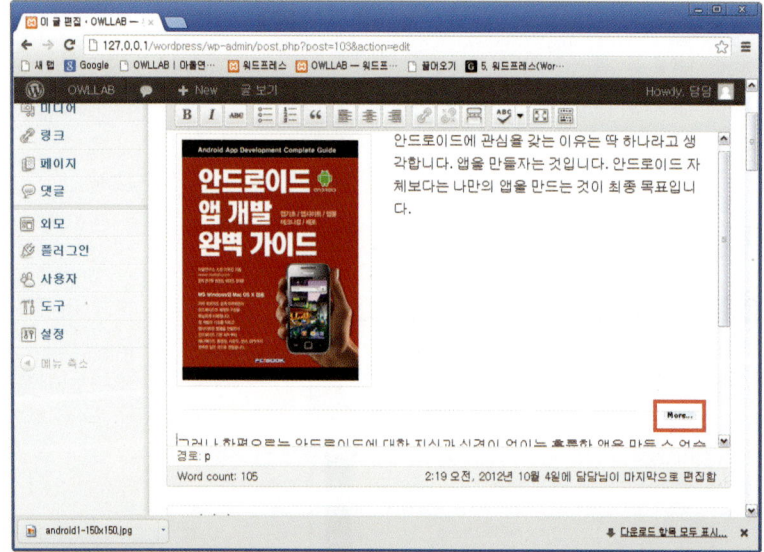

❸ 내용이 분할되고 "More"가 표시됨. "갱신"을 클릭

이제 사이트 화면을 보자. 우리가 자른 만큼만 목록 화면에 내용이 표시된다.

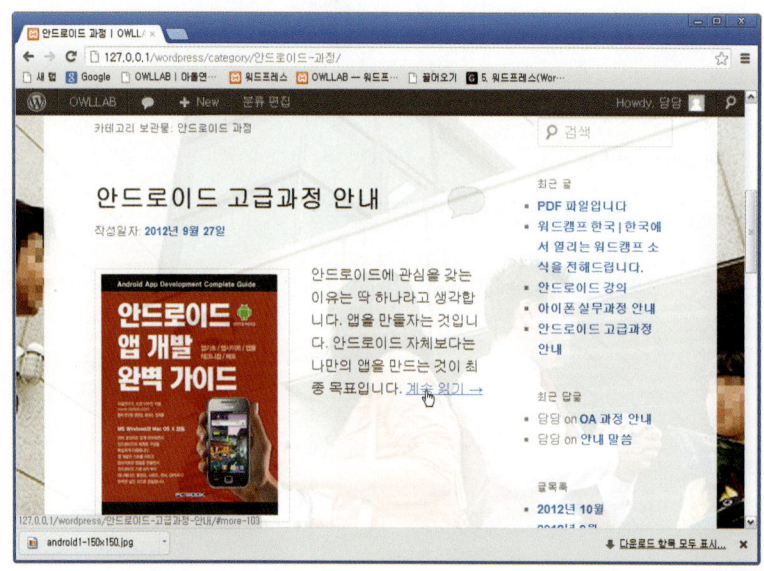

❹ 잘라낸 내용만 목록에 표시됨

"More"를 삭제하려면 편집 화면에서 "More"를 클릭하고 Delete 키를 누르면 된다.

11-4 사이드 메뉴와 푸터 영역에 정보 추가하기

위젯을 활용하면 사이드 바에 추가 정보를 표시할 수 있으며, 포스트의 푸터(footer) 영역에 정보를 표시할 수 있다. 사용하는 테마에 따라 일부 위젯 배치 영역이 없거나 추가될 수 있음도 알아두자.

사이드 바 메뉴 표시하기

"외모 > 위젯"으로 가서 "Custom Menu"를 드래그해서 메인 사이드 바에 놓고 제목을 입력한 후 "저장하기"를 클릭한다. 그리고 사이트 화면에서 포스트를 확인해보자.

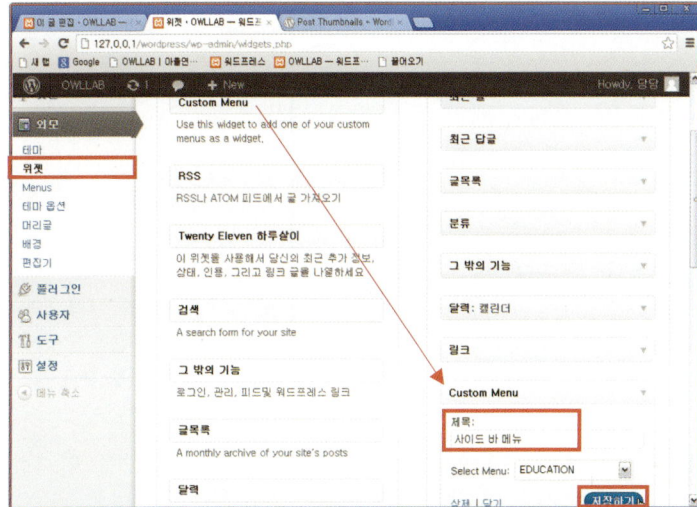

❶ "외모 > 위젯" 클릭 후 "Custom Menu"를 드래그하고 "제목 입력 후 "저장하기" 클릭

❷ 제일 아래에 메뉴 추가됨

푸터 영역에 포스트 목록과 페이지 목록 표시하기

"푸터 영역 1"을 열고 "글목록" 위젯을 드래그하고 "제목"을 입력한 후 "저장하기"를 클릭한다. "Display as dropdown"을 체크하면 버튼이 표시되어 날짜별로 포스트를 볼 수 있다. 별거 아니니 나중에 테스트해보시길.

❶ "글목록" 위젯을 "푸터 영역 1"로 드래그하고 "제목"을 입력한 후 "저장하기"를 클릭

이번에는 "푸터 영역 2"의 버튼을 클릭한 후 "페이지" 위젯을 드래그하고 "제목"을 입력한 후 "저장하기"를 클릭한다.

❷ "페이지" 위젯을 "푸터 영역 2"로 드래그하고 "제목"을 입력한 후 "저장하기"를 클릭

사이트 화면을 보면 그림처럼 화면 하단에 포스트 목록과 페이지 목록이 표시된다.

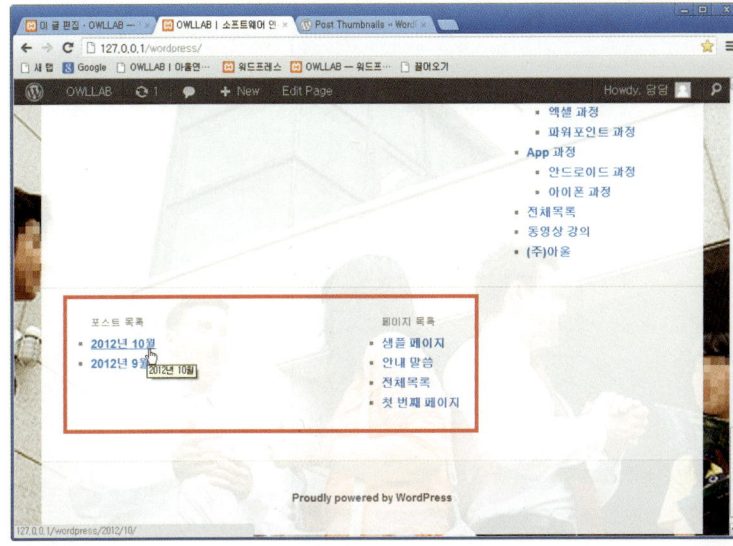

❸ 포스트 목록과 페이지 목록이 푸터 영역에 표시됨

모든 포스트 하단에 동일한 메시지 넣기

"푸터 영역 3"의 버튼을 클릭하고 "텍스트" 위젯을 드래그한 후 제목과 본문을 입력하고 "저장하기"를 클릭한다.

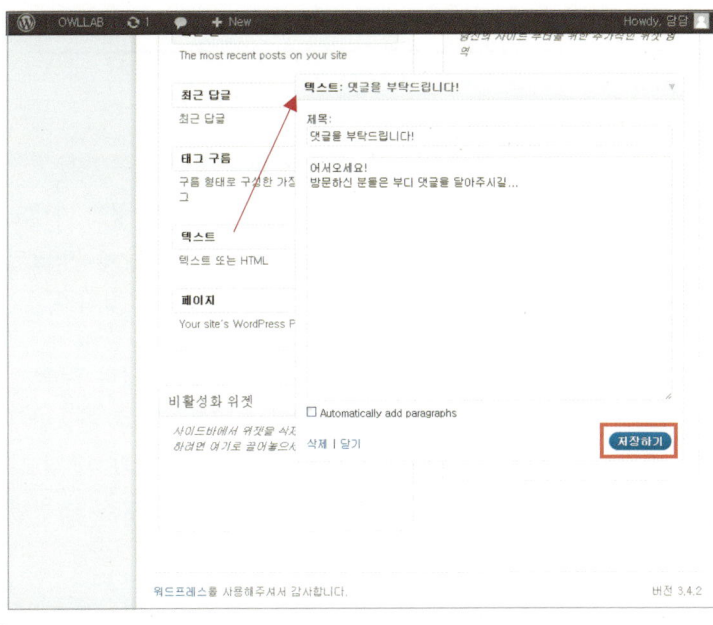

❶ "텍스트" 위젯을 "푸터 영역 3"으로 드래그하고 제목과 본문을 입력한 후 "저장하기"를 클릭

11장 웹 사이트 업그레이드하기   141

사이트 화면을 보면 모든 콘텐츠의 푸터 영역 3에 내가 입력한 메시지가 표시된다.

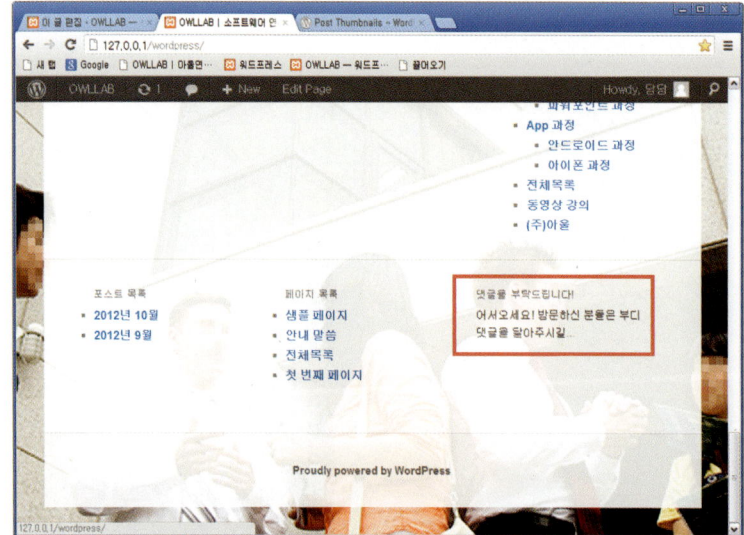

❷ 푸터 영역 3에 메시지가 표시됨

> 텍스트 위젯에는 프로그래밍 코드도 넣을 수 있어 다양하게 사용될 수 있다. 위젯 화면에서 푸터 영역 위에 있는 "쇼케이스 사이드바"는 "페이지"에서 "쇼케이스 템플릿"을 지정해서 사용하는데 프로그래밍이나 플러그인이 추가되어야 사용할 수 있다. 또한 제일 아래에 있는 "비활성화 위젯"은 이미 설정했던 위젯을 빼내어 보관하는 용도로 사용한다. 이곳에 보관하면 내가 설정한 특성들이 그대로 보존된다는 점이 삭제와 다르다.

11-5 나만의 링크 추가하기

워드프레스에서 그냥 링크를 만들면 모든 링크는 "블로그롤(BlogRoll)"이라는 기본 링크 카테고리에 속하게 된다. 워드프레스는 초기에 블로그 생성 소프트웨어로 시작되었기 때문에 "링크된 블로그 두루마리(Roll)"라는 의미에서 블로그롤이라는 기본 카테고리를 만든 것이다.

그러나 포스트와 마찬가지로 링크에 대해서도 우리만의 카테고리를 지정할 수 있다. 우리는 먼저 "온라인 서점"이라는 링크 카테고리를 만든 후, 4개의 온라인 서점에 대한 링크를 만들면서 "온라인 서점" 링크 카테고리에 속하도록 지정할 것이다. 그리고 나서 위젯으로 가서 "링크" 위젯"을 조절해서 사이트 화면에 "온라인 서점" 카테고리 내의 링크들이 표시되도록 조절할 것이다.

링크 카테고리 만들기

먼저 "링크 > 모든 링크"를 가보면 현재는 모든 링크들이 "블로그롤"에 속해 있음을 알 수 있다.

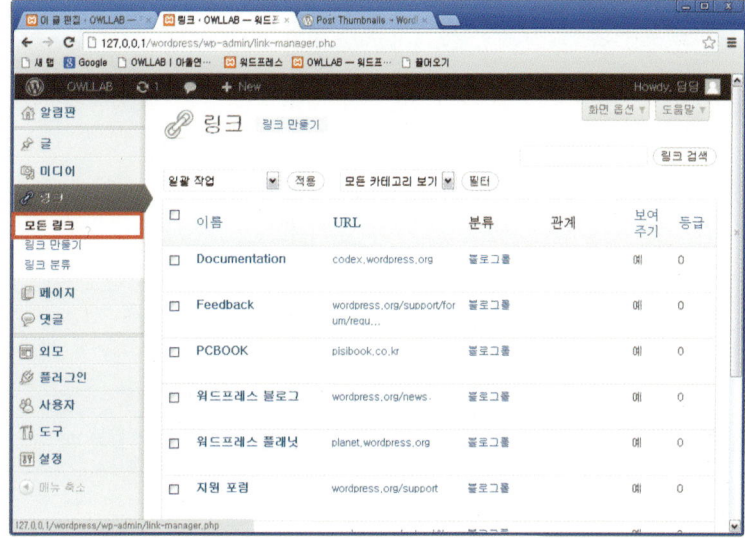

❶ "링크 > 모든 링크" 클릭

이제 우리의 링크 카테고리를 만들기 위해 "링크 분류"를 클릭하고 "이름"에 "온라인 서점"을 입력한 후 "Add New Link Category"를 클릭한다.

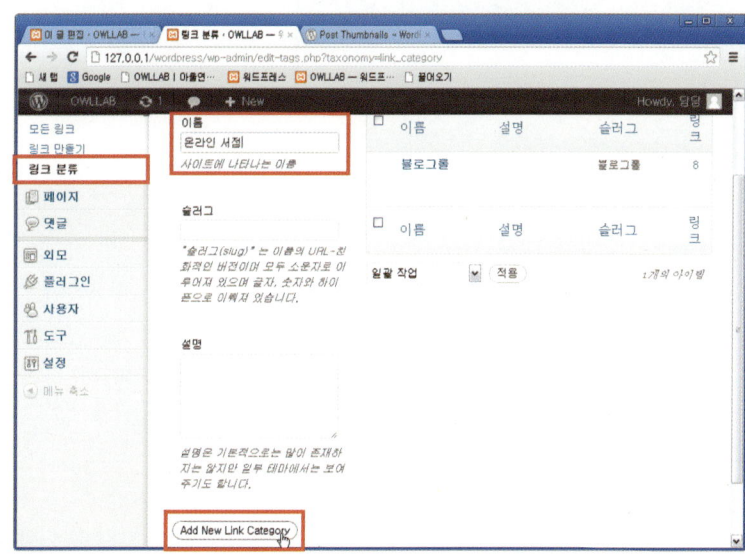

❷ "링크 분류" 클릭 후 이름 입력하고, "Add New Link Category" 클릭

11장 웹 사이트 업그레이드하기 143

4개의 링크 만들기

"링크 만들기"를 클릭하고 "이름"과 링크할 "웹 주소"를 입력한다.

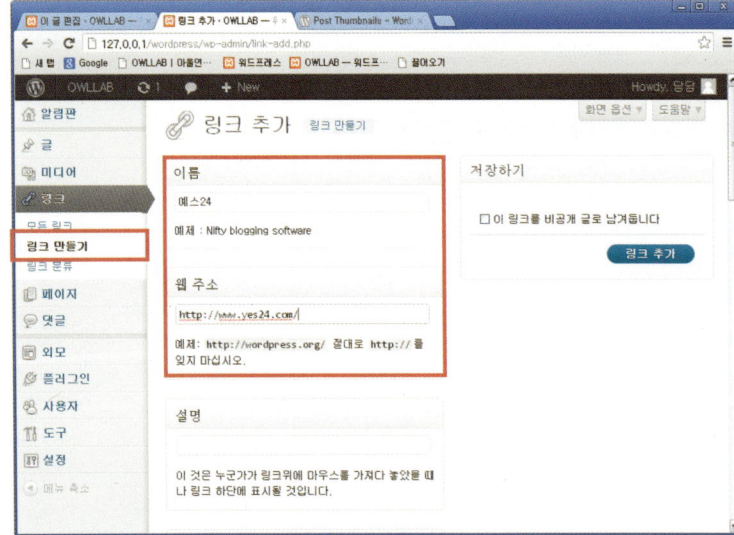

❶ "링크 만들기" 클릭 후, "이름"과 "웹 주소" 입력

"분류"에서 앞서 만든 "온라인 서점" 카테고리를 선택한다.

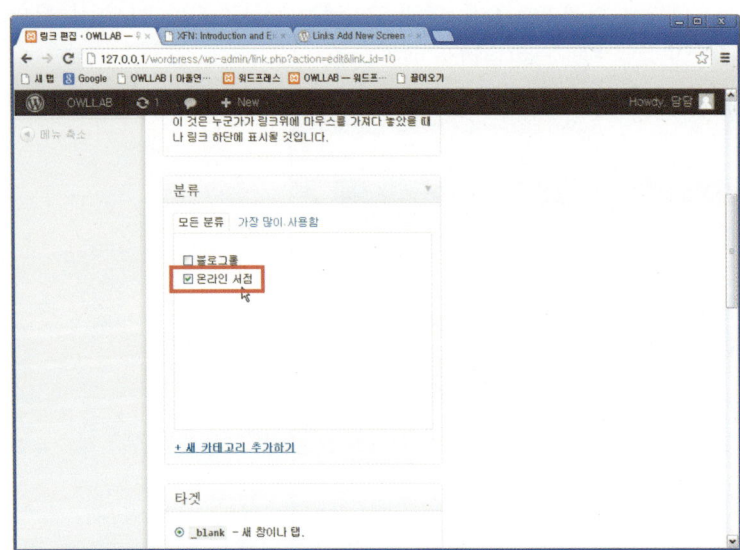

❷ "분류"에서 "온라인 서점" 클릭

그리고 "타겟"에서 "새 창이나 탭"을 클릭해서 새로운 창이나 탭으로 링크된 사이트가 열리게 한다.

"_top"은 사이트에 프레임을 사용하는 경우 현재의 웹 페이지 프레임이 아닌 브라우저 윈도우에 링크된 사이트가 표시되게 한다. "링크 대상과 관계 (XFN)"는 링크된 사이트와 작성자의 관계를 표시한다. 설정하면 "링크 > 모든 링크"의 링크 목록에 관계가 표시된다. 플러그인에 따라 더 다양하게 사용된다.

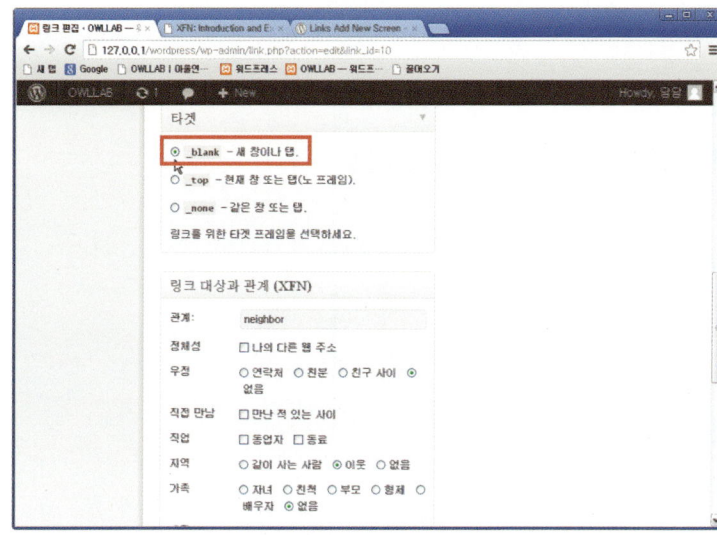

❸ "타겟"에서 "새 창이나 탭" 클릭

"고급"에서 "등급"을 지정한다. 등급은 사이트 화면에서 링크가 표시되는 순서를 조절하기 위해 사용한다. 숫자가 클수록 높은 등급이며, 높은 등급일수록 먼저 표시된다. 이제 "링크 추가"를 클릭한다.

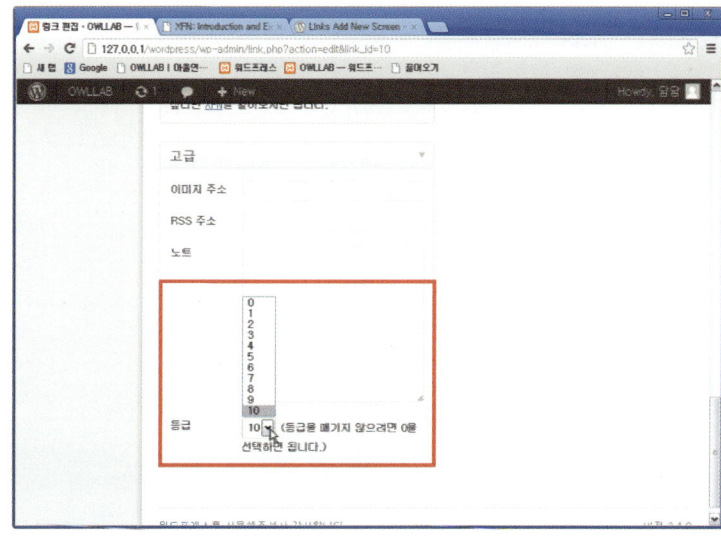

❹ "등급" 지정 후 "링크 추가" 클릭

필자는 이런 방법으로 예스24(등급 10), 인터파크(등급 9), 교보문고(등급 8), 알라딘(등급 7)의 링크를 만들었다.

링크 위젯 조절하기

"외모 > 위젯"을 클릭한 후, "링크" 위젯을 열고 "Select Link Category"에서 "온라인 서점" 카테고리를 선택하고, "정렬"에서 "Link rating"을 선택한 후 "저장하기"를 클릭한다.

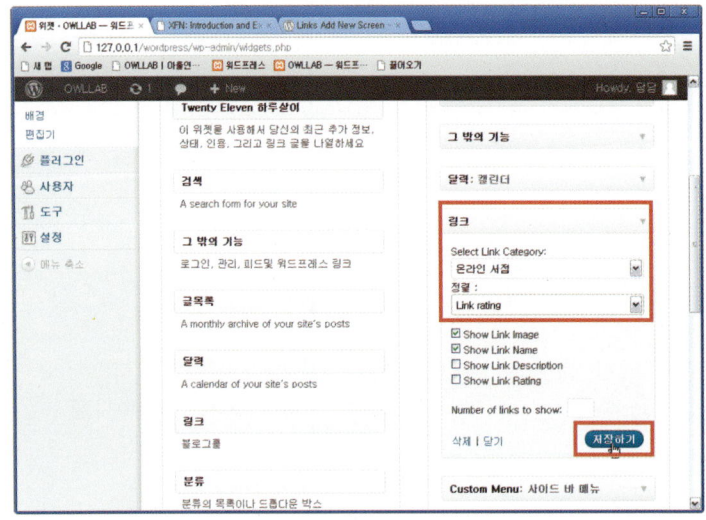

❶ "외모 > 위젯" 클릭 후 "링크"에서 "온라인 서점"과 "Link rating" 선택하고 "저장하기" 클릭

사이트 화면을 보면 "온라인 서점" 카테고리가 표시되며, 우리가 지정한 등급 순서대로 링크가 보인다.

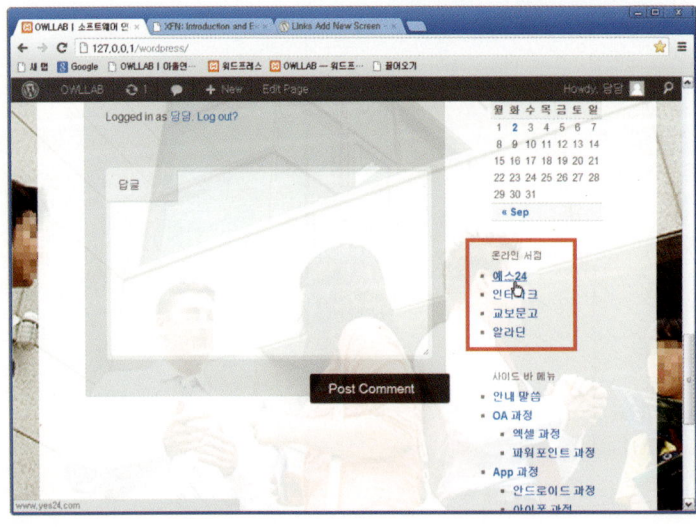

❷ 등급 순서대로 "온라인 서점" 카테고리의 링크만 표시됨

11-6 사이드 바에 RSS 달기

위젯을 사용하면 아주 간단하게 원하는 RSS 피드를 내 사이트에서 볼 수 있다.

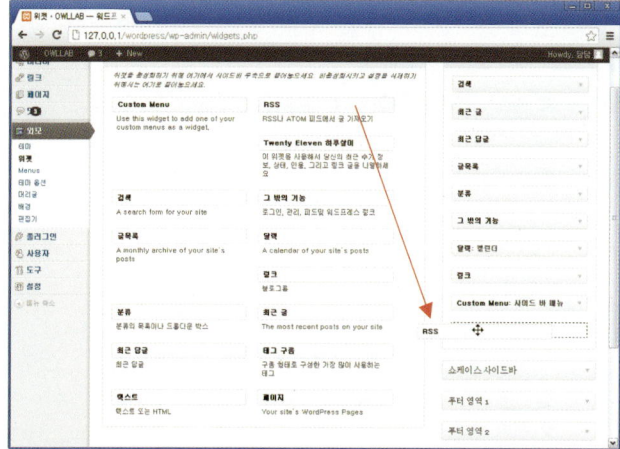

❶ "외모 > 위젯"에서 RSS를 클릭하고 사이드 바로 드래그

❷ 피드 주소와 제목을 입력하고 옵션을 설정한 후 "저장하기" 클릭

❸ 사이트 화면의 사이드 바에 RSS 피드 표시

11장 웹 사이트 업그레이드하기 147

11-7 태그 구름으로 포스트 쉽게 찾아보기

태그를 클릭하면 그 태그가 붙은 모든 포스트를 볼 수 있기 때문에 방문자에게 태그를 보여줄 필요가 있다. 위젯의 태그 구름을 이용해서 중요 태그를 사이트에 표시해보자.

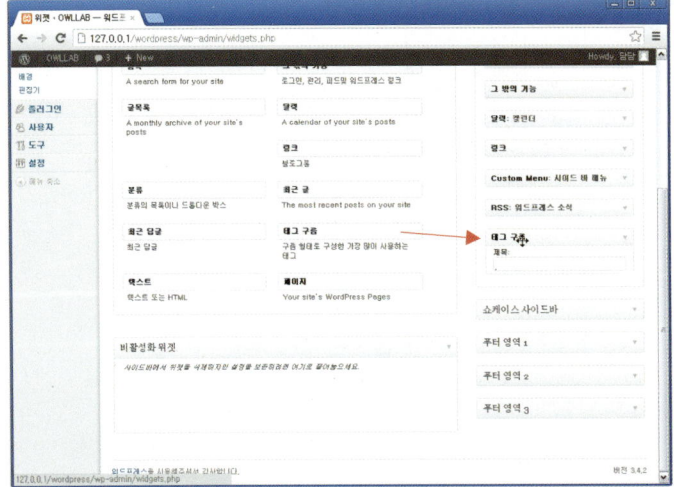

> 포스트들을 작성하면서 태그를 붙이지 않은 경우 이 기능을 사용하기 전에 먼저 태그를 붙이기 바란다.

❶ "외모 > 위젯"에서 "태그 구름"을 사이드 바로 드래그

❷ 제목 입력 후 분류 기준을 "Tags" 설정하고 "저장하기" 클릭

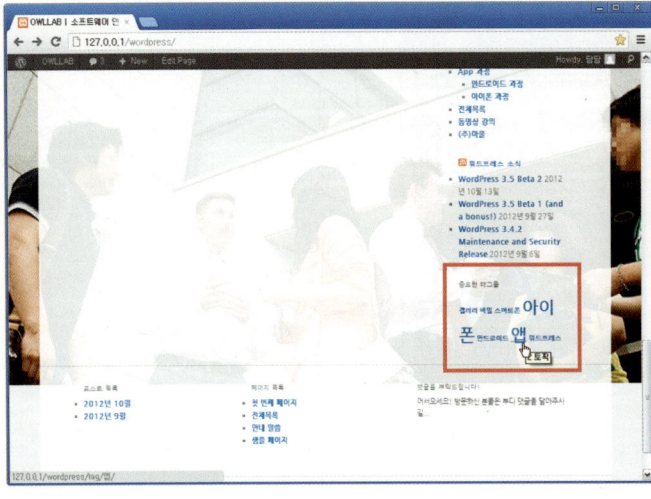

❸ 자주 사용하는 중요한 태그가 표시된 사이트 화면. 이 태그를 클릭하면 관련 포스트를 모두 볼 수 있다.

11-8 포스트에 이미지 갤러리 만들기

여행 기록을 남기는 포스트 같은 경우 글과 함께 많은 이미지가 많이 삽입될 것이다. 그런 포스트의 경우 따로 사진만 모아서 방문객이 갤러리처럼 감상하게 할 수 있다.

미디어 추가 창에서 이미지 갤러리 만들기

필자는 간단히 "갤러리"라는 제목으로 4장의 사진이 있는 포스트를 만들어 두었다.

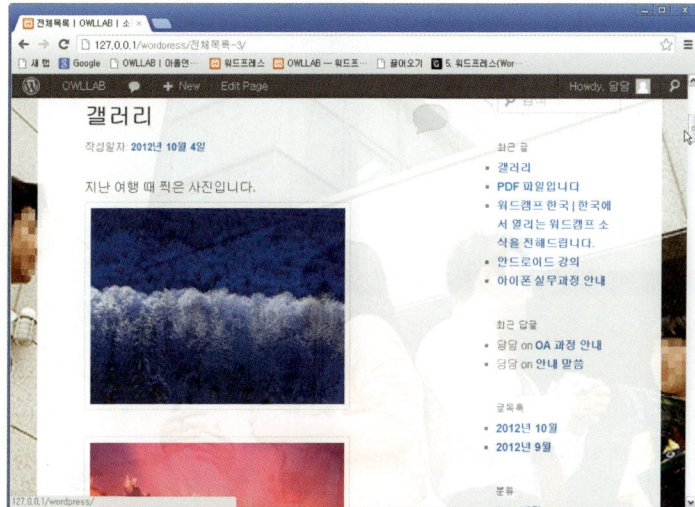

❶ 사진이 많이 있는 포스트

포스트의 제일 뒤에 커서를 위치시키고 "업로드/넣기"를 클릭한다.

❷ 갤러리를 삽입할 위치에 커서를 놓고 "업로드/넣기" 클릭

"미디어 추가" 창에 이 포스트에서 사용된 미디어만 표시하는 "갤러리 탭"이 보인다.

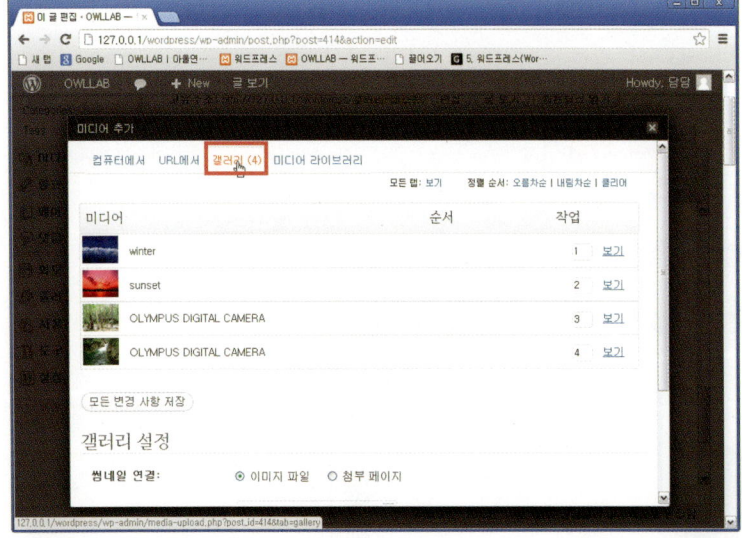

❸ "갤러리" 탭 클릭

만일 갤러리에 표시하는 사진의 순서를 바꾸고 싶으면 썸네일을 클릭해서 원하는 위치로 드래그하면 된다. 그러면 "작업" 열에 순서가 표시된다. 또는 "작업" 열에 번호를 직접 입력해도 된다. 순서를 바꾸고 나면 반드시 "모든 변경 사항 저장"을 클릭한다.

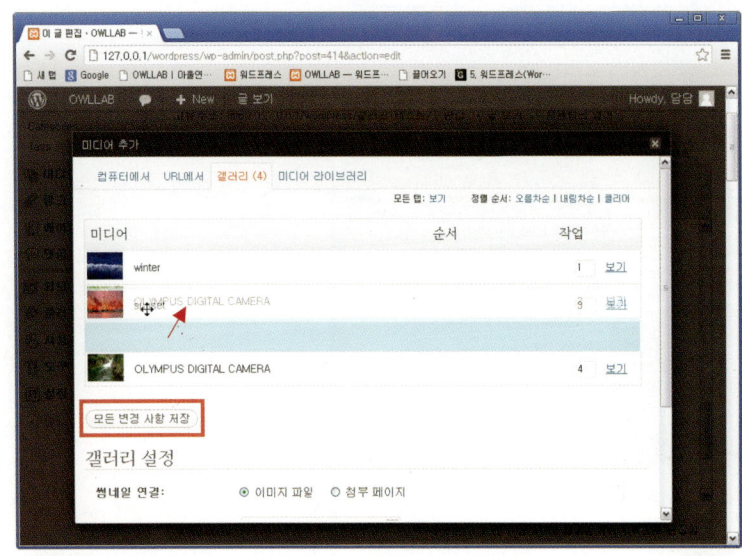

❹ 썸네일을 드래그해서 순서 변경 후 "모든 변경 사항 저장" 클릭

"갤러리 설정"에서 옵션을 설정한다. "썸네일 연결"은 방문자가 갤러리에서 사진을 클릭했을 때 사진이 표시되는 형식을 지정한다. "이미지 파일"은 새 탭에 이미지를 표시하고 "첨부 페이지"는 포스트 형식으로 이미지를 표시한다. 이미지 정렬에서 표시되는 이미지의 순서를 재조절할 수 있다. 썸네일에서 정렬한 순서대로 표시하려면 "메뉴 순서"를 선택하면 된다. "갤러리 컬럼"은 한 줄에 표시되는 이미지의 개수를 지정한다. 설정 후 "갤러리 추가"를 클릭한다.

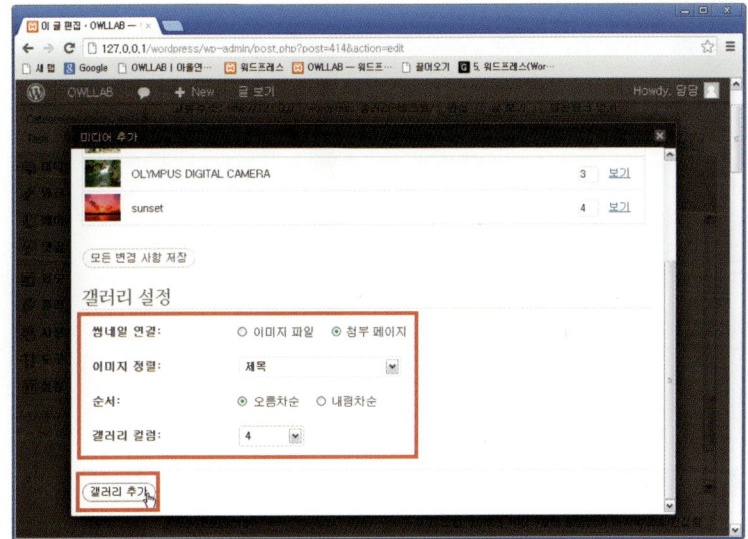

❺ 옵션 설정 후 "갤러리 추가" 클릭

그러면 그림처럼 포스트에 카메라가 가운데 있는 갤러리 폴더가 표시된다. "갱신"을 클릭한다.

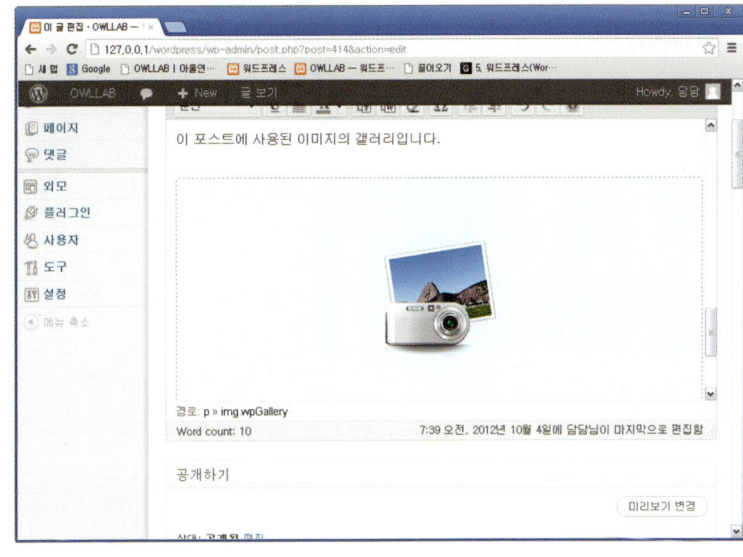

❻ 포스트에 갤러리 폴더가 표시됨. "갱신 클릭

사이트 화면을 보면 커서가 위치했던 포스트의 제일 아래에 이미지 갤러리가 표시된다.

❼ 사이트 화면의 이미지 갤러리

이미지를 클릭하면 우리가 설정한 "첨부 페이지" 형식으로 이미지를 둘러볼 수 있다.

❽ 클릭한 갤러리 사진의 표시 형식

"이미지 파일" 형식도 테스트해보길 바란다. 큰 차이는 없다. 우리는 "미디어 추가" 창의 기능을 이용해서 이미지 갤러리를 만들었으나 "쇼트코드"라는 더 간단한 방법도 있다.

쇼트코드로 이미지 갤러리 만들기

쇼트코드(Short code)는 간단히 말해서 매크로이다. 워드프레스는 자체적으로 갤러리 관련 쇼트코드를 제공한다. 아래 그림처럼 편집 화면에서 원하는 위치에 [gallery]라고 입력하고 "갱신" 버튼을 클릭하면 된다.

❶ 편집 화면에서 쇼트코드 입력 후 "갱신" 클릭

"미디어 추가" 창을 이용하면 이미지들에 대해 세밀한 추가 작업들을 할 수 있는 장점이 있고, 이렇게 쇼트코드를 사용하면 아주 간단히 이미지 갤러리를 만들 수 있는 장점이 있다. 갤러리 쇼트코드는 다음과 같이 옵션을 주어 사용할 수도 있다.

    [gallery]
    [gallery columns="4"]
    [gallery size="medium"]
    [gallery order="DESC" orderby="ID"]

다른 포스트에 있는 이미지로 나의 포스트에 이미지 갤러리를 만들 수도 있는 그 경우는 해당 이미지의 id를 기술하면 된다.

    [gallery id="123"]

더 자세한 내용은 도움말에서 "gallery short code"로 찾아보면 된다.

11-9 엑셀, 파워포인트, PDF 파일 게시하기

"업로드/넣기" 버튼은 이미지, 비디오와 같은 파일을 삽입한다. 하지만 엑셀, 파워포인트, PDF 등의 문서 파일을 게시, 공유하는데도 유용하다. 작업 과정이 동일하므로 엑셀의 경우만 연습한다.

"글 > Add New"를 클릭하고 제목과 본문을 입력한 후 "업로드/넣기"를 클릭한다.

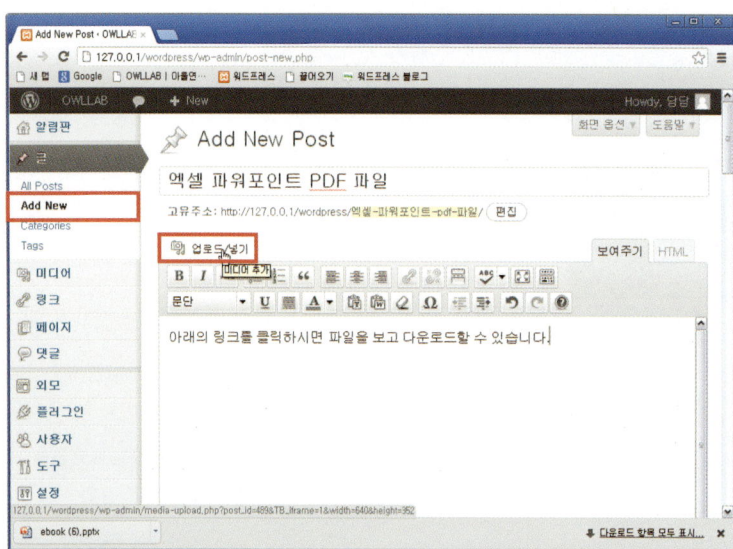

❶ "글 > Add New" 클릭 후 제목과 본문 입력하고 "업로드/넣기" 클릭

"컴퓨터에서" 탭에서 "파일 선택"을 클릭하고 자신의 컴퓨터에서 파일을 선택한다.

❷ "파일 선택" 클릭

제목과 캡션, 설명 등을 입력한다. 제목은 포스트에서 링크 글로 사용되므로 반드시 입력해야 하며 나머지는 입력하지 않아도 된다. "본문 삽입"을 클릭한다.

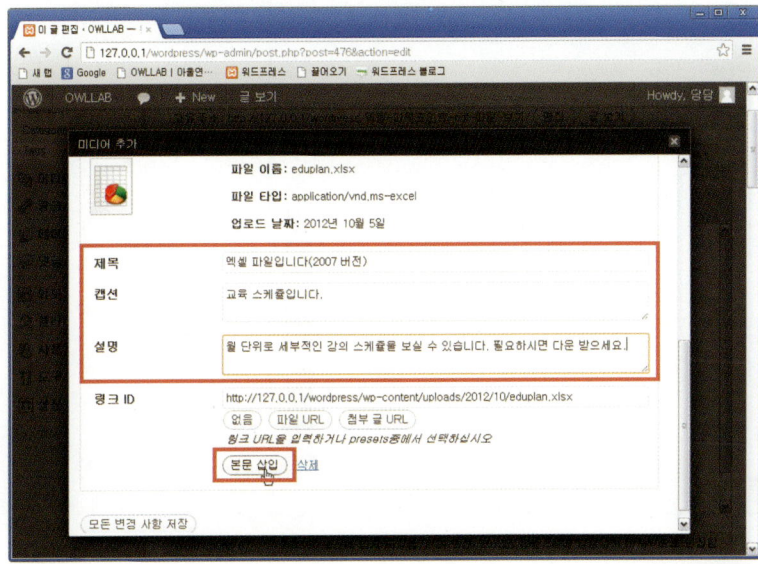

❸ 제목과 캡션, 설명 등 입력 후 "본문 삽입" 클릭

동일한 방식으로 파워포인트와 PDF 파일에 대해서 작업하고 "공개하기"를 클릭한다.

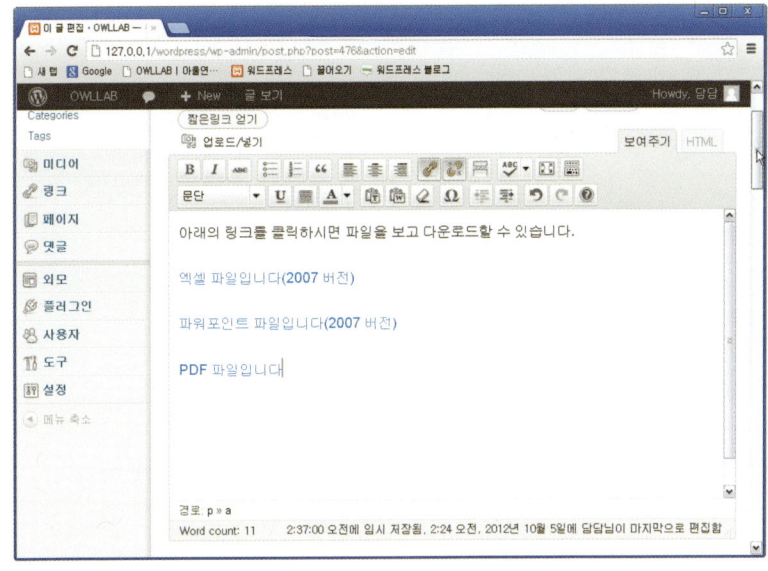

❹ 필요한 파일에 대해 작업 후 "공개하기" 클릭

11장 웹 사이트 업그레이드하기   155

이제 사이트 화면에서 링크를 클릭해보자. 그리고 아래에 표시된 파일을 클릭한다.

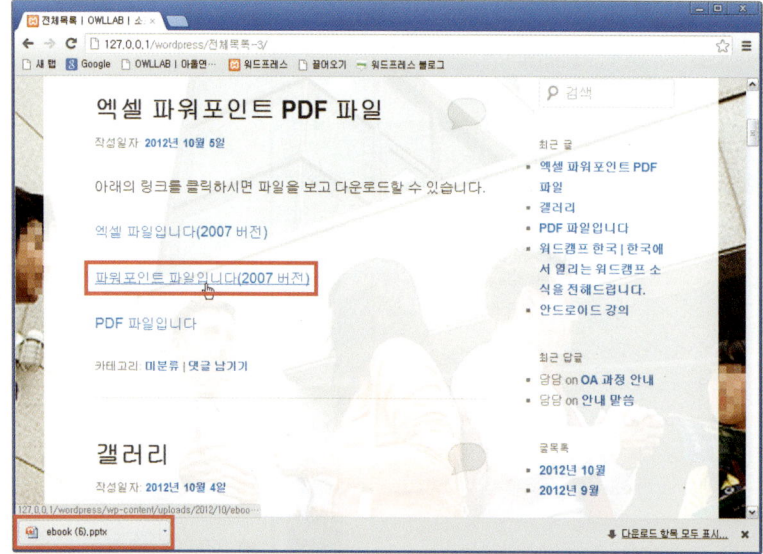

❺ 사이트 화면에서 링크 글 클릭 후 파일 클릭

그림처럼 방문자가 파일을 볼 수도 있고 저장해서 다운로드받을 수도 있다.

❻ 사이트 화면에 파일 내용 표시

11-10 한글 폰트 추가하기

워드프레스에서 한글 폰트를 사용하는 방법은 다양한데 여기서는 제일 간단한 방법을 알아본다.

특정 포스트만 한글 글꼴 바꾸기

무료 폰트를 다양하게 서비스하는 "www.mobilis.co.kr/webfont"를 방문해서 작업을 시작하자. 모빌리스를 방문해서 "나눔고딕"을 클릭한다.

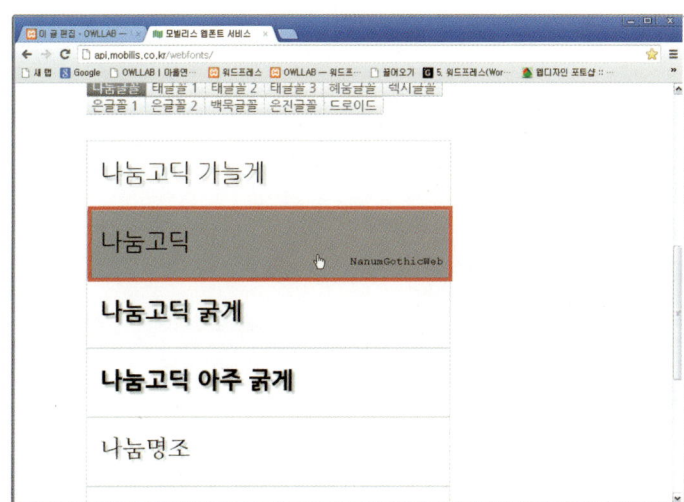

❶ 사이트 방문 후 "나눔 고딕" 클릭

우리가 사용할 폰트 이름이므로 이 화면에 있는 "웹 폰트 이름"(NanumGothicWeb)을 잘 봐두기 바란다. 표시되는 페이지에서 마우스 오른쪽 버튼을 클릭하고 "요소 검사"를 클릭한다.

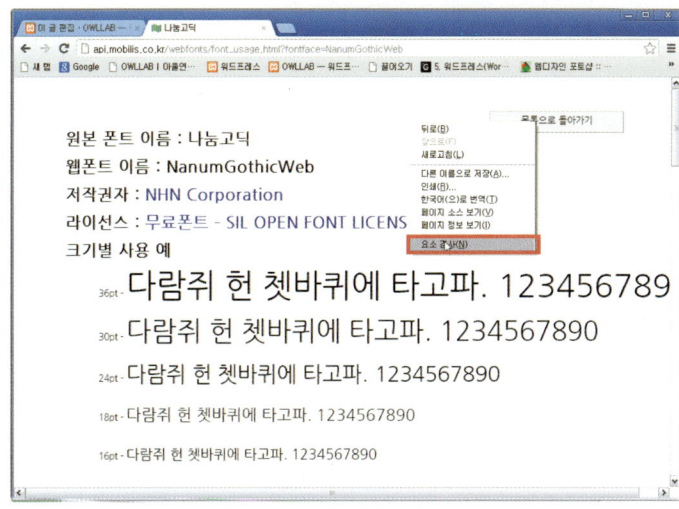

❷ 마우스 오른쪽 버튼 클릭 후 "요소 검사" 클릭

표시되는 코드에서 아래와 같은 코드를 마우스 오른쪽 버튼으로 클릭하고 "Copy as HTML"을 클릭해서 복사한다.

```
<link href="http://api.mobilis.co.kr/webfonts/css/?fontface=NanumGothicWeb" rel="stylesheet" type="text/css">
```

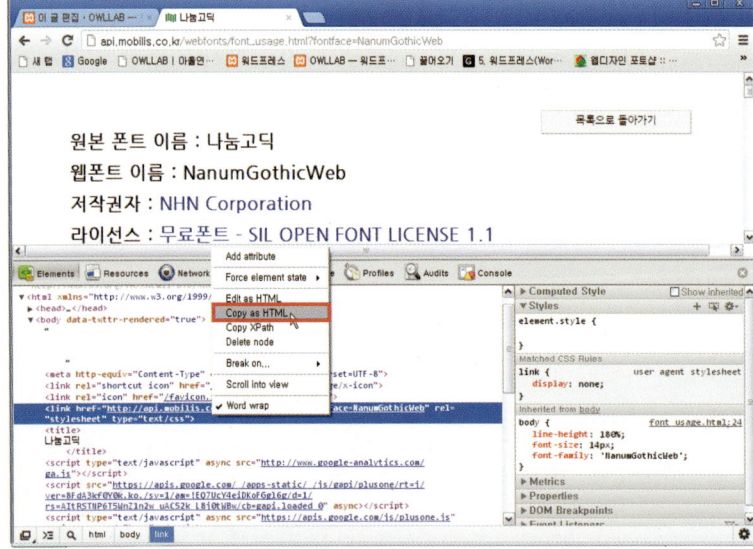

❸ 코드 위에서 마우스 오른쪽 버튼 클릭 후 "Copy as HTML" 클릭

원하는 폰트의 코드를 이런 식으로 복사하면 된다. 이제 "외모 > 편집기"를 클릭하고 "머리글"을 클릭한다.

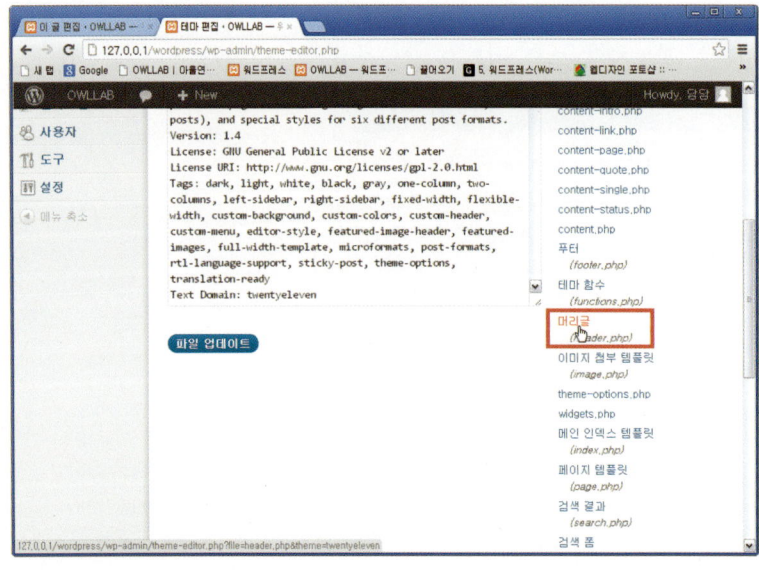

❹ "외모 > 편집기" 클릭 후 "머리글" 클릭

소스 코드에서 <head> 태그 아래에 앞서 복사한 코드를 붙여넣고 "파일 업데이트"를 클릭한다.

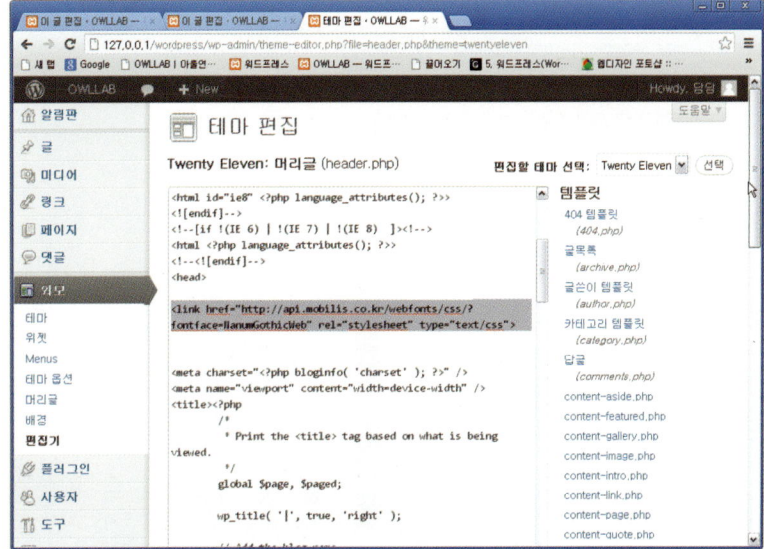

❺ <head> 태그 아래에
코드 붙여 넣고
"파일 업데이트" 클릭

이제 복사한 폰트를 적용할 포스트의 편집 화면으로 와서 HTML 탭에서 그림과 같이 코드를 추가한다. 폰트를 적용할 문장 앞에 를 추가하고 제일 뒤에 을 추가한 후 "갱신"을 클릭한다. NanumGothicWeb이 우리가 사용할 폰트 이름이다.

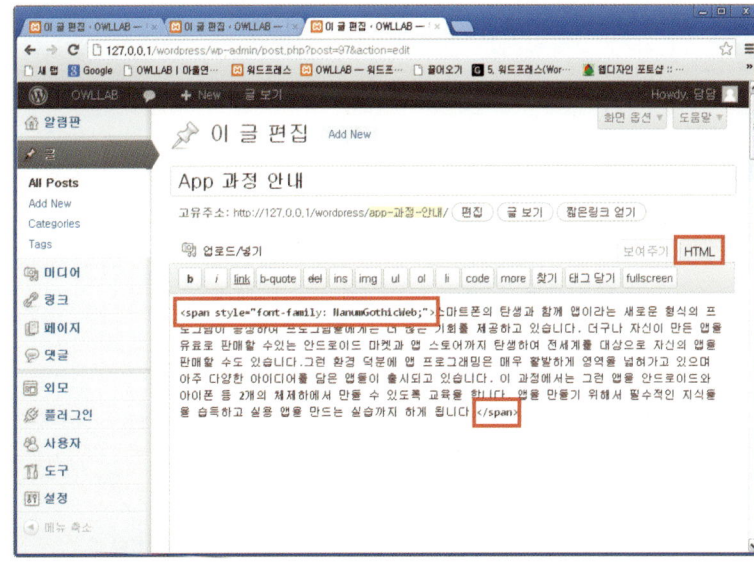

❻ 포스트 편집 회면의
HTML 화면에서 본문 앞
뒤에 코드 추가 후 "갱신"
클릭

사이트 화면에서 확인해보자. 포스트의 목록에서는 폰트의 변화가 없다. 상세 화면을 보면 폰트가 적용된 것을 볼 수 있다. 익스플로러에서도 잘 보인다.

❼ 나눔고딕 폰트가 적용된 포스트

결과가 불만스러운 독자분도 있을 것입니다. 내 사이트의 모든 글자를 확 "NanumGothicWeb"으로 바꿀 수는 없나? 할 수 있지만 그건 웹의 기본을 어기는 일이라 필요한 부분에만 폰트를 적용하는 방법을 먼저 보았습니다. 몽땅 다 바꿔봅시다.

모든 한글 글꼴 바꾸기

"외모 > 편집기"로 "style.css"에 가서 스타일시트 앞쪽에 있는 그림과 같은 코드를 찾는다.

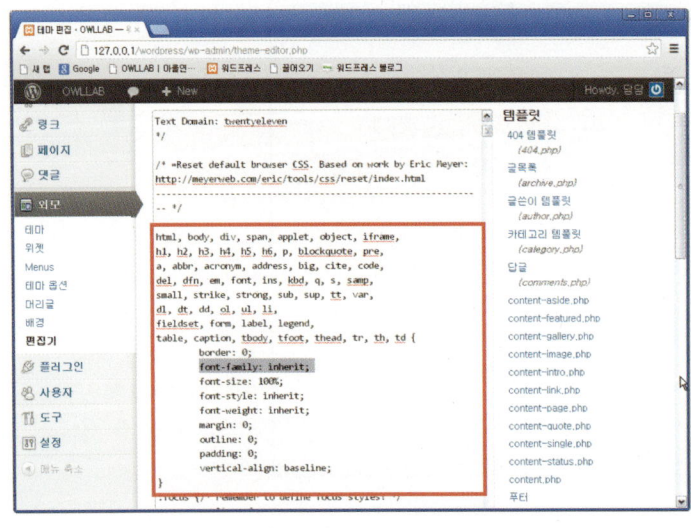

❶ "외모 > 편집기" 클릭 후 스타일시트에서 코드를 찾는다.

"font-family"를 "NanumGothicWeb"으로 수정하고 "파일 업데이트"를 클릭한다.

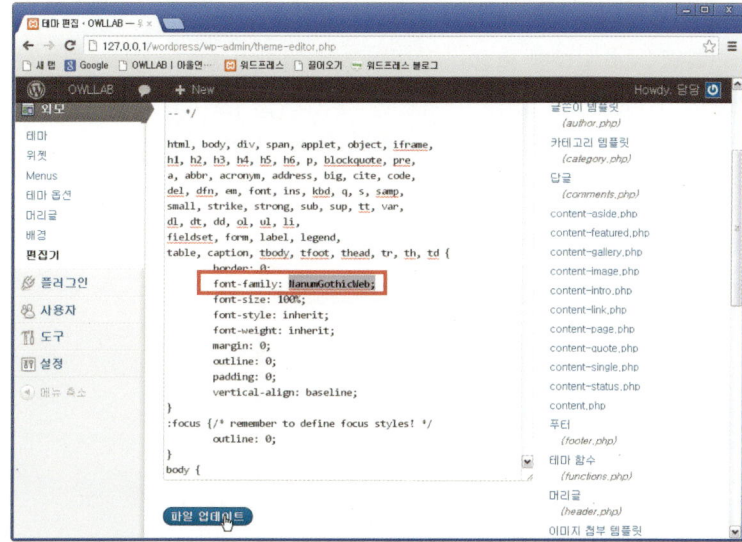

❷ "font-family"를 수정하고 "파일 업데이트"를 클릭한다.

> 역시 웹의 기본 원칙에 어긋나는 일이기는 하지만 font-size를 98% 정도로 수정하고 F5 키를 눌러 새로고침을 해보면 사이트의 글자들이 비율만큼 작아진다.

이제 사이트 화면을 보자. 폰트가 몽땅 바뀌었다.

❸ 모든 폰트가 바뀐 사이트 화면

11장 웹 사이트 업그레이드하기 **161**

편집기의 활용

우리는 "편집기" 메뉴를 이용해서 현재 사용 중인 테마의 Style.css 파일의 내용을 일부 수정해보았다. 이름 그대로 내 테마의 스타일을 바꾸려면 Style.css 파일을 수정하면 된다. 워드프레스는 오픈소스(Open Source) 시스템이기 때문에 편집기를 이용하면 이 스타일시트이외도 워드프레스를 구성하는 다양한 파일들의 소스 코드를 직접 들여다보면서 필요한 기능을 추가하거나 확장할 수 있다.

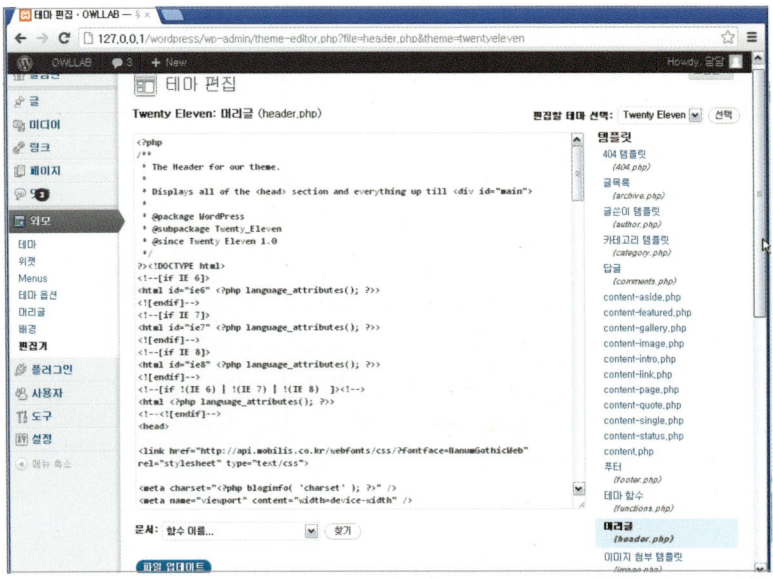

편집기의 오른쪽에 표시되는 파일들을 클릭하면 소스 코드를 볼 수 있고 바로 수정해서 내 사이트에 적용할 수 있다. 그러나 이런 작업은 HTML, CSS 이외도 PHP 프로그래밍 언어에 대한 지식이 있어야 한다. 그런 전문적인 내용은 이 책의 범위를 벗어나기 때문에 여기서는 구경만 하고 실력이 쌓이면 그 때 한번 도전해보자.

11-11 회사 로고로 아바타 만들기

회사 차원에서 댓글을 달거나 댓글에 대한 답글을 작성하는 경우는 회사 로고를 아바타로 표시하는 것이 품위도 있고 홍보도 될 것이다. 회사 로고를 아바타로 활용하는 방법을 알아보자. 아바타에 대해서는 18-4를 참고하자.

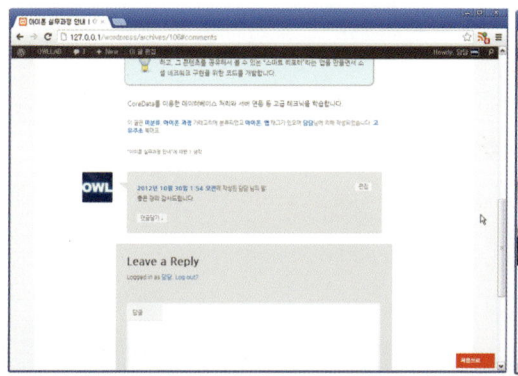

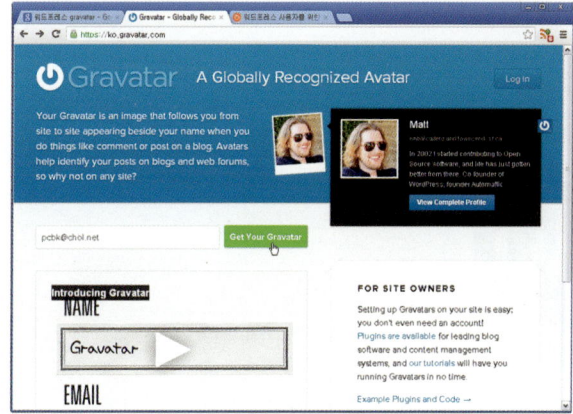

❶ https://ko.gravatar.com/을 방문하여 이메일 주소를 입력하고 "Get Your Gravata" 버튼을 클릭한다.

❷ 계정명과 비밀번호를 입력하고 "Signup" 버튼을 클릭한다.

그러면 이메일 주소로 메일이 온다. 메일 내용의 링크를 클릭하면 다시 다음 그림과 같이 Gravata 사이트 화면으로 이동한다.

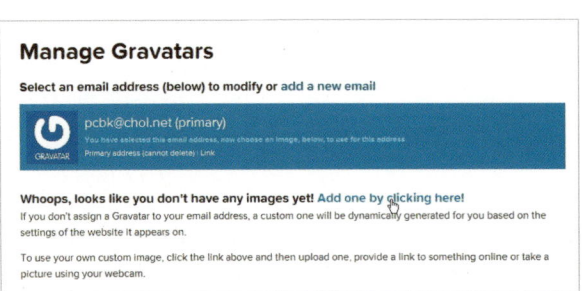

❸ 자신의 로고를 등록하는 화면이다. "Add one by clicking here!"를 클릭한다.

❹ "찾아보기"를 클릭해서 컴퓨터에서 자신의 로고를 찾은 후 "Next"를 클릭한다.

❺ 사이트에서 허용하는 크기로 로고를 편집하고 "Crop and Finish!"를 클릭한다.

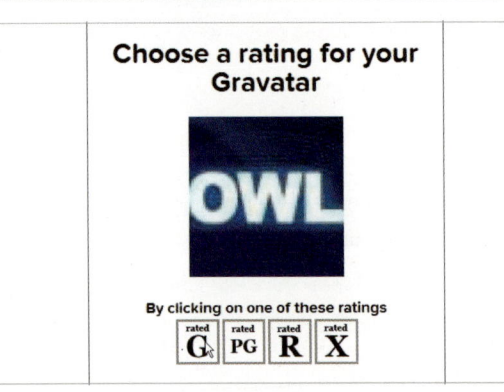

❻ "G" 등급을 지정한다. G 등급은 모든 사이트에서 표시가 허용되는 이미지 등급이다.

이제 몇 분 정도 지나고 나면 댓글이나 답글을 작성하면 로고가 표시된다.

PART 3

→ 내 웹 사이트 관리하기

12장 포스트와 페이지 관리하기
13장 카테고리와 태그 관리하기
14장 미디어 관리하기
15장 링크와 위젯 관리하기
16장 댓글과 사용자 관리하기
17장 도구로 콘텐츠 관리하기
18장 설정으로 사이트 기본 특성 관리하기

3부에서는 워드프레스로 만들어진 우리의 웹사이트를 관리하는데 필요한 다양한 기능들을 살펴봅니다. 워드프레스는 많은 관리 기능을 제공하고 있으며, 이들을 사용하면 단순한 관리 이외에 내 웹 사이트를 한층 더 업그레이드 시킬 수 있습니다.

워드프레스를 잘 활용하려면 워드프레스의 모든 기능을 파악하고 있어야 하는데 3부를 마치면 워드프레스 자체의 모든 기능을 속속들이 사용해보게 됩니다. 특히 외부 방문자나 외부 사이트와 소통하고 공유하는 일부 기능들은 워드프레스의 중요한 요소로 반드시 알아두어야 합니다.

4부에서 살펴보는 플러그인도 중요한 요소이지만 내 웹사이트의 근간이 되는 워드프레스의 기본 기능을 다 파악하지 못한 채로 서둘러 플러그인을 사용하는 것은 모래성을 쌓는 것과 마찬가지가 됩니다. 자! 찬찬히 살펴봅시다!

12 포스트와 페이지 관리하기

워드프레스에서 글을 쓰는 방법은 포스트와 페이지를 이용하는 것이다. 이 장에서는 글들을 관리하는 방법과 포스트나 페이지를 작성할 때 필요한 지식들을 자세히 알아본다.

12-1 All Posts에서 포스트 관리하기

"글 > All Posts"를 클릭하면 현재까지 작성된 모든 포스트를 보고 관리할 수 있다.

- 포스트 보기

❶ 각기 클릭하면 포스트의 상태별로 분류해서 볼 수 있다. 예를 들어, "붙음"은 "붙박이"가 지정된 포스트이며, "예약됨"은 미래 날짜로 설정된 포스트, "Pending"은 검토 중인 포스트, Trash"는 버려진 포스트이며 괄호 안에 해당 포스트의 개수가 표시된다. 검색 창은 제목이나 본문의 단어를 검색하며, 카테고리나 태그는 검색 대상이 아니다.

❷ 첫 번째 상자에서는 선택한 포스트에 대해 편집이나 삭제 작업을 할 수 있으며 날짜와 카테고리별로 포스트를 필터링해서 볼 수 있다.

❸ "목록보기"와 "요약보기" 버튼이다. "요약보기"를 클릭하면 제목 열에 포스트들의 내용이 일부 표시되며 포스트를 작성할 때 "요약"에 내용을 기술한 경우 그 요약의 내용이 표시된다.

❹ "제목"과 "글쓴이", "일자"를 클릭하면 각기 오름차순과 내림차순으로 포스트 게시 순서가 정렬된다.

- 대량 편집

포스트들을 한꺼번에 대량으로 편집하는 기능은 유용할 때가 많다. 예를 들어, 모든 포스트의 Format을 동일하게 바꾸거나 모든 포스트에 동일한 태그를 붙이고자 할 때 편리한 기능이다.

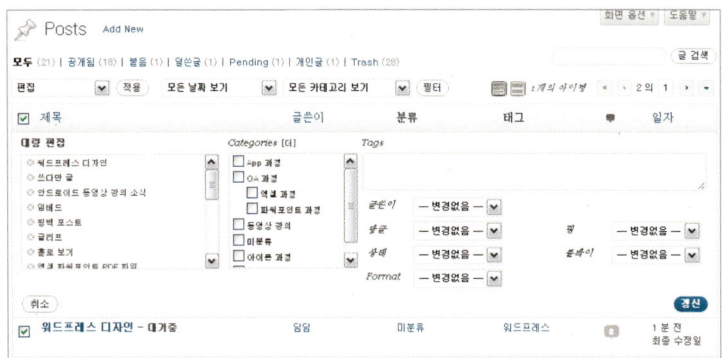

그림은 "제목"의 버튼을 체크해서 모든 포스트를 선택한 후 "편집"을 선택하고 "적용"을 클릭한 예이다. 특정 포스트에 대해서만 이런 작업을 하려면 포스트 아래에 표시되는 "빠른 편집"을 클릭하면 된다.

- Revision

기존 포스트를 수정한 경우 포스트 제목 아래에서 "편집"을 클릭하면 그림과 같이 "Revision" 기능으로 이전 포스트 내용을 복원하거나 현재 포스트와 비교할 수 있다.

Old에서 하나를 클릭하고 "리비전 비교"를 클릭하면 현재의 New와 비교된 차이점이 위에 표시된다. "복원"을 클릭하면 해당 내용으로 포스트 내용이 대치된다

- 답글

답글은 포스트를 작성한 후 편집할 때만 보이는 옵션으로 현재 이 포스트에 달린 댓글을 승인하거나 편집하는 등의 관리 작업을 할 수 있다

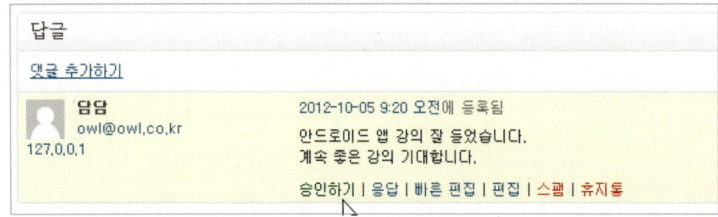

12-2 Ad New에서 포스트 작성하기

포스트를 작성하면서 사용할 수 있는 다양한 옵션들을 살펴보자.

- **공개하기**

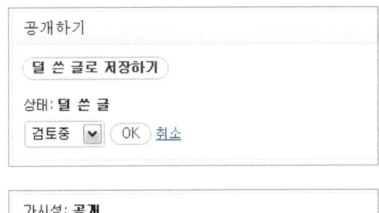

"덜 쓴 글로 저장하기"를 클릭해서 덜 쓴 글로 저장하거나 "상태"의 버튼을 클릭해서 "덜 쓴 글"이나 "검토중"으로 설정할 수 있다. 덜 쓴 글이나 검토중인 글은 일반 방문자에게는 보이지 않는다.

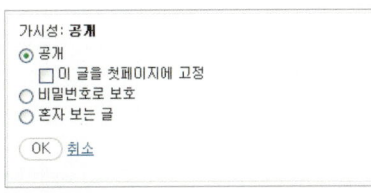

"이 글을 첫 페이지에 고정"은 전체목록에서 제일 앞에 위치할 포스트를 지정한다. "비밀번호로 보호"는 방문자들에게 "잠김글"로 게시되며 비밀번호를 입력해야 내용을 볼 수 있다. "혼자 보는 글"은 로그인한 관리자만 볼 수 있다.

"즉시 공개"는 포스트 작성일자를 날짜를 과거나 미래로 설정하는 기능이다. 과거로 설정해서 포스트의 게시 순서를 조절할 수도 있고, 미래로 설정하면 All posts에서 "예약글"로 표시되며 해당 날짜에 자동 게시된다.

- **Format** : 기본 설정은 "기본"으로 되어 있다. Aside는 제목없이 느낌과 같은 짧은 글에 사용하며, Link는 글 없이 링크만을 나열할 때, Gallery는 주로 이미지가 많을 때, Status는 사이트의 상태나 공지 등을 할 때, Qoute는 인용 글을 게시할 때, Image는 하나의 이미지만을 게시할 때 주로 사용한다. 그러나 원칙이 있는 건 아니다.

- **Categories** : 포스트가 속할 카테고리를 지정한다. 카테고리를 지정하지 않으면 기본 카테고리인 "미분류" 카테고리에 속하게 된다. "가장 많이 사용함"을 클릭하면 자주 사용되는 카테고리 순으로 표시된다. 원하는 카테고리가 없으면 "새 분류 추가하기"를 클릭해서 새로운 카테고리를 만들 수도 있다.

- **Tags** : 포스트의 키워드인 태그를 부여한다. "Choose from the most used tags"를 클릭하면 자주 사용되는 태그들이 표시된다. 자주 사용되는 태그는 큰 글씨로 표시되어 클릭하여 입력할 수 있다. 태그는 검색엔진과도 관련되고 방문자가 포스트의 태그를 클릭해서 그 태그가 있는 모든 포스트를 볼 수도 있어 붙이는 것이 좋다.

- **특성 이미지** : 특성 이미지는 포스트에 썸네일 이미지를 추가하기 위해 사용되기도 하고 플러그인에 따라 이 포스트의 대표 이미지로 사용하기도 한다. 특성 이미지를 사용하기 위해서는 플러그인이나 PHP 프로그래밍이 필요하다. *30장으로 가면 특성 이미지를 플러그인에서 사용하는 예를 볼 수 있다.*

- **요약** : All Post에서 "요약 보기" 버튼을 클릭하면 "요약"에 기술된 내용이 보인다. 기본적으로 포스트 내용을 소개하는 글을 작성한다. 포스트 포맷이 Gallery인 경우 요약 내용이 제일 앞에 표시되며, 링크한 사이트에서 해당 문서에 대한 메타 정보 대신 표시되기도 한다. 그 외 사용을 위해서는 PHP 프로그래밍과 플러그인이 필요하다.

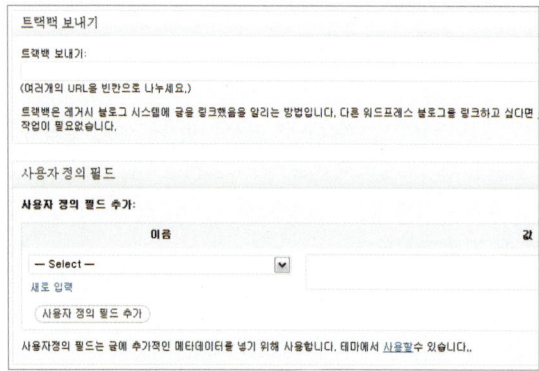
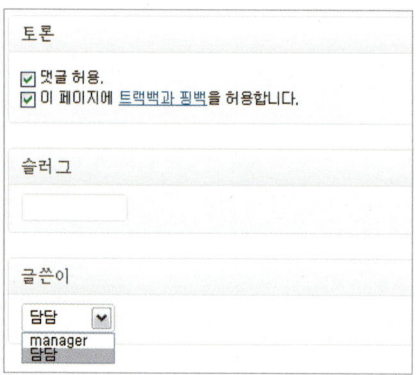

- **트랙백 보내기** : 다른 사이트의 포스트를 참조했을 경우 해당 포스트의 트랙백 URL을 기술한다. *트랙백의 자세한 내용은 18-4를 참조하기 바란다.*

- **사용자 정의 필드** : 포스트 본문과 관련된 간단한 추가 정보를 표시하기 위해 사용하나, 플러그인이나 PHP 프로그래밍이 필요하다.

- **토론** : 댓글의 허용 여부와 트랙백과 핑백의 수신 여부를 지정한다. *"트랙백과 핑백"은 18-4를 참조하기 바란다.* 이 옵션은 체크해두는 것이 좋다. "설정 > 토론 > 기본 글 설정"에서도 이들을 설정할 수 있는데 그것은 전체적인 설정이고, 여기서는 그 설정과 무관하게 포스트별로 별도로 설정을 할 수 있다.

- **슬러그** : 슬러그는 포스트를 지칭하는 웹용 별명이다. 기본적으로는 포스트 제목의 단어들로 자동 생성되며, 수정할 수 있다. 슬러그는 플러그인이나 PHP 프로그램에서 해당 포스트를 지칭하는 이름이나 인수로 자주 사용되므로 가능한 영자와 숫자로 구성하는 것이 좋다. 처음 배울 때는 신경 쓰지 않아도 된다.

- **글쓴이** : "사용자 > 사용자 추가하기" 메뉴로 등록된 워드프레스의 사용자중 편집권을 가진 사람이 여러 명일 경우 그들의 이름이 나열된다. 자신이 아닌 다른 사용자의 포스트를 관리할 때 편리하다.

12-3 페이지 작성하고 관리하기

페이지 관리는 포스트와 거의 유사하다. "페이지 > All Pages" 메뉴로 페이지를 관리할 수 있으며 "Add New"로 새로운 페이지를 작성할 수 있다. 페이지만의 특징인 페이지 속성만 살펴보자.

- 페이지 속성

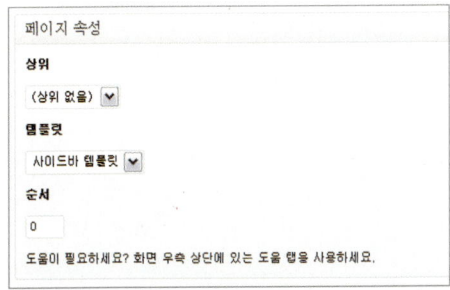

상위 : 별 의미가 없는 참고적 분류 기능이다. 그러나 플러그인에 따라 여기서 지정된 상위 지정에 따라 페이지를 구조적으로 사용하기도 한다.

템플릿 : 템플릿 지정에 따라 페이지의 표시 형식이 달라지며 PHP 프로그래밍을 통해 자신만의 템플릿을 다양하게 개발할 수 있다.

순서 : All Pages에서 표시되는 페이지 목록상의 표시 순서를 지정하며, 페이지 위젯에서 페이지 제목이 나열되는 순서를 정렬하기 위해서도 사용된다.

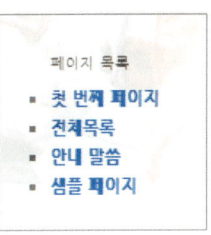

13 카테고리와 태그 관리하기

카테고리는 포스트를 분류하고 메뉴에 등록할 수 있는 핵심 기능이며, 태그는 외부와의 소통에 중요한 역할을 하는 키워드이다. 이들의 관리 방법을 알아보자.

13-1 카테고리 관리하기

"글 > categories" 메뉴를 클릭하면 새로운 카테고리를 만들거나 기존 카테고리를 편집할 수 있다.

이름 : 카테고리 이름은 항상 유일해야 한다. 서로 다른 부모 카테고리에 속해 있어도 역시 이름이 같을 수 없다.

슬러그 : 슬러그 이름은 해당 카테고리의 URL로 사용된다. 슬러그 이름을 지정하면 해당 이름이 URL로 사용된다. 예를 들어 OA 과정 카테고리의 경우, 슬러그를 "oaclass"로 지정하면 URL이 아래와 같이 변한다.
http://127.0.0.1/wordpress/category/oa-과정/ → http://127.0.0.1/wordpress/category/oaclass/

상위 : 필요하면 부모 카테고리를 지정한다. 부모 디렉토리가 있는 경우 위 그림처럼 카테고리 이름 앞에 "-"가 표시된다.

설명 : 카테고리에 대한 간단한 설명을 입력한다. 테마에 따라 이 정보의 이용 정도가 다르다. "설명"에 내용을 입력한 경우 앞의 그림의 카테고리 목록에서 볼 수 있듯이 "설명" 열에 그 내용이 표시된다. 사이트가 커지면 관리의 편의 상 입력해두는 것이 좋다.

편집 : 카테고리 목록에서 특정 카테고리의 "편집"을 클릭하면 그림과 같은 편집 화면이 나와서 태그를 수정할 수 있다.

보기 : 카테고리 목록에서 특정 카테고리의 "보기"를 클릭하면 해당 카테고리의 포스트로 이동한다.

삭제 : 카테고리에서 "삭제"를 클릭하면 해당 카테고리에만 속해있던 포스트들은 기본 카테고리인 "미분류" 카테고리에 속하게 된다. 카테고리를 삭제한다고 해서 그에 속해있던 포스트들까지 삭제되는 것은 아니다.

13-2 태그 관리하기

태그는 포스트가 외부에 노출되는 중요한 요소이므로 적극 활용하는 것이 좋다. 방문자가 특정 포스트를 볼 때도 그 포스트에 표시된 태그를 클릭해서 해당 태그가 있는 모든 포스트를 찾아 볼 수 있기 때문에 태그를 잘 활용하는 것이 친절하고 효율적인 사이트를 만드는 방법이 되기도 한다.

"글 > Tags" 메뉴를 통해 이 태그들을 관리할 수 있다. 여기에 표시되는 태그들은 포스트를 작성하면서 각 포스트에서 입력한 태그들과 여기서 직접 입력한 태그들이다.

유명한 태그 : 자주 사용되는 태그들이 최대 45개까지 표시되며 이들을 태그 구름(Cloud)이라고 한다. 이 태그 구름은 위젯을 이용해서 사이드 바에 표시할 수도 있다.

이름 : 여기서 입력하는 태그 이름도 카테고리 이름과 마찬가지로 항상 유일해야 한다.

슬러그 : 슬러그 이름은 태그 이름의 URL 버전이라고 할 수 있다.

설명 : 태그에 대한 간단한 설명을 입력한다. 태그 목록의 "설명" 열에 표시되는 것 이외는 거의 사용되지 않는다.

편집 : 태그 목록에서 특정 태그의 "편집"을 클릭하면 그림과 같은 편집 화면이 나와서 태그를 수정할 수 있다.

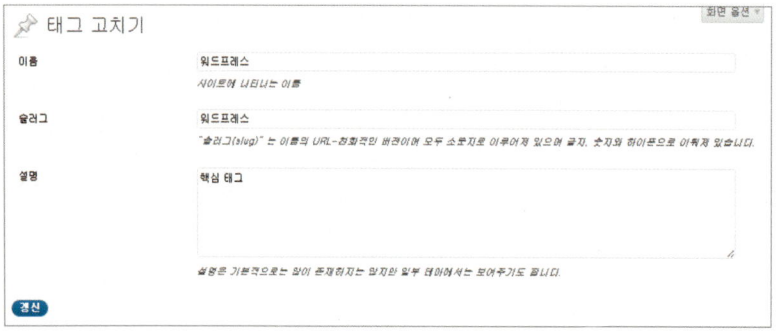

보기 : 특정 태그의 "보기"를 클릭하면 해당 태그가 있는 모든 포스트를 볼 수 있다.

삭제 : 태그에서 "삭제"를 클릭하면 그 태그를 사용하는 모든 포스트에서 태그가 삭제된다.

14 미디어 관리하기

워드프레스는 포스트에 사용된 모든 이미지, 비디오, 오디오 등의 미디어들을 관리하는 창고로 미디어 라이브러리를 제공한다. 여기에는 포스트에 사용되지 않는 미디어도 미리 올려놓을 수 있다. "미디어 > 라이브러리" 메뉴로 미디어 라이브러리로 갈 수 있으며, "미디어 > 파일 올리기" 메뉴로 미디어를 올릴 수 있다.

14-1 미디어 라이브러리 사용하기

"미디어 > 라이브러리" 메뉴를 클릭하면 그림과 같이 미디어 라이브러리가 표시된다. 여기서 미디어들에 대한 관리 작업을 할 수 있다.

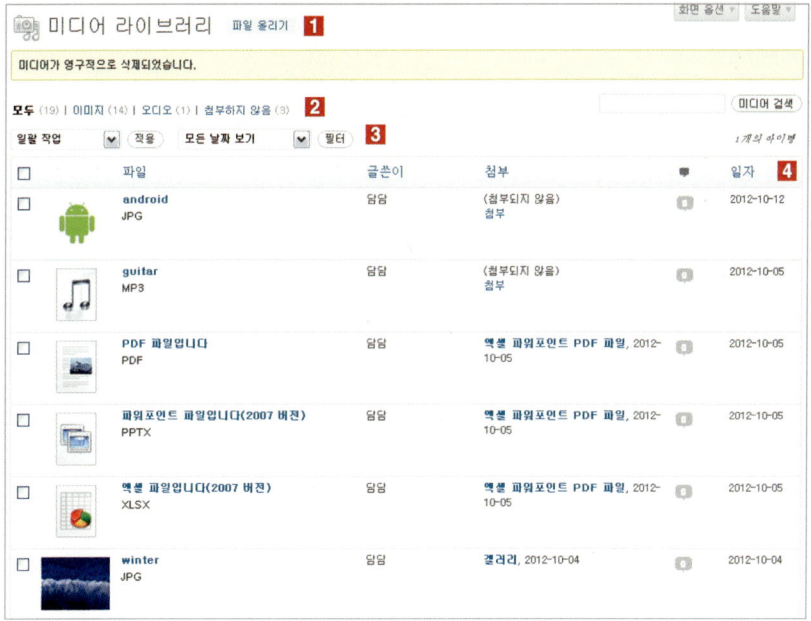

❶ 파일 올리기 : 라이브러리에 추가할 파일을 올릴 때 사용한다.
❷ 미디어를 종류별로 검색할 수 있다.
❸ 작업 대상 미디어를 체크한 후 미디어를 삭제할 수 있으며, 등록 날짜별로 미디어를 볼 수 있다.
❹ "파일", "글쓴이", "첨부", "일자"를 클릭해서 각기 오름차순, 내림차순으로 미디어를 볼 수 있다.

라이브러리"에 올려놓고 아직 사용하지 않은 미디어는 "첨부"라고 표시된다.

미디어 편집

각 미디어에서 "편집"을 클릭하면 미디어 정보를 수정할 수 있다.

제목 : 미디어 목록에 표시되는 이름이다.
캡션 : 포스트에 삽입하면 미디어 아래에 표시된다.
설명 : 단순한 설명일 뿐 따로 표시되지는 않는다.
파일 URL : 파일의 저장 위치가 표시된다.

이미 포스트에 삽입된 미디어의 제목이나 캡션 등을 여기서 수정해도 포스트에는 영향을 미치지 않는다.

새 미디어 업로드

미디어 편집 창에서 "파일 올리기"를 클릭하거나 "미디어 > 파일 올리기" 메뉴를 클릭하면 "새 미디어 업로드" 창이 표시된다.

파일 업로드시 가능한 미디어 제목을 영어로 지정하는 것이 에러를 발생시키지 않는다.
미디어의 용량은 2MB로 제한되어 있으나 데이터베이스에서 조절할 수 있다.
"파일 선택"을 클릭해서 파일 업로드 작업을 시작한다. 파일이 업로드되면 "제목"을 비롯한 정보를 입력할 수 있다.
"대체 텍스트"는 포스트에 미디어를 삽입한 후 제대로 표시되지 않을 때 표시될 문구이다.
"이미지 고치기"를 클릭해서 간단한 이미지 수정 작업을 할 수 있다.

이미지 고치기

이미지 고치기 창에서는 이미지를 회전, 뒤집기, 자르기 작업을 할 수 있다.

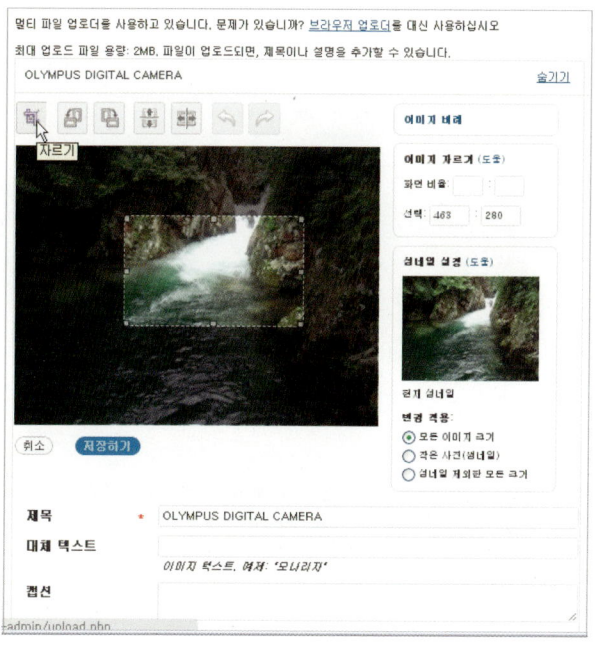

이미지 자르기를 하려면 먼저 이미지 위에서 드래그해서 잘라 낼 영역을 지정한 후 "자르기"를 클릭한다. 이때 "이미지 자르기"에 영역의 크기가 표시되며 "화면 비율"에 사용자가 임의의 값을 입력할 수도 있다. 또한 "변경 적용"에서 잘라낸 그림을 어떤 용도로 사용할 것인지를 지정할 수 있다.

14-2 미디어 추가 창 사용하기

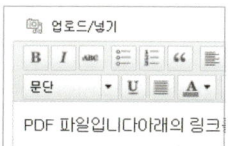

포스트를 작성할 때 표시되는 "업로드/넣기"를 클릭하면 미디어 추가 창이 표시된다. 미디어 추가 창에는 4개까지 탭이 표시된다. "갤러리 탭"은 새로운 포스트를 작성할 때는 표시되지 않는다.

컴퓨터에서

사용하는 컴퓨터에서 미디어를 가져올 때 사용한다. 미디어를 가져오고 나면 "미디어 추가" 창이 표시되어 조절 작업을 할 수 있다.

없음 : 사이트 화면에서 이미지를 클릭해도 별도로 이미지가 표시되지 않는다.

파일 URL : 사이트 화면에서 이미지를 클릭하면 창이나 탭에 아래의 왼쪽 그림처럼 이미지만 크게 표시된다.

첨부 글 URL : 사이트 화면에서 이미지를 클릭하면 아래의 오른쪽 그림처럼 "기본" 포스트 Format으로 이미지가 표시된다.

크기 : 크기를 설정하려면 해당 이미지의 크기가 지정하려는 크기보다 커야 한다. 이 크기의 기본 값은 "설정 > 미디어"의 "이미지 크기"에서 수정할 수 있다.

본문 삽입 : 포스트에 이미지를 삽입한다.

모든 변경 사항 저장 : 이미지 정보를 수정한 경우 클릭한다. 미디어 라이브러리에 반영시키는 버튼이다.

URL에서

다른 사이트의 이미지를 활용할 때 사용한다. *실제 사용 예는 9-1을 참조하기 바란다.*

- URL : 외부 사이트의 이미지 주소 정보를 입력한다.
- 제목 : 이미지 제목이다. 이미지 위에 커서가 위치하면 표시된다.
- 대체 텍스트 : 이미지가 제대로 연결되지 않을 때 이미지를 대체하여 표시되는 문장이다.
- 이미지 캡션 : 이미지 아래에 표시된다.
- 정렬 : 이미지의 가로 위치를 지정한다.
- 이미지 연결 : 이 이미지를 클릭했을 때 이동할 사이트 주소이다.
- 없음 : 기존 주소와의 연결을 삭제한다.
- 이미지에 연결됨 : 사이트 화면에서 이미지를 클릭했을 때 그 이미지만 크게 표시된다.

이렇게 링크로 사용한 미디어는 미디어 라이브러리에 보관되지 않는다.

갤러리

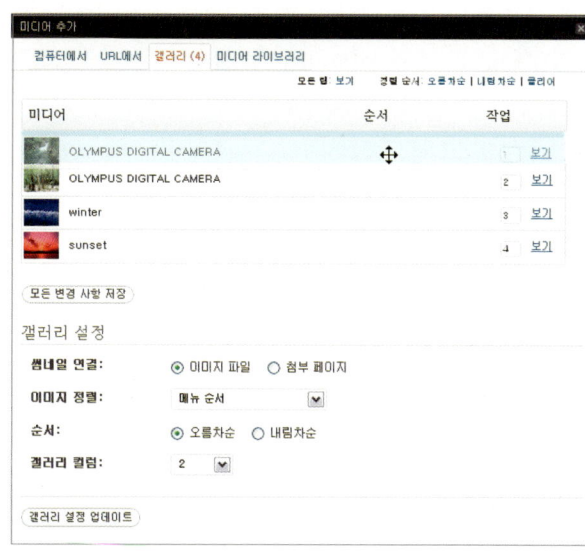

해당 포스트나 페이지에 사용된 미디어만을 보여주며, 이미지 갤러리를 만드는 기능도 제공한다. *이미지 갤러리의 실제 예는 11-8을 참조하기 바란다.*

미디어 라이브러리에 있는 이미지라도 이미 다른 포스트의 "갤러리"에 담겨진 이미지는 새로운 포스트에 사용해도 그 포스트의 갤러리에는 표시되지 않는다.

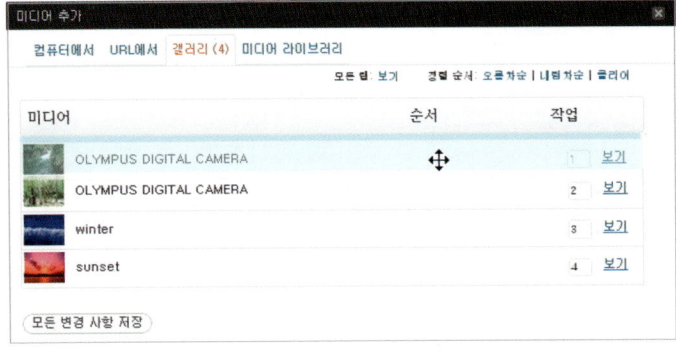

모든 탭 : "보기"를 클릭하면 갤러리의 모든 이미지들을 한 번에 상세 보기를 할 수 있다.

정렬 순서 : "오름차순", "내림차순" 중 하나를 클릭하면 아래의 "작업" 열에 이미지들의 순서가 알맞게 지정된다. "클리어"를 클릭하면 순서가 없어진다. 이 순서는 이미지 갤러리를 만들 때 이미지 게시 순서로 사용된다. 미디어에 표시되는 이미지 행을 잡고 드래그하면 이미지의 순서를 임의로 변경할 수 있다.

모든 변경 사항 저장 : 이미지의 순서를 변경하거나 "보기"를 클릭해서 표시된 상세 화면에서 정보를 수정하는 등의 작업을 한 경우 이 버튼을 클릭해야 한다.

썸네일 연결 : "이미지 파일"을 클릭하면 사이트 화면에서 이미지 갤러리의 이미지를 클릭하면 이미지만 크게 표시된다. "첨부 페이지"를 클릭하면 "기본" 포스트 Format으로 이미지가 표시된다.

이미지 정렬 : 이미지 갤러리에 표시될 이미지 게시 순서의 기준을 설정한다.

순서 : 이미지 정렬에서 설정한 기준에 대해 오름차순이나 내림차순을 지정한다.

갤러리 컬럼 : 이미지 갤러리에서 이미지를 몇 개의 열로 게시할 것인가를 지정한다.

미디어 라이브러리

앞쪽 14-1의 설명을 참조하기 바란다.

14-3 기존 포스트의 이미지 고치기와 고급 옵션 사용하기

이미 포스트에 삽입되어 있는 이미지를 클릭하면 "이미지 고치기" 버튼이 표시되고 그 버튼을 클릭하면 또 다른 형식의 이미지 고치기 작업을 할 수 있다.

이미지 고치기

크기 : 비율로 이미지 크기를 조절한다.

정렬 : 가로 위치를 지정한다.

제목 : 이미지 제목이다.

대체 텍스트 : 이미지가 제대로 표시되지 않을 때 이미지 대신 표시되는 메시지이다.

캡션 : 이미지 아래에 표시된다.

링크 ID : "없음"은 링크를 지워, 사이트 화면에서 이미지를 클릭해도 반응이 없게 된다. "현재 링크"는 이미지를 클릭했을 때 이동할 사이트 주소를 입력한 후 클릭한다. "이미지에 연결"을 클릭하면 이미지를 클릭했을 때 이미지만 크게 표시된다.

고급 옵션

원본 : 이미지의 저장 위치를 표시한다.

크기 : 이미지 크기를 지정한다.

CSS 스타일 : 현재 적용된 CSS 코드가 표시된다.

Styles : 아래의 "그림 속성"에 의해 생성된 CSS 코드가 표시된다.

그림 속성 : 3가지의 이미지 속성을 입력할 수 있으며 이에 따라 위의 Styles가 표시된다.

고급 링크 편집 : 링크의 특성을 지정할 수 있으나 플러그인에서 사용한다.

타켓 : 체크하면 이미지를 클릭했을 때 새 탭이나 새 창에 크게 표시된다.

15 링크와 위젯 관리하기

워드프레스는 "블로그롤(BlogRoll)"이라는 기본 링크 카테고리를 제공하며, 사용자가 별도의 링크 카테고리를 만들어서 사용할 수 있다. 또한 워드프레스가 기본으로 제공하는 위젯을 이용해서 간단하게 사이트의 기능을 추가할 수 있다. 링크의 실제 사용 예는 6-2, 6-3, 11-5를 참조하고 위젯의 실제 사용 예는 11-4, 11-6, 11-7을 참조하기 바란다.

15-1 링크 관리하기

만들어져 있는 링크들은 "링크 > 모든 링크" 메뉴를 통해 관리할 수 있다.

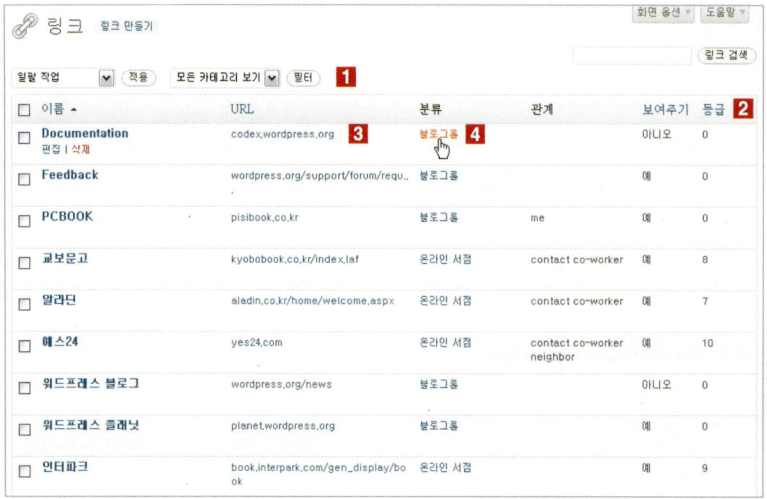

❶ 링크를 선별적으로 또는 일괄 삭제할 수 있으며, 카테고리별로 링크를 볼 수도 있다.
❷ "이름", "URL", "보여주기", "등급"을 클릭하면 각기 오름차순, 내림차순으로 링크를 정렬할 수 있다.
❸ "URL" 열에 표시된 링크주소를 클릭하면 링크된 주소로 이동한다.
❹ "분류" 열의 카테고리 이름을 클릭하면 해당 카테고리의 링크만 표시된다.

15-2 링크 만들고 편집하기

"링크 > 링크 만들기" 메뉴를 클릭하거나 위의 링크 목록에서 링크 아래의 "편집"을 클릭하면 링크 편집 화면으로 이동한다.

- **이름** : 화면에 표시될 링크의 제목을 지정한다.
- **웹주소** : 링크를 클릭하면 이동할 웹 주소를 지정하며 반드시 "http://"를 기술해야 한다.
- **설명** : 마우스 오버시 링크 아래에 표시되는 문구인데 테마에 따라 달리 표시된다.
- **저장하기** : "링크 방문"을 클릭하면 해당 웹주소로 이동한다. "이 링크를 비공개 글로 남겨둡니다"를 체크하면 해당 링크는 화면에 표시되지 않는다.

- **분류** : 링크가 속할 카테고리를 지정한다. "가장 많이 사용함" 탭을 클릭하면 자주 사용되는 카테고리 순으로 표시된다. "새 카테고리 추가하기"를 클릭해서 새로운 카테고리를 만들 수도 있다. 카테고리를 선택하지 않으면 자동으로 "블로그롤"에 속하게 된다.
- **타겟** " 링크가 표시되는 창을 지정한다.
  _blank : 새 창이나 새 탭에 링크된 사이트가 표시된다.
  _top : 링크가 iframe 내부에 있는 경우 프레임을 벗어나 해당 윈도우에 표시된다.

none : 같은 창에 표시되며 링크가 iframe 내부에 있는 경우 해당 프레임에서 표시된다.

- **링크 대상과의 관계** (XFN) : XFN은 Xhtml Friends Network의 약자로 링크한 대상과의 관계를 의미한다. 관계를 복수로 지정할 수 있으며 지정하면 "관계"에 표시된다. 이 설정 값은 HTML 코드의 속성 값을 설정하며 인적 관계를 표시하기 위해 다양하게 활용될 수 있다.

- **고급**
  이미지 주소 : 링크를 이미지로 표시할 경우 해당 이미지의 URL을 기술한다. *실제 예는 6-3을 참조하기 바란다.*
  RSS 주소 : 링크되는 사이트의 RSS 피드 URL을 입력하며 테마에 따라 달리 사용된다.
  노트 : 링크와 관련된 참고 사항을 기술한다.
  등급 : 숫자로 등급을 지정하며 값이 클수록 높은 등급이다. 카테고리에서 링크가 표시되는 순서로 사용된다.

15-3 링크 분류 만들고 편집하기

링크는 카테고리 단위의 분류 체계를 가지며 블로그롤이라는 기본 카테고리가 제공되어 링크를 만들면서 특별히 카테고리를 지정하지 않으면 모두 블로그롤 카테고리에 속하게 된다. 워드프레스를 설치한 후 사이드 바에 기본으로 표시되는 블로그롤 카테고리는 여기서 이름을 수정할 수는 있으나 삭제할 수는 없다. 또한 위젯에서 조절하면 더 이상 사이드 바에 표시되지 않게 할 수도 있다.

"링크 > 링크 분류"를 클릭하면 링크 분류 화면이 표시되며 여기서 새로운 링크 카테고리를 만들거나 기존 링크를 관리한다.

이름 : 화면에 표시되는 링크의 이름이다.
슬러그 : 이 링크의 웹용 별명이다.
설명 : 테마에 따라 이 내용을 달리 사용하며 링크 목록의 "설명" 열에 표시된다.

링크 분류 아래의 "편집"을 클릭하면 아래 그림과 같이 해당 분류를 편집할 수 있다.

15-4 위젯 사용하기

워드프레스는 사용자의 편의를 위해 여러 가지 유용한 위젯들을 제공하고 있으며 이들은 "외모 > 위젯" 메뉴에서 관리할 수 있다. 제공되는 위젯을 단순히 메인 사이드바 영역이나 푸터 영역으로 드래그하고 한두 가지 정보만 입력하면 되므로 적극 활용하는 것이 좋다. 이런 영역은 테마에 따라 달라지며 우리가 사용하는 기본 테마는 메인 사이드바 영역과 푸터 영역을 제공한다.

5개의 주요 기능 살펴보기

❶ 사용할 수 있는 위젯 : 워드프레스가 제공하는 위젯들이다. 메인 사이드바나 푸터 영역들로 드래그할 수 있다.

❷ 메인 사이드바 : 여기에 놓인 위젯들은 화면의 사이드바에 표시된다.

❸ 비활성화 위젯 : 특정 영역에 위젯을 놓을 때 한두 가지 설정을 한다. 이후 그 영역에서 제거할 때 이리로 드래그하면 기존 설정 값들이 그대로 유지되어 언제든지 그대로 다시 사용할 수 있다.

❹ 쇼케이스 사이드바 : PHP 프로그래밍을 해야 사용할 수 있다.

❺ 푸터 영역 : 푸터 영역의 왼쪽(푸터 영역1), 중앙(푸터 영역2), 오른쪽(푸터 영역3) 영역을 의미한다.

위젯 기능 하나씩 살펴보기

- 검색

검색 창을 표시하며, 제목은 검색 창 위에 표시된다.

- 최근 글

최근 포스트 목록을 표시한다. 표시될 목록의 개수를 지정할 수 있다.

- 최근 답글

최근 댓글 목록을 표시한다. 표시될 목록의 개수를 지정할 수 있다.

- 분류

카테고리를 표시한다. 드롭다운 버튼으로 표시할 수도 있으며, 카테고리별로 속해있는 포스트의 개수와 카테고리의 계층구조도 보여줄 수 있다.

- 그 밖의 기능

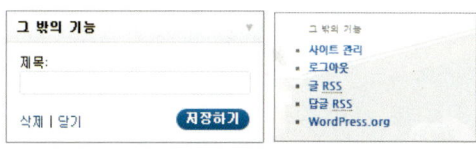

기본 메타 정보를 표시한다. 로그인, 로그아웃, 어드민, 피드 등을 표시할 수 있다.

- 달력

달력을 표시한다.

15장 링크와 위젯 관리하기 187

- 링크

특정 링크 카테고리 내의 링크들을 보여준다. 링크의 정렬 방식을 지정할 수 있으며, 이미지, 이름, 설명, 등급 등의 표시 여부를 지정할 수 있다.

- Custom Menu

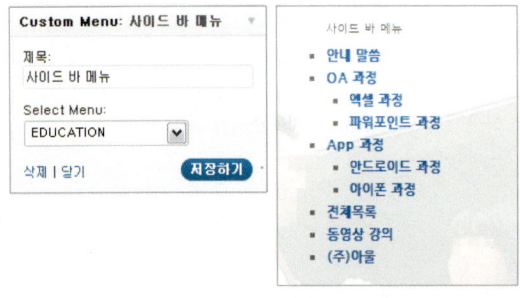

메뉴를 보여준다. 메뉴가 여러 개일 경우 메뉴를 선택할 수 있다.

- 태그 구름

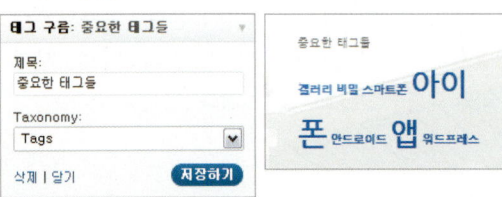

자주 사용하는 태그를 보여준다. 사용 빈도가 높은 태그는 큰 글씨로 표시되어 이 사이트의 주된 관심사를 알 수 있으며 태그를 클릭하면 해당 포스트를 모두 볼 수 있다.

- Twenty Eleven 하루살이

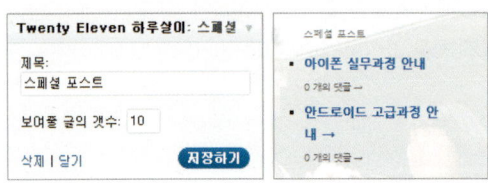

Format이 Aside, Link, Quote, Status로 설정된 포스트들의 목록을 표시한다. 주로 간단한 메시지 차원의 글 형식을 사이드바에 게시할 때 사용한다.

- RSS

RSS 피드 목록을 보여준다. 보여줄 항목의 개수를 지정할 수 있으며 3개의 옵션으로 표시되는 정보를 조절할 수 있다.

- 글목록

포스트 목록을 보여준다. 드롭다운 버튼을 이용하면 월별로 목록을 선택할 수 있으며 표시되는 목록의 개수를 조절할 수 있다.

- 페이지

페이지 목록을 보여준다. 페이지 목록의 정렬 순서를 조절할 수 있으며, 페이지 아이디를 기술하면 그 페이지는 보여주지 않는다.

- 텍스트

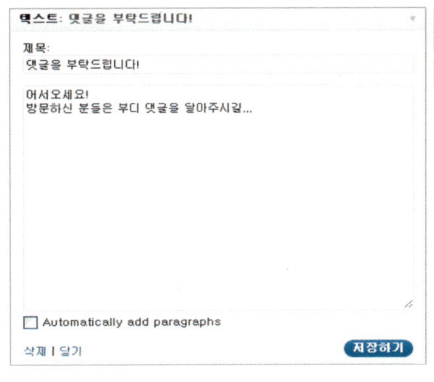

임의의 텍스트를 표시할 수 있다. 여기에는 PHP나 자바스크립트 코드까지도 입력할 수 있어 다양한 기능을 사이트에 추가할 수 있다.

16 댓글과 사용자 관리하기

댓글은 사이트 방문자와 소통하는 중요한 수단이기 때문에 워드프레스에서는 댓글에 대한 관리 기능을 "댓글"이라는 별도의 메뉴로 제공하고 있다. 또한 사이트를 관리하거나 글을 기고하는 사람들을 위한 기능도 "사용자" 메뉴로 제공하고 있다. 이장에서는 이들의 사용법을 살펴본다.

16-1 댓글 관리하기

메뉴에서 "댓글"을 클릭하면 댓글 관리 화면이 표시되는데 아직 승인하지 않은 댓글이 있는 경우 그림처럼 "댓글" 메뉴 위에 승인되지 않은 댓글의 개수가 까만 동그라미 안에 표시된다.

❶ 댓글을 현재의 상태별로 볼 수 있다.

❷ 체크된 댓글에 대해 "승인하지 않기", "승인하기", "스팸으로 표시하기", "휴지통으로 이동" 등 4가지 작업을 할 수 있다. 또한 댓글을 "답글"과 "핑"으로 구분해서 볼 수 있다. "핑"은 핑백 기능에 의해 추가되는 댓글 메시지인데 이를 클릭하면 이 글을 참조한 다른 사이트의 포스트로 이동한다. *핑백에 대해서는 18-4를 참조하기 바란다.*

❸ 해당 댓글에 대해 "승인하지 않기"부터 "휴지통으로 이동"까지 6가지 작업을 할 수 있다. "응답"을 클릭하면 댓글의 댓글을 달 수 있으며 "빠른 편집"이나 "편집"을 클릭해서 댓글을 편집할 수도 있다.

❹ "글보기"를 클릭하면 해당 글로 이동할 수 있으며 버블 안에는 댓글의 개수가 표시되고 버블 위로 마우스를 오버시키면 승인하지 않은 댓글의 개수가 표시된다.

16-2 사용자 관리하기

워드프레스는 하나의 사이트를 여러 명이 관리하거나 운영할 수 있도록 "사용자" 메뉴에서 사용자 관리 기능을 제공한다. 여기서는 사용자를 등록하면서 등급을 지정하여 시스템에 접근할 수 있는 권한을 제어할 수 있다. 다수의 기고자가 포스팅을 하는 웹진과 같은 형식에 유용한 기능이다.

모든 사용자

시스템에 등록된 모든 사용자를 열람하고 그들에 대한 관리를 할 수 있다.

❶ 사용자로 등록된 사람들을 권한별로 분류해서 볼 수 있다.

❷ 사용자를 선택적으로 삭제할 수 있으며 권한을 변경할 수 있다. 사용자 권한은 다음과 같다.
　관리자 : 모든 권한을 가진 마스터로 모든 작업을 할 수 있음
　편집자 : 본인은 물론 다른 사람의 글도 공개, 수정, 관리할 수 있음
　글쓴이 : 자신의 글만 공개, 수정, 관리할 수 있음
　후원자 : 자신의 글만 수정, 관리할 수 있으나 공개는 할 수 없음
　구독자 : 자신의 프로필만 편집할 수 있고 글 관련 작업은 할 수 없음

❸ "사용자명", "이름", "전자우편"을 클릭해서 각기 오름차순과 내림차순으로 정렬할 수 있다.

❹ 전자우편 주소를 클릭해서 해당 사용자에게 메일을 보낼 수 있다. "삭제"를 클릭하면 그림처럼 "사용자 지우기"가 표시되어 삭제 작업의 종류를 선택할 수 있다. "편집"을 클릭하면 그 사용자의 프로필 정보를 수정할 수 있다.

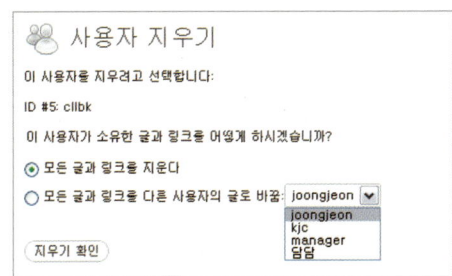

사용자 추가하기

"설정 > 일반" 메뉴의 "멤버쉽"에서 "누구나 가입할 수 있습니다"에 체크가 되어 있으면 누구나 "워드프레스 URL/wp-register.php"로 접속하여 사용자로 가입할 수 있다. 가상서버에서 연습하는 우리의 경우 "http://127.0.0.1/wordpress/wp-register.php"로 접속하면 된다. 그러나 그와 별도로 관리자가 여기서 새로운 사용자를 추가할 수 있다.

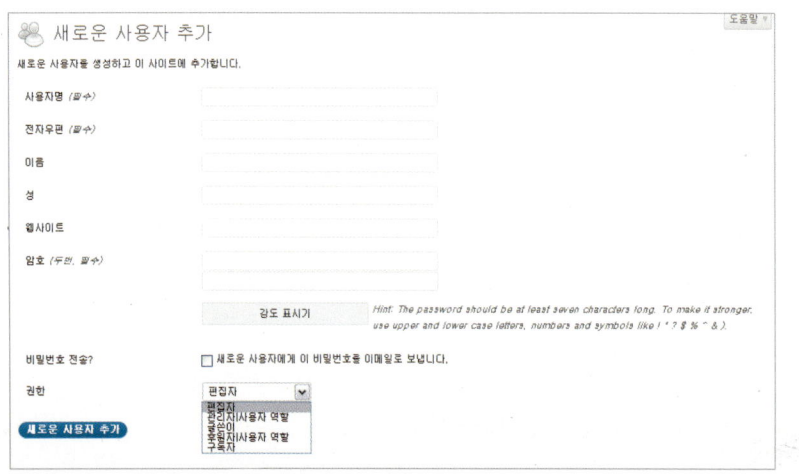

"사용자명", "전자우편", "암호"는 필수 입력 항목이다. "비밀번호 전송?"에 체크하면 등록된 사용자에게 이메일이 전송된다.

당신의 프로필

개인 정보를 수정하는 기능이다. 관리자의 경우 "모든 사용자" 메뉴에서 사용자명 아래의 "편집"을 클릭해서 그 사용자의 개인 정보를 여기서 수정할 수 있다.

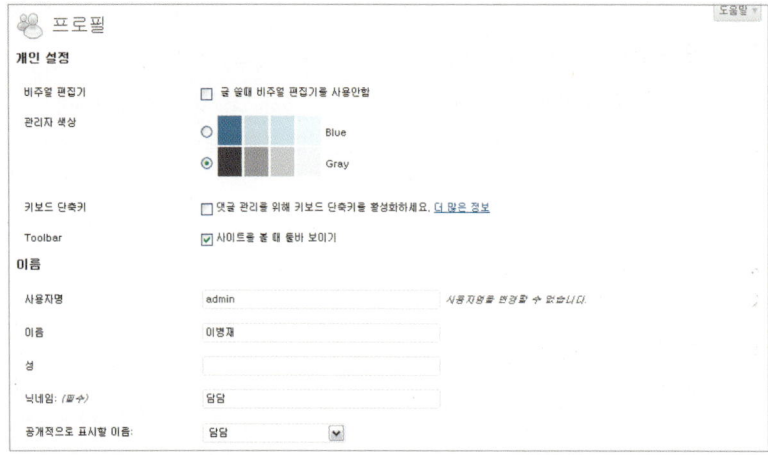

- **개인 설정**

  비주얼 편집기 : 글을 작성할 때 HTML 편집기만 사용할 수 있도록 한다. 외부 기고자들에 대해 HTML 편집기에서만 글을 쓰도록 하여 글의 정렬을 보기 좋게 할 수 있다.

  관리자 색상 : 관리자 화면의 색상을 지정한다.

  키보드 단축키 : 댓글을 관리할 때 단축키를 사용할 수 있게 한다. 댓글이 많은 경우 단축키를 사용하는 것이 효율적이다.

  Toolbar : 툴바의 표시 여부를 지정한다. 일부 사용자의 경우 툴바가 표시될 필요가 없으며 그런 경우 이 옵션의 체크를 해제한다.

- **이름** : 사용자명과 닉네임 등의 이름 정보를 입력한다. "사용자명"은 로그인에 사용되는 이름으로써 수정할 수 없다. "닉네임"은 필수 입력 항목으로, 닉네임을 입력하지 않으면 사용자명이 이 항목에 표시된다. "공개적으로 표시할 이름"에서는 사이트에 글을 썼을 때 표시되는 이름을 선택할 수 있다.

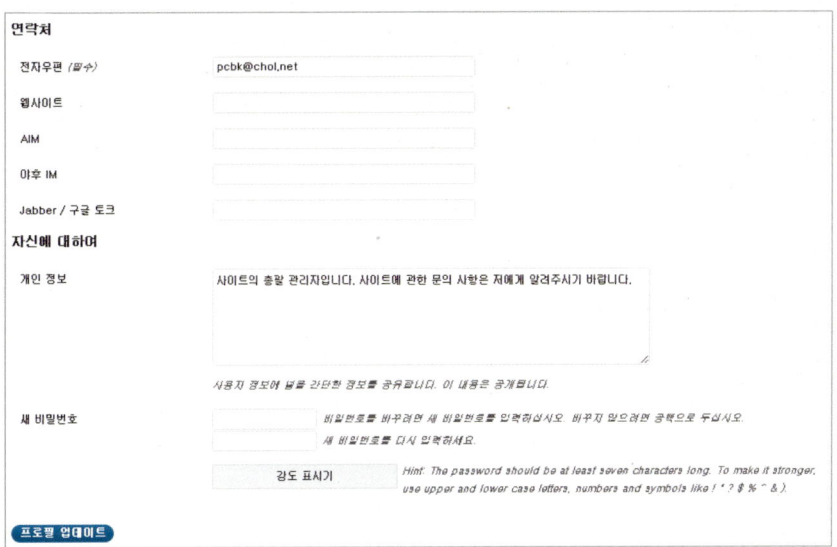

- **연락처** : 전자우편과 웹사이트 등의 연락처 정보를 입력한다. 전자우편은 필수 입력 항목으로, 등록 사용자들 간에 동일한 전자우편 주소가 있어서는 안 된다.

- **자신에 대하여** : 개인 정보와 비밀번호를 입력한다. 개인 정보를 표시하기 위해서는 PHP 프로그래밍이 필요하다. 여기서 기존의 비밀번호를 변경할 수 있다.

17 도구로 콘텐츠 관리하기

"도구" 메뉴에는 외부로부터 콘텐츠를 가져오거나 사용 중인 워드프레스에 있는 콘텐츠를 백업하는 등 콘텐츠 관리에 관한 기능들이 제공되나 "끌어오기" 외에는 별로 사용되지 않는다. 미국 내의 유명 블로그를 대상으로 작업하는 기능도 있고, 백업 기능도 워낙 편리하고 효율적인 플러그인 많아 여기서 제공하는 기능을 거의 사용하지 않는다. 여기서는 간단히 각 기능의 개요만 훑어본다.

● 사용 가능한 도구

"끌어오기"는 웹 서핑을 하다가 맘에 드는 내용이 있으면 해당 글을 끌어와 내 사이트에 포스팅하는 기능이다. 구체적인 사용 예는 11-2를 참조하기 바란다.

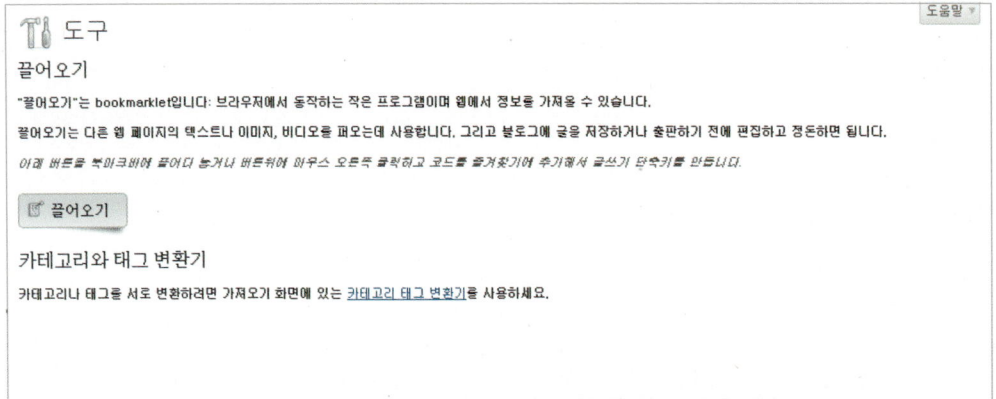

● 가져오기

플러그인을 추가 설치해서 사용해야 하는데 주요 도구만 간단히 살펴보자.

RSS : 다른 사이트의 RSS 피드를 파일로 export한 후 내 사이트로 import할 때 사용한다.

WordPress : "내보내기" 메뉴로 export된 워드프레스의 콘텐츠 파일을 import하기 위해 사용하는데 워드프레스의 콘텐츠 백업과 관리는 플러그인을 사용하는 게 안전하고 효율적이다.

카테고리와 태그 변환기 : 카테고리와 태그를 상호 변환할 수는 있지만, 변환을 하면 기존 카테고리 체제가 변하기 때문에 초기부터 잘 기획된 경우가 아니라면 함부로 변환하지 않는 것이 좋다.

● 내보내기

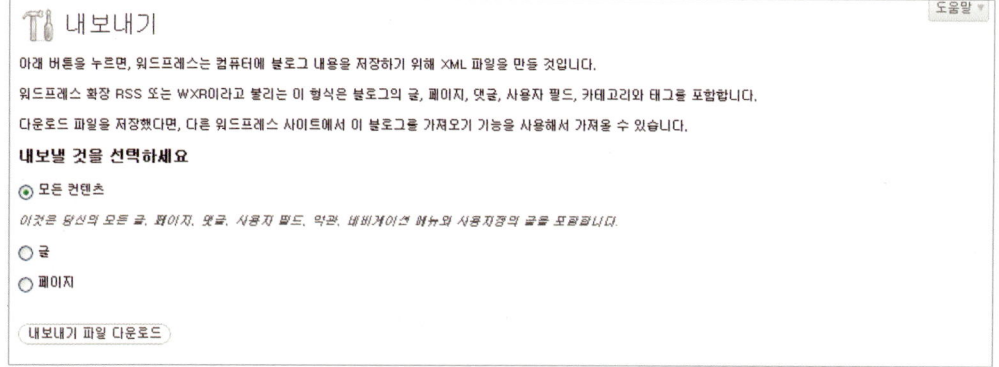

워드프레스 콘텐츠를 xml 파일로 백업하는(export) 기능이다. 여기서 백업한 파일은 "가져오기"의 "WordPress" 도구로 다시 워드프레스로 불러들일 수(import) 있다.

백업되는 내용은 포스트, 페이지, 댓글, 카테고리, 태그, 이미지 정보 등이다. 워드프레스의 모든 내용을 백업하는 것은 아니기 때문에 수시로 중요 내용을 백업하기에는 좋지만 실무 사이트의 보안을 위해서 백업을 할 때는 백업 관련 플러그인을 사용하는 것이 좋다. 학습의 순서상 4부에서 플러그인을 배운 후에 이 기능을 다시 보기 바란다. 아마도 그때쯤이면 이런 정도의 플러그인은 아주 쉽게 사용하게 될 것이다.

18 설정으로 사이트 기본 특성 관리하기

"설정" 메뉴는 사용 중인 워드프레스 시스템의 기본적인 특성을 설정하는 메뉴들을 제공한다. 이들은 한번 설정하면 다시 수정하기 전까지는 내 워드프레스에 지속적으로 영향을 미치는 설정이므로 잘 알아둘 필요가 있다.

18-1 일반 설정

일반 설정은 말 그대로 사이트 이름, 이메일 등 일반적인 항목들을 설정한다.

- Site Title : 내 사이트의 대표 이름이나 제목을 입력한다. 우리는 "OWLLAB"이라고 입력했다.

- 태그라인 : 사이트 이름 바로 아래 표시된다. 대개 사이트의 부제목이나 슬로건을 입력한다.

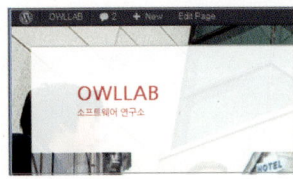

- 워드프레스 주소 : 워드프레스 핵심 파일(core file)이 위치한 디렉토리의 경로명을 입력한다. 워드프레스를 지금과 같이 wordpress라는 기본 디렉토리가 아닌 다른 디렉토리에 설치한 경우 그 경로명을 입력한다.

- **사이트 주소** : 외부에서 내 사이트에 접근할 때 사용할 도메인명을 입력한다. 기술적으로는 워드프레스의 index.php 파일이 설치된 디렉토리를 의미하는데 "워드프레스 주소"와 "사이트 주소"는 도메인을 구입하고 호스팅을 의뢰한 후 다시 봐야 하므로 대강의 용도만 알아두자

  > 지금은 "워드프레스 주소"나 "사이트 주소"를 함부로 변경하지 말자. 워드프레스에 접근이 안 될 수도 있다. 이미 접근이 안 되는 경우 주소창에 "127.0.0.1/wordpress/wp-admin"을 입력해서 접근하면 된다.

- **이메일 주소** : 워드프레스 시스템에서 알림을 보낼 이메일 주소를 입력한다. 예들 들어, "설정 > 토론 > 댓글이 보이기 전에"에서 "항상 관리자가 승인을 해야 합니다"에 체크를 한 경우, 누군가 포스트에 댓글을 쓰면 그림과 같이 이메일이 와서 그 사실을 알게 된다.

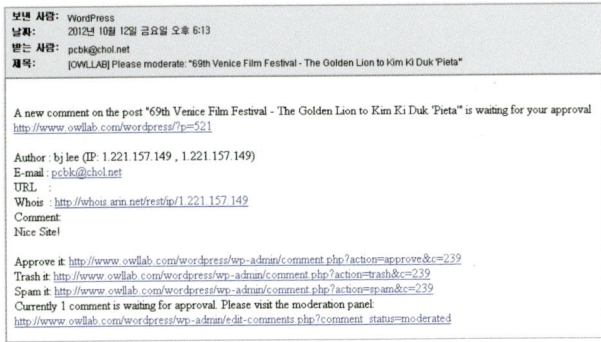

- **멤버쉽** : 체크하면 누구나 "워드프레스 URL/wp-register.php"로 접속하여 사이트 사용자로 가입을 할 수 있다.
- **새 사용자를 위한 기본 규칙** : 앞의 멤버쉽과 함께 사용되며, 새 가입자의 기본 등급을 지정할 수 있으나 가능한 "구독자"를 유지하는 것이 좋다. 이 설정은 "사용자 > 사용자 추가하기"에서 "권한"의 기본 값으로 표시된다.

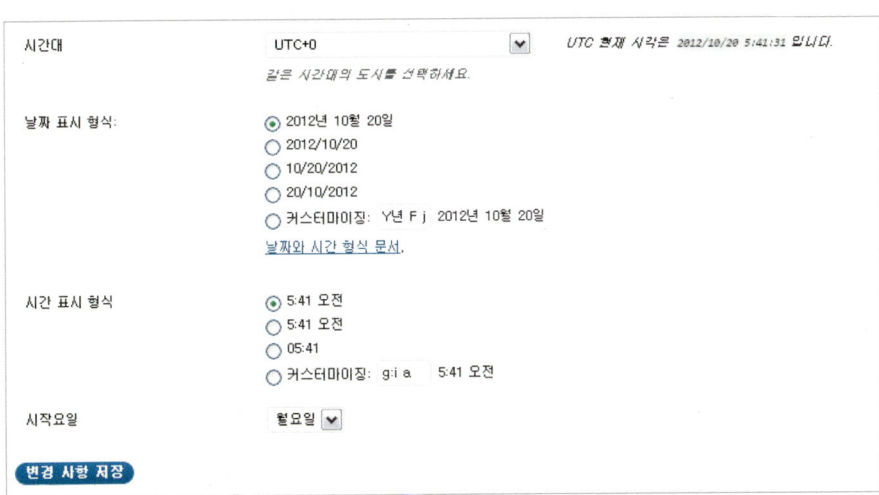

- 시간대 : 시간대를 설정한다. 버튼을 클릭하면 Asia에 "서울특별시"도 있다.
- 날짜 표시 형식 : 날짜 표시 형식을 설정할 수 있다.
- 시간 표시 형식 : 시간 표시 형식을 설정할 수 있다.
- 시작요일 : 시작 요일을 설정할 수 있다.

18-2 쓰기 설정

쓰기 설정은 워드프레스에서 글을 쓰는데 필요한 환경의 설정이나 콘텐츠 작성과 관련된 요소들에 대한 설정을 한다.

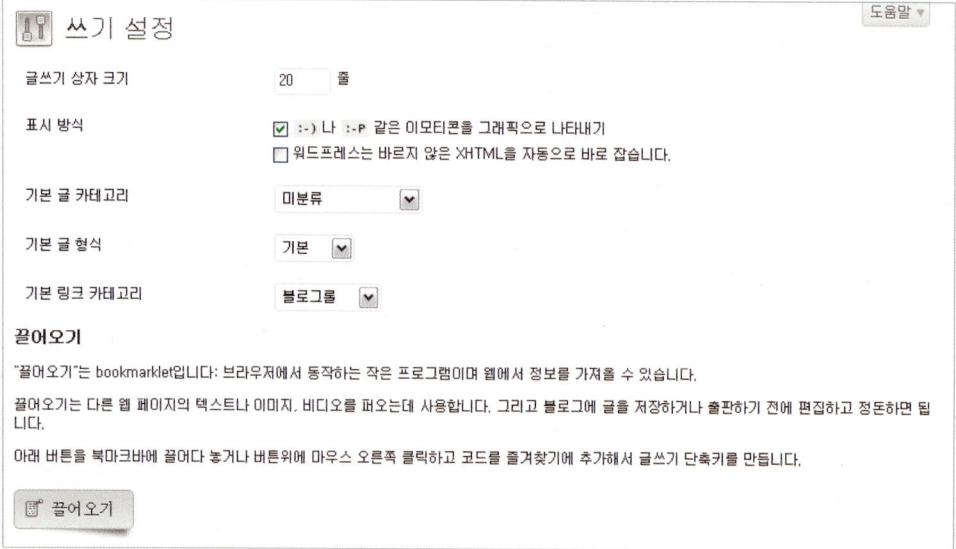

- 글쓰기 상자의 크기 : 포스트나 페이지를 작성할 때 사용하는 분문 입력 상자의 크기를 조절한다.
- 표시 방식 : 그림과 같이 워드프레스에서 정의해둔 이모티콘을 사용하면 해당 그래픽으로 표시되는 기능과 HTML 모드로 글을 작성할 때 보정하는 기능을 설정한다.

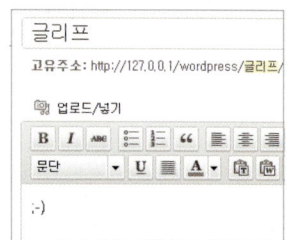 

icon	text	text	full text	icon	full text
🙂	:)	:-)	:smile:	😆	:lol:
😃	:D	:-D	:grin:	😳	:oops:
🙁	:(	:-(	:sad:	😢	:cry:
😮	:o	:-o	:eek:	👿	:evil:
😵	8O	8-O	:shock:	😈	:twisted:
😕	:?	:-?	:???:	🙄	:roll:
😎	8)	8-)	:cool:	❗	:!:
😠	:x	:-x	:mad:	❓	:?:
😛	:P	:-P	:razz:	💡	:idea:
😐	:|	:-|	:neutral:	➡	:arrow:
😉	;)	;-)	:wink:	🟢	:mrgreen:

- **기본 글 카테고리** : 포스트를 작성하면 기본적으로 "미분류"라는 카테고리에 속하게 되나, 미분류 카테고리를 사용하지 않으려면 카테고리를 만든 후 여기서 그 카테고리를 기본 글 카테고리로 설정하면 된다.
- **기본 글 형식** : 포스트의 기본 Format은 "기본"으로 되어 있으나 여기서 변경할 수 있다.
- **기본 링크 카테고리** : 링크가 생성되면 기본적으로 블로그롤(Blogroll)에 속하게 되나 이 설정을 변경한다.
- **끌어오기** : 글을 작성하면서 다른 사이트의 콘텐츠를 간단히 끌어올 수 있는 기능으로 "도구 > 사용 가능한 도구"에 있는 기능과 동일하다.

- **이메일을 이용한 글 작성** : 이메일을 통해서 포스트를 작성할 수 있는 기능이나 이 목적으로만 사용될 이메일 계정을 별도로 준비해야 하는 등의 추가 작업이 필요하다. 잘 사용되지 않는 기능이다.
- **원격 출판** : Atom이나 XML-RPC와 같은 프로토콜을 지원하는 다른 블로그 프로그램을 이용해서 원격에서 포스트를 작성하는 기능이다.
- **업데이트 서비스** : 새로운 포스트를 작성하거나 기존의 포스트를 업데이트할 때마다 그 사실을 업데이트 서비스에 알려 다른 사람들이 볼 수 있게 하는 기능이다. 아래의 상자에 업데이트 서비스의 주소를 기술한다.

18-3 읽기 설정

읽기 설정은 주로 방문자들에게 내 콘텐츠를 보여주는 방식을 설정합니다.

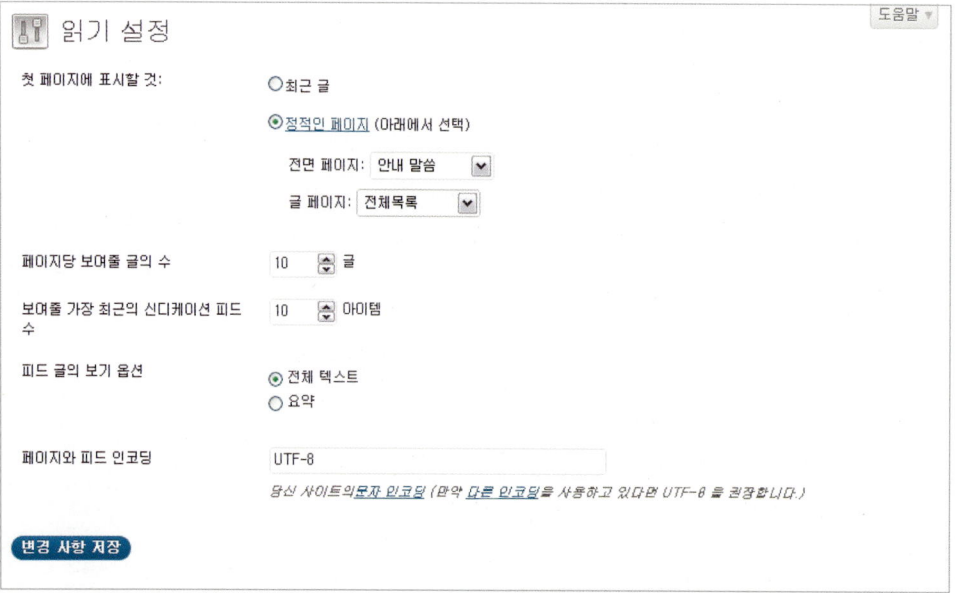

- **첫 페이지에 표시할 것** : 내 사이트를 외부에서 방문했을 때 제일 먼저 보여줄 페이지를 설정한다. 기본은 "최근 글"이지만 "정적인 페이지"의 "전면 페이지"로 이를 변경할 수 있다. 이미 작성된 페이지를 "전면 페이지"에서 선택하면 사이트 방문 시 그 페이지의 내용이 제일 먼저 표시된다. "글 페이지"는 내가 작성한 모든 포스트를 보여주는 전체목록 페이지를 지정한다. 따라서 여기서 선택하는 페이지는 제목만 있는 빈 페이지이어야 한다.
- **페이지당 보여줄 글의 수** : 내 사이트 화면에서 한 페이지 당 보여줄 포스트의 개수를 지정한다. 지정한 포스트의 개수를 넘는 경우는 페이지 아래에 "이전 글"과 최근 글"이 표시되어 페이지를 이동할 수 있다.
- **보여줄 가장 최근의 신디케이션 피드 수** : RSS 기능을 이용해서 내 콘텐츠를 가져갈 때(Feed) 최근 포스트를 몇 개씩 가져가게 할 것인가를 지정한다.

- **피드 글의 보기 옵션** : 피드 글에 내 포스트의 내용 전체를 포함시킬 것인지 요약 내용만 포함시킬 것인지를 지정한다.
- **페이지와 피드 인코딩** : 문자 인코딩을 설정한다. 특별한 이유가 없는 한 기본 값 UTF-8을 유지하는 것이 좋다.

18-4 토론 설정

토론 설정은 외부 방문자와의 관계를 설정하거나 방문객 관리를 위한 기능들을 제공한다.

- **기본 글 설정**

    글에서 링크한 블로그에 링크 사실을 알림 : 내가 참조한 다른 사이트의 포스트에 핑백이나 트랙백을 보낼 것인가를 지정한다.

    Allow link notifications from other blogs (pingbacks and trackbacks) : 내 포스트에서 핑백이나 트랙백을 받을 것인가를 지정한다. 핑백을 받으면 그 포스트의 댓글 부근에 정보가 기록된다. 포스트에 핑백이나 트랙백이 많다는 것은 그 포스트의 내용을 다른 사람들이 많이 인용했다는 것을 보여주는 것이며, 사이트 간에 관련 있는 포스트를 공유하는 수단이 되므로 기본적으로 핑백과 트랙백은 주고받을 수 있게 허용하는 것이 좋다. 여기서의 설정은 사이트 전체의 설정이며, 이 설정과는 무관하게 각 포스트의 "토론"에서 "이 페이지에 트랙백과 핑백을 허용합니다."에 체크하거나 체크를 해제하여 포스트별로 제어할 수도 있다.

    Allow people to post comments on new articles : 댓글의 허용 여부를 지정한다. 소통을 원한다면 당연히 허용하는 것이 좋다. 이 핑백과 트랙백, 댓글 설정은 이 설정과 무관하게 포스트별로 해당 포스트의 "토론"에서 재지정할 수 있다.

pingback과 traceback은 글쓴이에게 자신의 글을 누가 참조했는지를 알려주는 기능이다. 누군가 글쓴이의 글을 링크로 참조하면 글쓴이 포스트의 댓글 영역에 그 사실이 표시된다. 다음의 예를 보자. 내 사이트의 안드로이드 동영상 강의 포스트에 대해 누군가 자신의 사이트에서 아래와 같은 포스트를 작성했다.

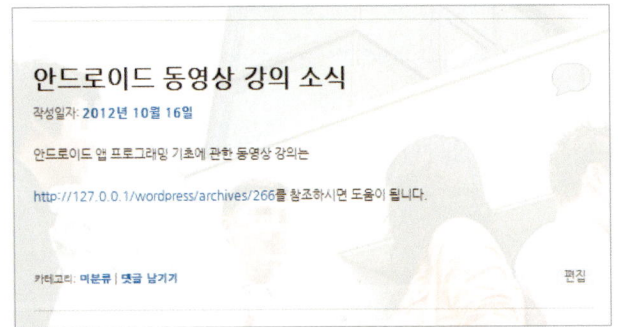

그러면 원본에 해당하는 내 사이트의 해당 포스트에는 다음과 같이 "핑백"이 표시된다.

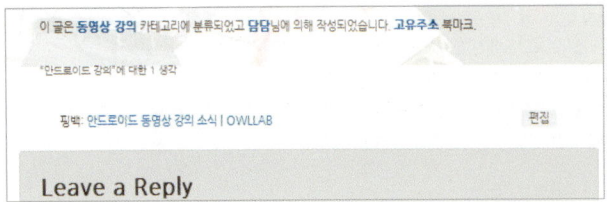

이 핑백을 클릭하면 내 글을 참조한 해당 사이트의 포스트로 이동한다. 이런 식으로 관련 정보를 서로 연결하는 기능인데 traceback은 pingback과 달리 본문에 링크주소를 기술했어도 별도의 traceback URL 상자에 링크 주소를 기술해야 한다는 점이 다르다. 또한 링크를 위해 고유주소를 사용하는 pingback과 달리 traceback URL은 글을 쓰면 테마가 표시해주는 특수 URL인데 우리가 사용하는 기본 테마는 보여주지 않는다. 보이게 하려면 테마를 수정해야 하나 pingback이 더 새로운 기술이므로 신경 쓰지 않아도 된다.

- **다른 댓글 설정**

댓글을 쓴 사람의 이름과 이메일을 꼭 남겨야 합니다 : 댓글을 작성하려면 이름과 이메일을 반드시 입력하도록 한다. 스팸 댓글을 차단하는 효과가 일부 있다.

가입하여 로그인한 사용자만 댓글을 남길 수 있습니다 : 로그인한 사람만 댓글을 허용한다. 사이트 성격에 따라 알맞게 설정해야 한다.

x 일보다 오래된 글의 댓글 닫기 : 지정된 날짜가 지난 댓글은 닫힌 상태로 게시된다.

x 레벨 깊이의 계층형 댓글 활성화 : 댓글에 댓글을 달 때 몇 개까지 깊이를 허용(최대 10)할 것인가를 지정한다.

기본적으로 페이지당 x 개 단위로 끊어져서 보일 것이고 x 페이지가 보일 것입니다 : 한 페이지 당 보여줄 댓글의 개수를 지정하며, "처음"이나 "마지막" 댓글 페이지가 먼저 보이게 지정한다.

각 페이지 상단에 xx 댓글이 나타나도록 합니다 : 댓글 페이지마다 "최근"이나 "이전" 댓글이 먼저 표시되게 지정한다.

- **글쓴이에게 메일 보내기**

  누군가가 댓글을 남겼을 때 : 누군가 댓글을 남기면 워드프레스가 항상 그 사실을 메일로 알려줄 것을 지정한다.

  손봐야 할 댓글이 있을 때 : 댓글을 달았지만 댓글이 승인되지 않게 설정된 경우 워드프레스가 메일을 보내 승인 여부를 결정하게 하는 기능이다.

  > 이 기능에 의해 보내지는 이메일은 앞서 "토론 > 일반 설정"에서 설정한 이메일 주소로 보내진다.

- **댓글이 보이기 전에**

  항상 관리자가 승인해야 합니다 : 모든 댓글에 대해 반드시 승인을 해야 게시된다.

  댓글을 쓴 사람이 예전에 댓글이 승인된 적이 있어야 합니다 : 이전에 승인된 적이 있는 사람은 승인 없이 바로 댓글이 게시된다.

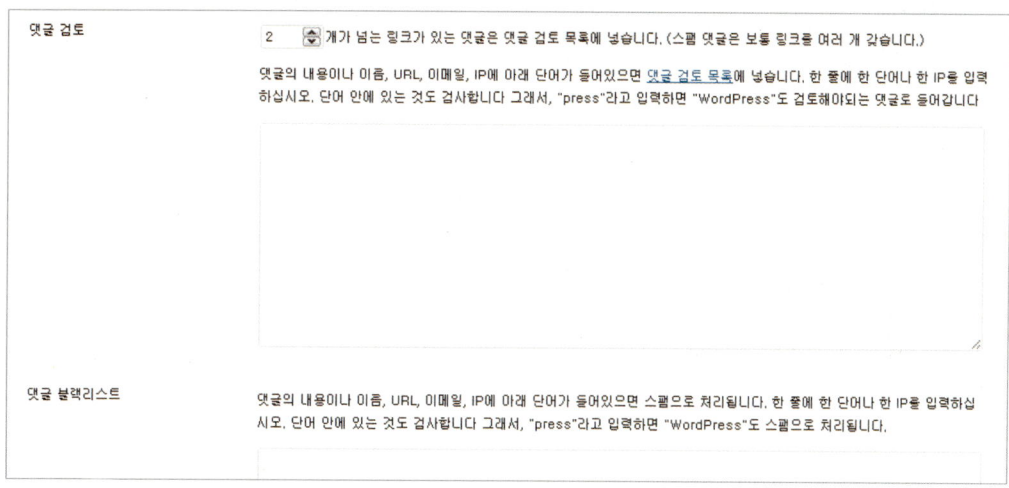

- **댓글 검토** : 대개 링크가 많으면 스팸일 가능성이 높으므로 여기서 지정한 개수 이상의 링크가 있는 댓글은 검토 목록에 넣는다.

- **댓글 블랙리스트** : 유해 댓글 차단 기능이다. 아래 상자에 기술된 단어가 포함된 댓글이나 IP에서 작성한 댓글은 검토 목록에 넣는다.

- **아바타**

  아바타 표시 : 다른 사람이 내 사이트를 방문해서 댓글을 달 때 아바타를 표시할 것인지 여부를 지정한다.

  최대 등급 : 내 사이트에서 허용하는 아바타의 등급을 지정한다. 이 등급은 각기 자신의 아바타를 정의할 때 지정하는데 모든 등급의 아바타가 표시되게 하려면 "G" 등급을 지정한다.

  기본 아바타 : 댓글을 다는 사람이 자신만의 아바타가 없는 경우 여기서 지정한 대로 아바타가 표시된다.

  > 워드프레스에서 자신만의 아바타를 정의하려면 https://ko.gravatar.com/의 서비스를 이용해야 한다. 자신만의 아바타를 사용하는 실제 예는 11-11을 참조하기 바란다.

18-5 미디어 설정

페이지나 포스트를 작성하면서 삽입하게 되는 이미지나 동영상 등의 미디어에 대한 설정을 한다.

[미디어 설정 화면 스크린샷]

- **이미지 크기** : 이미지 크기의 일관성을 위해서 제공되는 기능으로, 글을 작성하면서 "업로드/넣기"로 "미디어 추가" 창을 부르면 아래쪽에서 이미지의 크기를 설정할 수 있다. 그 때 표시되는 크기를 여기서 조절할 수 있다.

- **임베드**

  자동 임베드 : 자동 임베드를 체크해두면 글을 쓰면서 본문에 해당 미디어의 URL만 기술하면 글을 공개했을 때 자동으로 해당 미디어가 표시된다. 단, 이 때 URL은 독립적인 한 개의 라인에 기술되어야 한다.

  최대 임베드 크기 : 임베드되는 미디어의 크기를 지정한다. 일관성 있는 미디어 크기를 유지하기 위해 사용한다. 비워두면 미디어의 원래 크기로 삽입된다.

- **파일 업로드**

  이 폴더에 업로드한 파일을 저장 : 미디어 파일들은 기본적으로 wp-content/uploads 폴더에 저장되는데 wp-content 아래에 있는 다른 폴더를 사용할 경우 해당 폴더의 이름을 지정한다.

  파일을 위한 전체 URL경로 : 파일을 보관하는 자신만의 폴더를 별도 경로에 만든 경우 그 파일의 경로를 완전하게 기술한다.

  내가 올린 파일들을 년/월별로 분류하기 : 체크하면 미디어 파일이 날짜별로 생성된 하위 폴더들에 저장된다.

18-6 프라이버시 설정

사이트를 구글이나 여타 검색 엔진에 나타낼 것인지 여부를 설정한다. 당연히 허용한다.

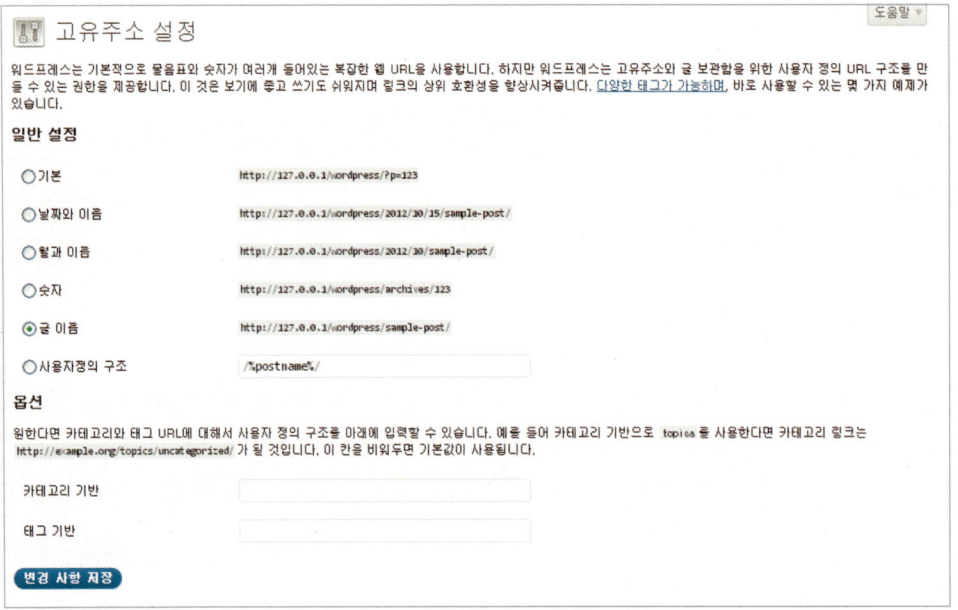

18-7 고유주소 설정

기본적으로 워드프레스는 페이지나 포스트, 카테고리, 태그까지도 각기 숫자 ID(기본)를 부여하여 고유 웹주소로 사용하는데 이 고유주소를 다양한 형식으로 표현할 수 있다.

- **일반 설정** : 체크를 하면 해당 형식으로 고유주소가 변경된다. 사이트 화면에서 포스트를 클릭하고 주소 줄을 보면 변경된 내용을 확인할 수 있다. 이 설정은 신중히 결정하고 도중에 바꾸지 않는 것이 좋다.

- **옵션** : 고유주소가 표시될 때 포스트는 "category", 태그는 "tag"라고 표시되는데 이들을 대치하는 다른 이름을 입력한다. 예를 들어 "카테고리 기반"에 "education"을 입력하고 "변경 사항 저장"을 누르면 다음과 같이 변한다.
  http://127.0.0.1/wordpress/*archives/category/*oa-과정 → http://127.0.0.1/wordpress/education/oa-과정

  > 운영 도중에 고유주소 체제를 변경하면 해당 글을 링크한 다른 사이트의 링크가 작동할 수 없다는 점을 주의해야 한다. 고유주소는 일단 "기본"으로 설정하고 연습하되 실무에서는 신중히 결정해야 한다.

PART 4

→ 플러그인 사용하기

19장 포스트에 멋있는 글상자 추가하기 WP-Note
20장 포스트 게시 순서 조절하기 Post Type Order
21장 인기 포스트 목록 만들기 Wordpress Popular Posts
22장 "처음으로"버튼 만들기 WP To Top
23장 카테고리별로 포스트 목록 표시하기 List category posts
24장 클릭할 때마다 배경이 바뀌게 Background Manager
25장 포스트에 별점 서비스 제공하기 WP-PostRatings
26장 파일 첨부와 자료실 만들기 WP-Download Manager
27장 트위터 페이스북 등 SNS 추가하기 Social Sharing Toolkit
28장 인쇄와 PDF와 메일 서비스 Print Friendly and PDF
29장 자동 웹폼 만들기 Visual Form Builder
30장 원하는 글 목록만 자동 추출하기 Advanced Post List
31장 구글 지도 서비스하기 Comprehensive Google Map Plugin
32장 검색 엔진 최적화하기 All in One SEO Pack

4부에서는 플러그인을 활용하는 경험을 합니다. 플러그인은 워드프레스에 기능을 추가하는 작은 프로그램들입니다. 수 만개에 달하는 플러그인이 무료, 유료로 제공되어 프로그래밍 지식이 없어도 웹사이트의 기능을 쉽게 보강할 수 있습니다

하지만 플러그인이 워낙 많다보니 너무 무분별하게 플러그인을 사용하는 경우도 있습니다. 무료가 많다 해도 기본적으로 필요한 플러그인만을 선별할 필요가 있습니다.

우리는 주로 콘텐츠를 강화하는 측면에서 14개의 플러그인을 살펴볼 것입니다. 여기서 플러그인들을 활용해보면 그 다음부터는 스스로 플러그인을 찾고 설치하는 힘이 생길 것입니다.

19 포스트에 멋있는 글상자 추가하기 WP-Note

누구나 포스트를 작성할 때 자신의 글이 돋보이기를 원할 것이다. 워드프레스가 제공하는 기본 편집기를 업그레이드하면 더 많은 편집 기능을 사용할 수도 있으나 여기서 소개하는 "WP-Note"라는 플러그인을 사용하면 아주 간단히 다섯 가지의 글 상자를 사용해서 글을 꾸밀 수 있다.

❶
"플러그인 > 플러그인 추가하기"를 클릭하고, 검색에 "WP-Note"를 입력한 후, "플러그인 검색"을 클릭한다.

❷
"지금 설치하기"를 클릭한다.

"세부사항"을 클릭하면 이 플러그인에 대한 자세한 소개를 볼 수 있다. 복잡한 플러그인의 경우 "세부사항"을 참조하는 것이 좋다.

❸

"플러그인을 활성화"를 클릭한다.

설치만 해놓고 나중에 플러그인을 활성화 시킬 수도 있으며, 활성화시키고 나면 다시 "비활성화"시켜 기능을 정지시킬 수도 있다.

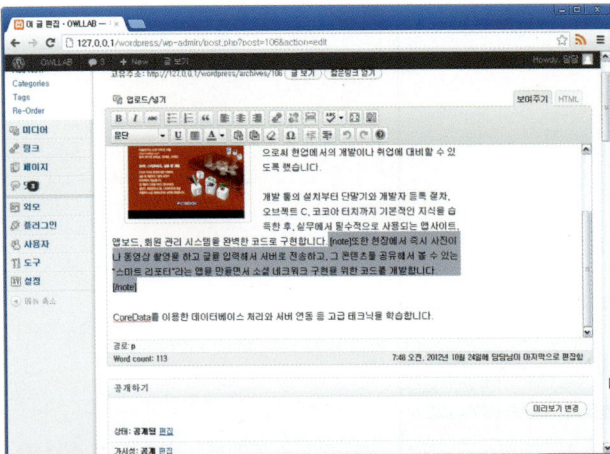

❹

이제 글상자를 만들 포스트로 가서 그림처럼 문장 앞에 [note]를 추가하고 문장 뒤에 [/note]를 추가한다.

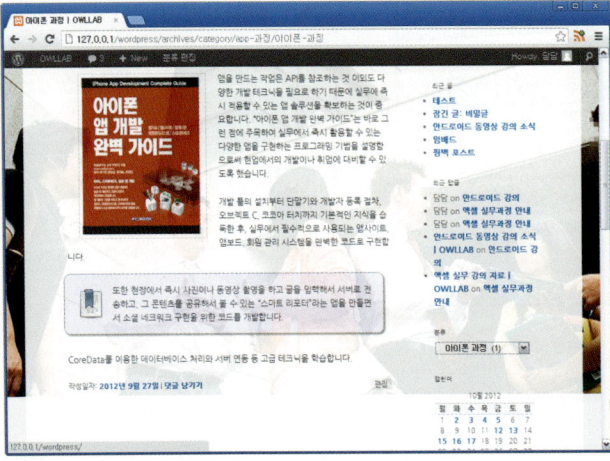

❺

그러면 그림처럼 해당 문장이 상자 안에 아이콘과 함께 표시된다.

이 플러그인을 설치하면 다음과 같이 5가지의 글상자를 사용할 수 있다.

[note]...문장...[/note]

[important]...문장...[/important]

[warning]...문장...[/warning]

[help]...문장...[/help]

[tip]...문장...[/tip]

20 포스트 게시 순서 조절하기 Post Type Order

포스트를 작성하면 기본적으로는 제일 나중에 작성한 포스트가 제일 먼저 표시된다. 포스트 작성일자를 조작해서 이 순서를 변경할 수는 있으나 정상적인 방법은 아니다. "Post Type Order"라는 플러그인을 사용하면 이런 포스트 순서를 드래그앤드롭만으로 간단히 내 맘대로 지정할 수 있다.

❶ "플러그인 > 플러그인 추가하기"를 클릭하고, 검색에 "Post Type Order"를 입력한 후, "플러그인 검색"을 클릭한다.

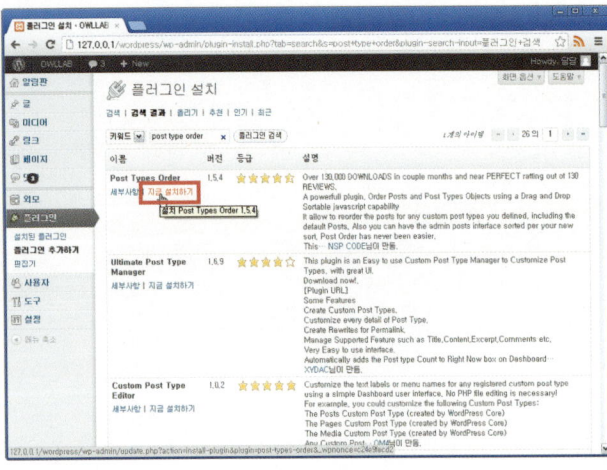

❷ 플러그인 이름 아래에서 "지금 설치하기"를 클릭한다.

❸ "플러그인을 활성화"를 클릭한다.

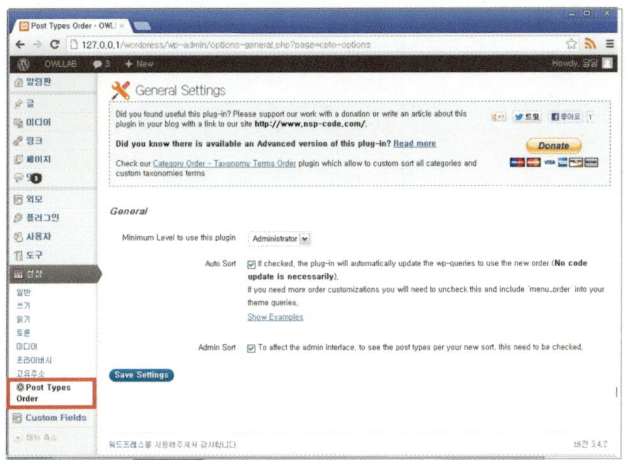

❹ 플러그인을 활성화하고 나면 "설정" 메뉴에 "Post Type Order" 메뉴가 생기고 그 메뉴를 클릭하면 플러그인의 설정을 조절할 수 있다. 한번 읽어보고 기본 값을 그대로 사용하기로 하자.

❺ 이 플러그인을 설치하고 나면 "글" 메뉴에 "Re-Order"메뉴가 표시되며, 클릭하면 내 사이트의 모든 포스트 목록이 표시된다.

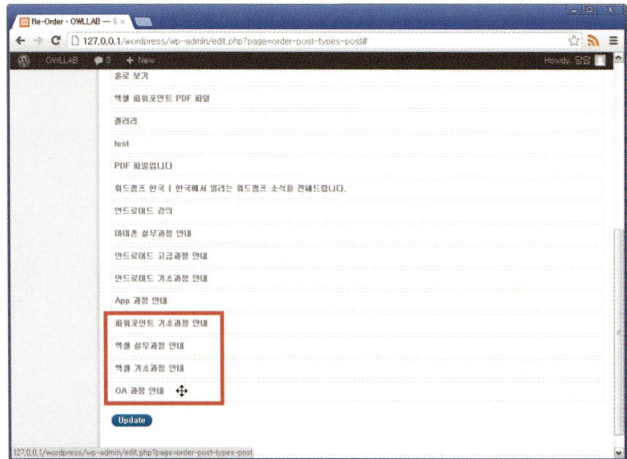

❻ 이제 포스트 제목을 클릭해서 원하는 위치로 드래그하면서 순서를 조절한다. 우리는 OA 과정의 포스트를 재배치해본다.

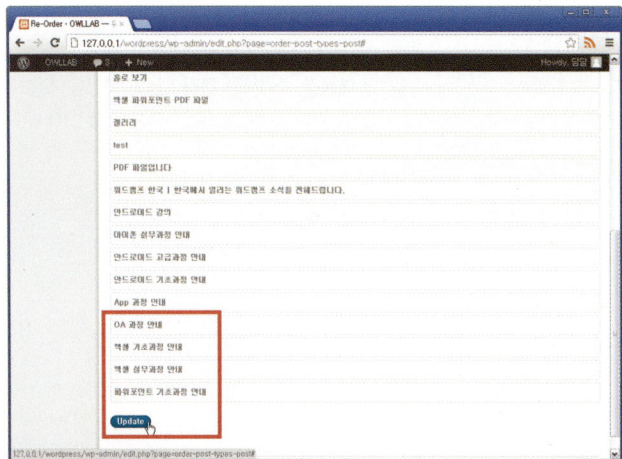

❼ 그림과 같이 재배치한 후 "Update" 버튼을 클릭한다.

❽ 이제 사이트 화면에 가서 확인해보면 드래그한 순서대로 포스트가 표시된다.

21 인기 포스트 목록 만들기 Wordpress Popular Posts

내 사이트의 포스트 중에서 제일 댓글이 많이 달리거나, 조회 수가 제일 많은 인기 포스트를 사이드바에 목록 형식으로 표시할 수 있다. "Wordpress Popular Posts"라는 플러그인을 사용하면 위젯이 만들어지고, 위젯을 사이드바에 배치한 후 몇 가지 설정을 하면 간단히 인기 글 목록을 만들 수 있다.

❶ "Wordpress Popular Posts"를 검색어로 플러그인을 찾은 후, 활성화를 한다. 그러면 "설정" 메뉴에 "wordpress popular post"라는 메뉴가 표시된다. 이 메뉴를 클릭한다.

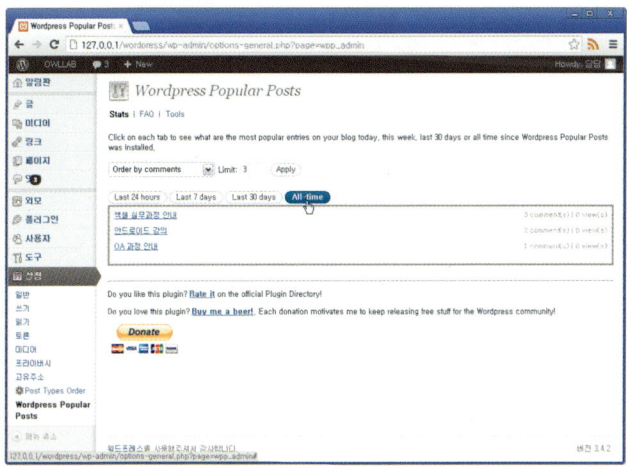

❷ 이 플러그인을 소개하고 간단한 설정을 할 수 있는 화면이 표시된다. "stats"에서는 위젯에서 보여 질 내용을 미리 테스트할 수 있으며, "FAQ"에는 위젯 설정에 대한 해설이 있다. 또한 "Tools"에서는 썸네일의 사용이나 위젯의 스타일을 지정할 수 있으나 대개 기본 설정을 그대로 사용하면 된다.

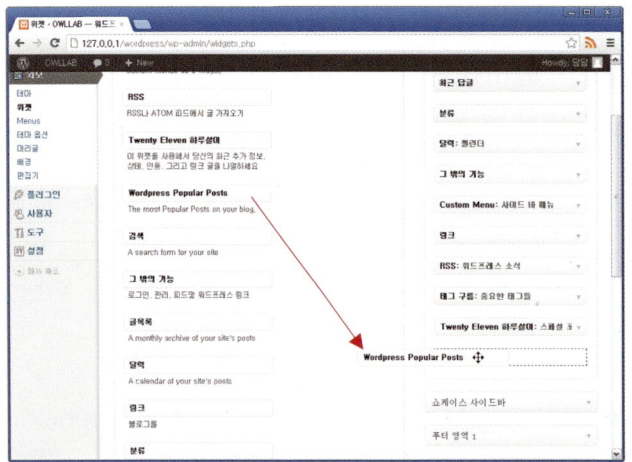

❸ 이제 "외모 > 위젯"으로 가서 "Wordpress Popular Posts"를 드래그해서 사이드바의 적당한 위치에 드롭한다.

❹

Title : 표시될 제목

Show up to : 나열될 포스트 개수

Time Range : 인기 산정 기간

Sort posts by : 나열 순서

Shorten title : 포스트 제목의 글자 수

Display post excerpt : 요약의 표시 여부

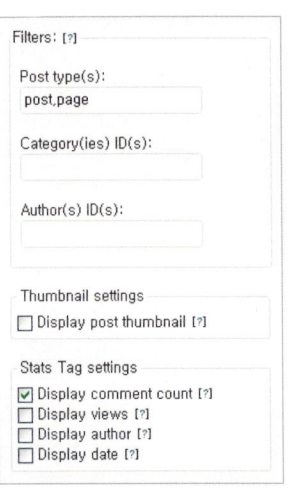

❺

Post type :표시할 글의 종류

Category, Author : 특정 카테고리와 작성자를 포함시키거나 제외시킨다. ID 앞에 -(마이너스) 부호를 붙이면 제외된다.

Thumbnail settings : 썸네일의 표시 여부

Stats Tag settings : 인기글 목록에 표시할 추가 정보

❻ Use custom HTML Markup : 목록의 제목과 목록 자체 그리고 표시되는 각 포스트 제목의 표시 형식을 HTML 태그로 간단하게 지정할 수 있다.

Use content formatting tags : 목록에 표시되는 정보의 순서를 지정한다.

❼ 사이트 화면의 사이드바에 그림처럼 인기글 목록이 표시된다.

22 처음으로" 버튼 만들기 WP To Top

포스트이 내용이 아주 길어지는 경우 다시 포스트의 제일 앞, 시작 부분으로 가려면 길게 드래그를 해야 하는 불편함이 있다. 만일 현재 읽고 있는 포스트의 위치에 "처음으로"라는 버튼이 계속 표시되어 그 버튼만 누르면 바로 포스의 시작 부분으로 돌아갈 수 있다면 편할 것이다. 여기서는 그런 버튼을 제공하는 "WP To Top"이라는 플러그인을 소개한다.

❶ "WP To Top"를 검색어로 플러그인을 찾아서 설치하고 활성화를 한다. 이후 "설정" 메뉴에서 "WP To Top"을 클릭한다.

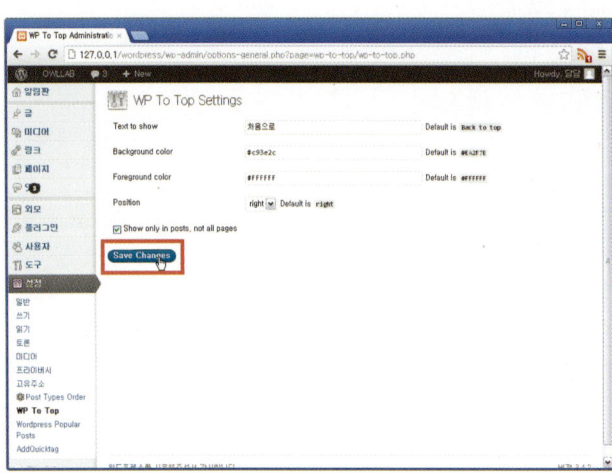

❷ 제목과 배경색, 전경색을 16진수 값으로 입력하고 버튼이 표시될 위치를 지정한 후, 포스트에만 표시할 것인지, 페이지에도 표시할 것인지를 지정하고, 버튼을 클릭한다.

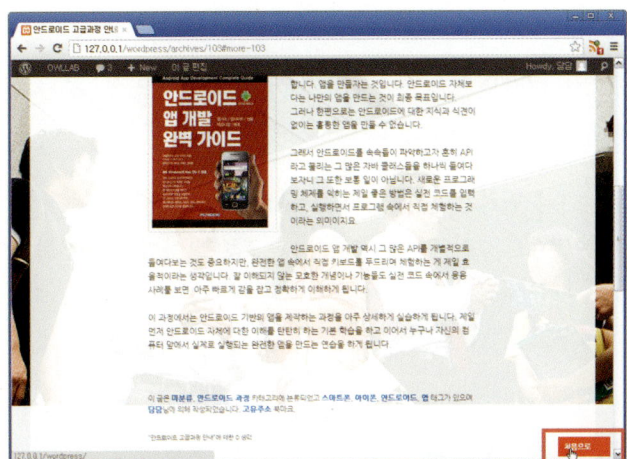

❸ 이제 사이트 화면으로 와서 포스트를 보면 항상 아래쪽 오른쪽 모서리에 버튼이 표시된다.

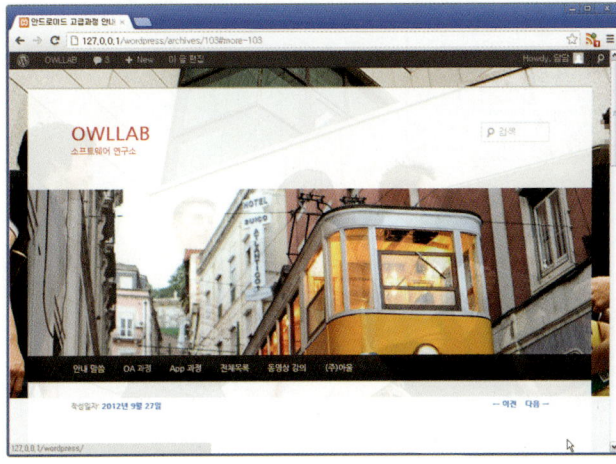

❹ 버튼을 클릭하면 포스트의 상단으로 한 번에 이동된다.

23 카테고리별로 포스트 목록 표시하기 List category posts

사이트에 글이 많아지면 자신이나 방문객이나 원하는 글을 찾기가 어려워진다. 관련 있는 글을 찾는 것은 태그 구름을 이용하면 쉽게 찾아진다. 그러나 자신이 구축한 카테고리별로 포스트를 묶어서 게시할 수 있다면 다양한 활용이 가능해진다. 여기서 소개하는 "List category posts" 플러그인은 쇼트코드와 위젯을 사용하여 포스트나 페이지에 또는 사이드바에 카테고리별로 목록을 만들 수 있게 한다.

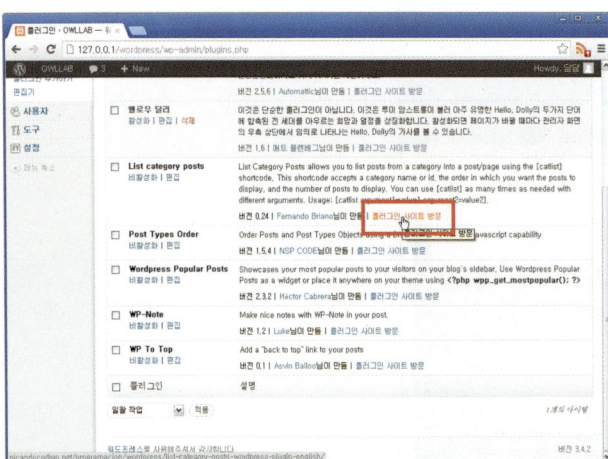

❶ "List category posts"를 검색어로 플러그인을 찾아서 설치하고 활성화한다. 이 플러그인은 "플러그인 사이트 방문"을 클릭해서 사용법을 볼 필요가 있다.

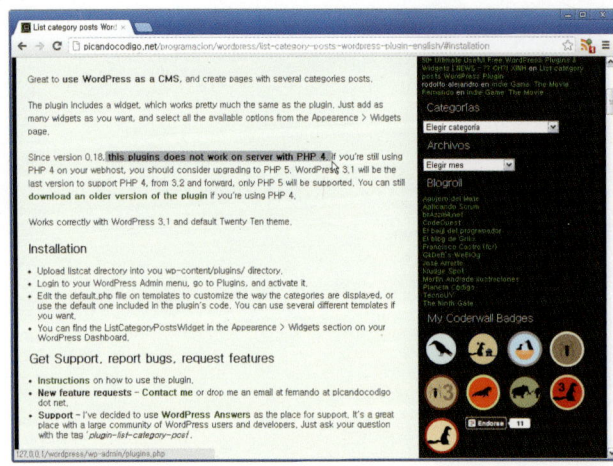

❷ 이 플러그인의 안내에 따르면 이 플러그인은 PHP5 버전의 서버에서만 실행된다고 한다. 또한 워드프레스도 3.2 버전부터는 PHP4를 지원하지 않는다고 한다.

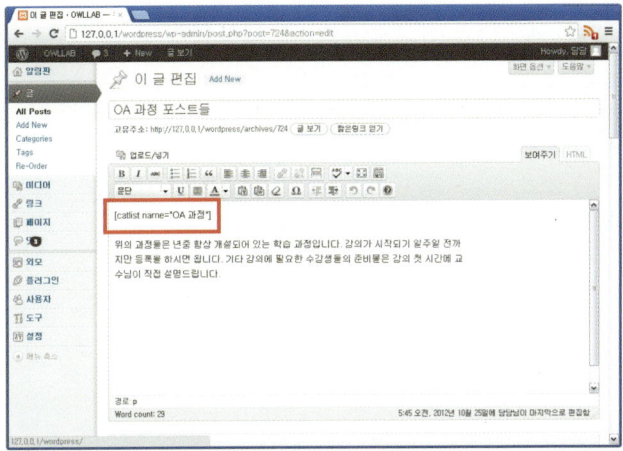

❸ 이제 그림과 같이 포스트를 작성한다. [catlist="OA 과정"]이라는 쇼트코드를 사용했다. 카테고리 이름 대신에 카테고리의 아이디를 사용해도 되며, 이런 쇼트코드를 여러 개 사용해도 된다.

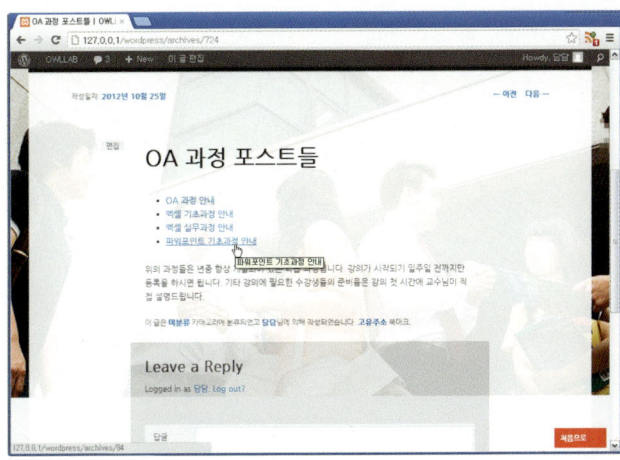

❹ 해당 포스트를 사이트 화면에서 보면 그림과 같이 "OA 과정" 카테고리의 포스트 목록이 표시된다. 이와 같이 글을 쓰면서 글 중간에 이용할 수도 있고 별도 이 페이지에 포스목록만 게시할 수도 있어 활용도가 높다.

❺ "설정 > 위젯"으로 가면 "List category posts"라는 위젯이 있다. 필자는 이 위젯을 2번 드래그해서 각기 "앱 과정"과 "OA 과정"이라는 위젯을 설정했다.

❻ 제목을 입력하고 카테고리를 선택한 후 그림과 같이 필요한 지정을 한다. Offset은 건너뛰는 항목의 수를 지정한다. 2를 지정하면 3번째 항목부터 게시된다.

❼ 카테고리가 계층구조로 구성된 경우 게시를 원하지 않는 카테고리나 포스트의 아이디를 지정해서 게시되지 않게 할 수도 있다.

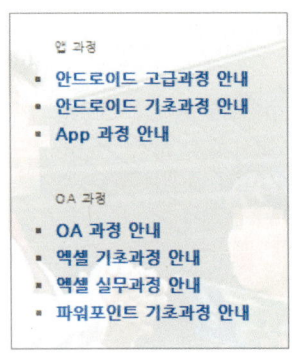

❽ 사이트 화면의 사이드바에는 그림과 같이 표시된다.

24 클릭할 때마다 배경이 바뀌게 Background Manager

"Background Manager"라는 플러그인을 사용하면 클릭할 때마다 배경이 다르게 표시되어 내 사이트 내에서도 다양한 분위기를 연출할 수 있다. 예를 들어, 우리의 사이트에서 "OA 과정" 메뉴를 클릭할 때마다 아래 그림처럼 배경이 달라질 수 있다.

물론 다른 메뉴를 클릭하면 원래의 배경이 표시된다. Background Manager는 카테고리별 단위로 이런 작업을 할 수 있어 잘 응용하면 방문자에게 흥미를 끄는 사이트를 만들 수 있다. 시작해보자.

24-1 백그라운드 재설정하기

❶ "Background Manager"라는 검색어로 플러그인 찾고 활성화를 한 후 "Settings"를 클릭한다. 그러면 "외모 > 배경" 메뉴 화면으로 이동한다.

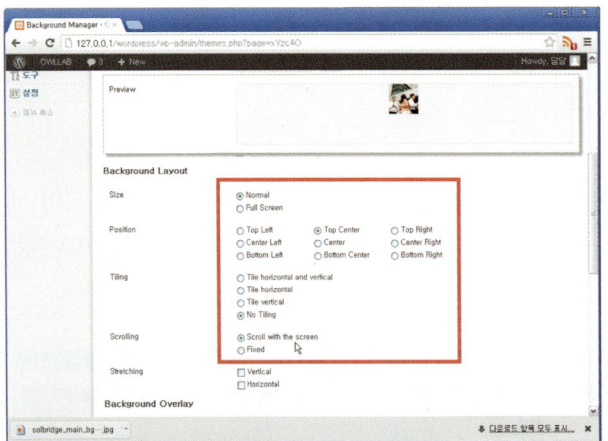

❷ 이 플러그인을 설치하면 기존의 배경이 흐트러져있다. 다시 원래대로 설정을 한다.

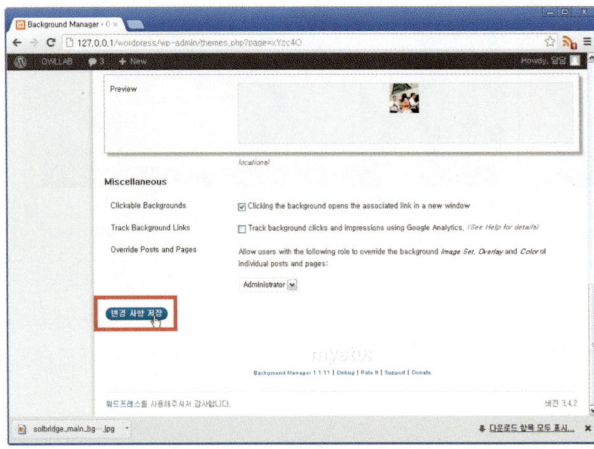

❸ 원래대로 복구한 후 반드시 제일 아래에 있는 "변경 사항 저장" 버튼을 클릭해야 한다.

24-2 배경 이미지 세트 준비하기

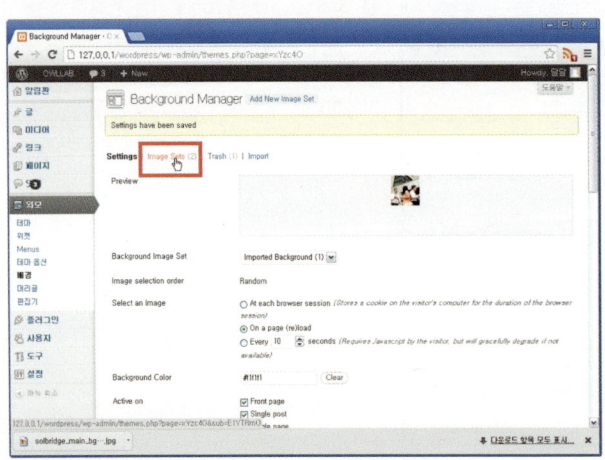

❶ 배경 이미지 세트를 가져오기 위해 위에 있는 "Image Sets"를 클릭한다.

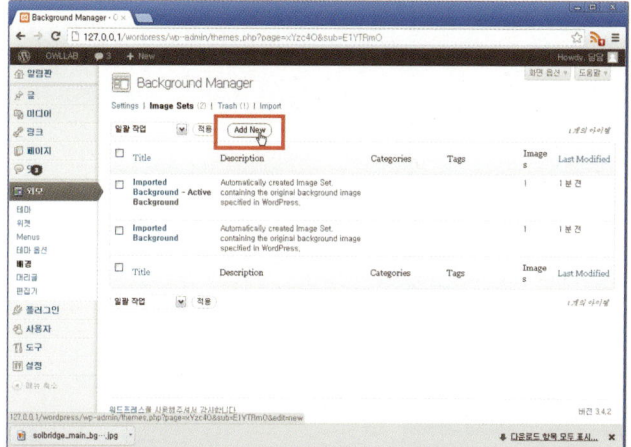

❷ 현재 사용 중인 배경 이미지가 목록에 표시된다. 여기서 "Add New"를 클릭해서 새로운 이미지를 가져오자.

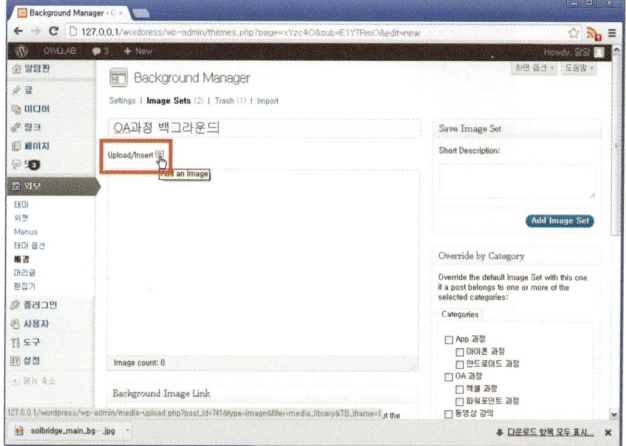

❸ 제목을 적절하게 입력하고 "Upload/Insert" 버튼을 클릭한다.

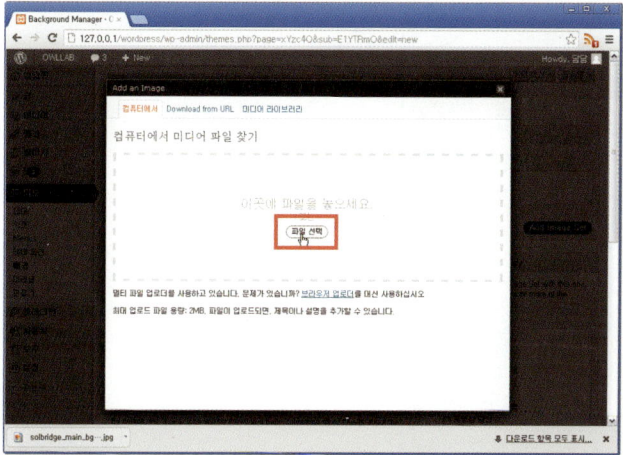

❹ "Add an Image" 창이 나온다. "컴퓨터에서" 탭에서 "파일 선택"을 클릭한다.

미디어 라이브러리에 있는 그림을 사용하려는 경우는 "미디어 라이브러리" 탭을 클릭해도 된다.

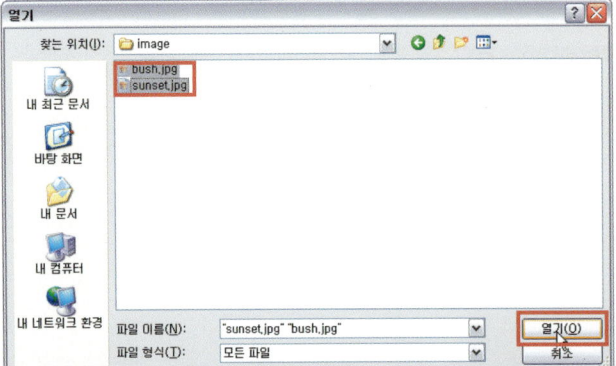

❺ 우리는 2개의 이미지를 사용할 예정이다. 2개의 이미지를 클릭하고 "열기"를 클릭한다.

이미지는 배경으로 사용할 만큼 충분히 큰 사이즈이어야 한다.

❻ 이미지가 로드되면 이미지 옆의 "보기"를 클릭한다.

24-3 배경 이미지 세트로 등록하기

❶ 이미지를 확인하고 "Copy to Image Set"을 클릭한다.

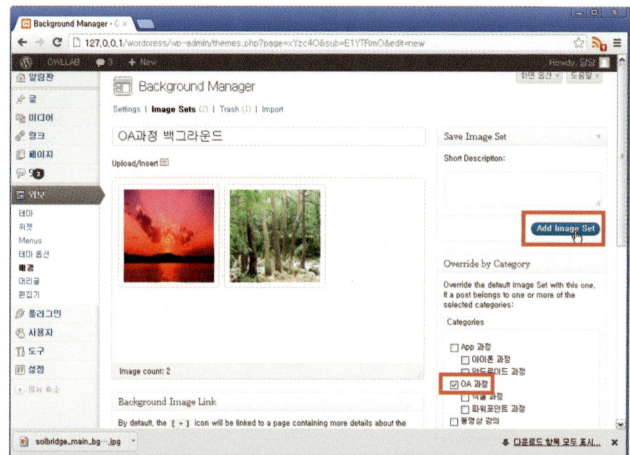

❷ "카테고리"에서 배경 이미지를 사용할 카테고리에 체크를 하고 "Add Image Set" 버튼을 클릭한다.

이제 사이트 화면으로 가서 "OA 과정" 메뉴를 여러 번 클릭해보자. 클릭할 때마다 배경이 바뀐다.

24-4 배경 이미지 세트 수정하기

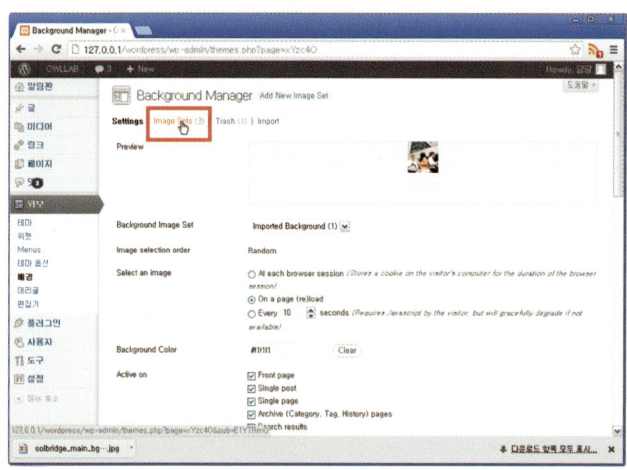

❶ 이 배경 이미지를 수정하고 싶으면 "외모 > 배경"으로 가서 "Image Sets"를 클릭한다.

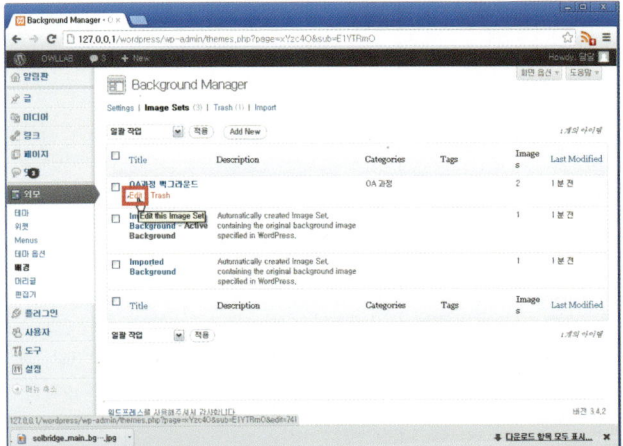

❷ 배경 이미지를 목록에서 이미지 세트의 "Edit"을 클릭한다.

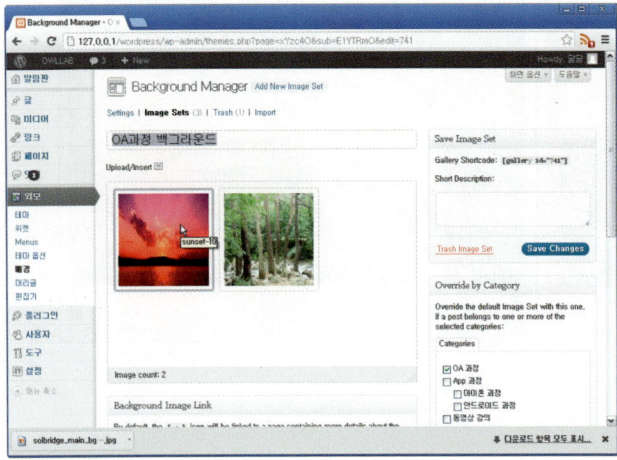

❸ 이 화면에서 그림을 교체하거나 추가하는 등의 수정 작업을 할 수 있다.

25 포스트에 별점 서비스 제공하기 WP-PostRatings

관심이 있거나 재미있는 글을 보면 뭔가 한마디하고 싶은 것이 인지상정이라서 댓글을 허용하는 것이 팬 차원의 서비스가 될 수 있다. 그런데 거기에 더해 별점을 줄 수 있다면 금상첨화일 것이다. WP-PostRatings라는 플러그인을 사용하면 가능하다. 한번 해봅시다!

25-1 특정 포스트에만 별점을 주기

❶ "WP-PostRatings"로 플러그인을 검색한 후 "지금 설치하기"를 클릭한다.

❷ "플러그인을 활성화"를 클릭한다.

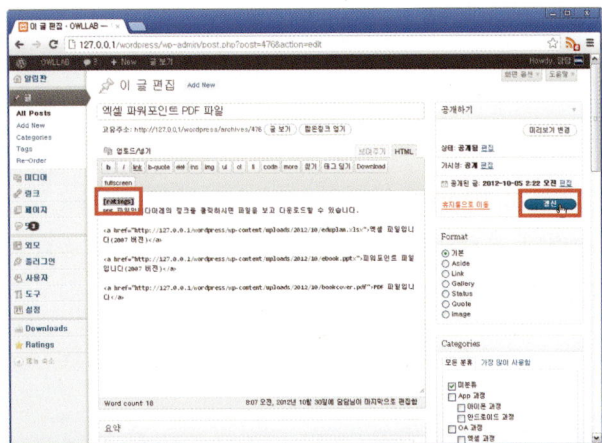

❸ 기존의 포스트를 하나 선택해서 HTML 탭에서 제일 앞에 "[ratings]"를 입력하고 "갱신"을 클릭한다. 기존의 포스트 내용에 이 플러그인의 쇼트코드를 추가한 것이다.

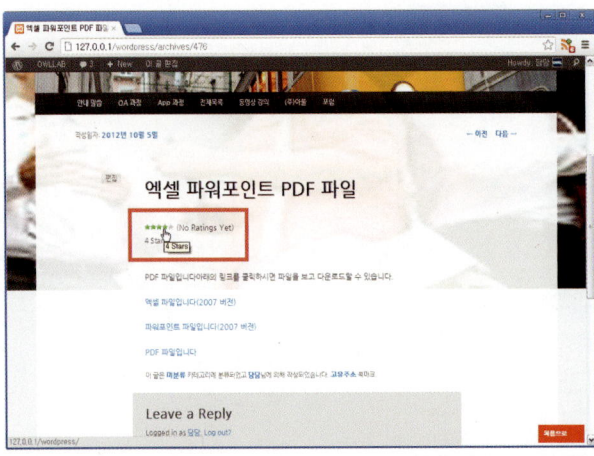

❹ 사이트 화면에서 해당 포스트를 보면 그 포스트에만 별점 기능이 추가되었다.

25-2 모든 포스트에 별점을 주기

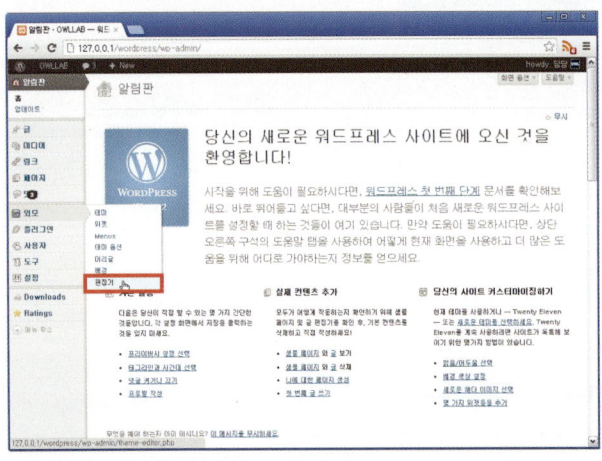

❶ 한 번에 모든 포스트에 별점 기능을 추가하기 위해서는 워드프레스 기본 기능에 대한 약간의 편집 작업이 필요하다.

"외모 > 편집기"를 클릭한다.

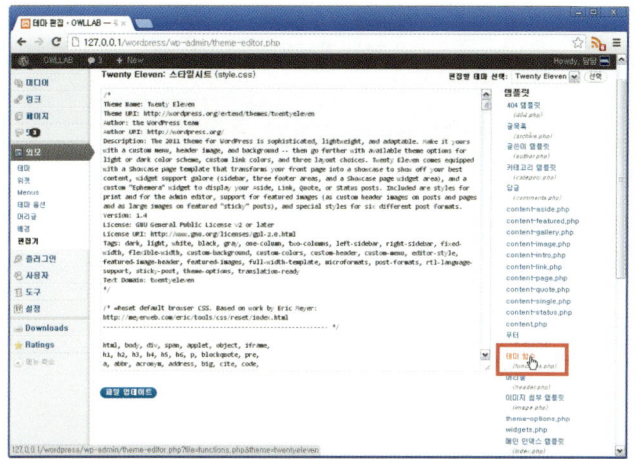

❷ 오른쪽에서 "테마 함수"를 클릭해서 "function.php" 파일의 소스코드를 연다.

❸ 소스코드에 커서를 둔 상태에서 Ctrl + F 키를 눌러 검색 상자를 열고 "posted_on"을 입력하고 엔터키를 누른다.

❹ "posted_on" 아래쪽에서 처음으로 나오는 "};" 다음에 아래의 코드를 입력한다.

if(function_exists('the_ratings')){ the_ratings(); }

그리고 "파일 업데이트"를 클릭한다.

18장 설정으로 사이트 기본 특성 관리하기 **231**

❺ 사이트 화면으로 가서 보면 모든 포스트에 별점 기능이 추가되었다.

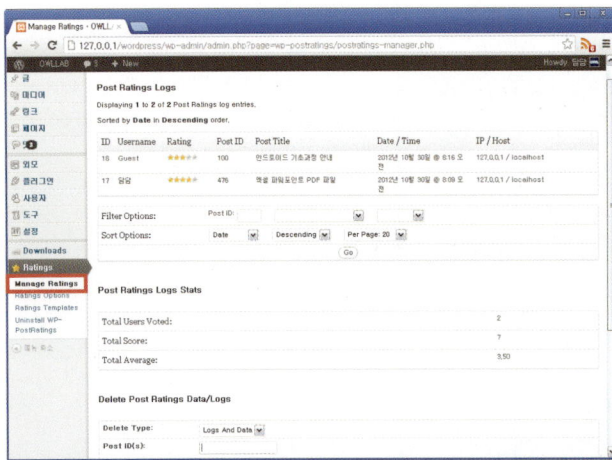

❻ 이 플러그인은 다양한 관리와 설정 기능을 제공한다. 이 플러그인으로 생긴 "Ratings > Manage Ratings" 메뉴를 클릭하면 별점의 현황을 볼 수 있으며 기존의 별점을 삭제할 수도 있다.

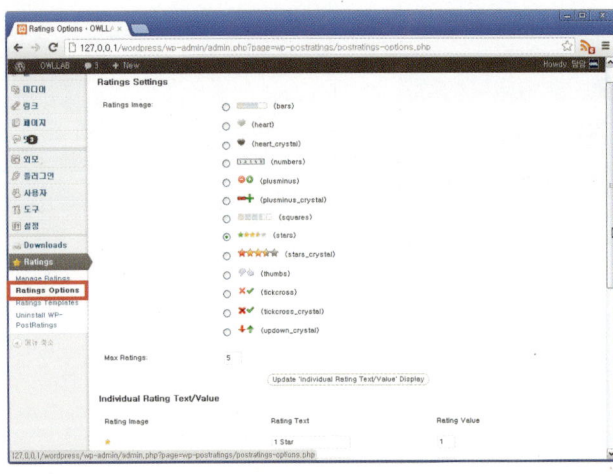

❼ "Ratings Options" 메뉴에서는 별점의 모양을 선택하거나 별점을 다는 사람을 제한할 수 있다.

26 파일 첨부와 자료실 만들기 WP-Download Manager

"WP-Download Manager"라는 플러그인을 사용하면 특정 포스트에 파일을 첨부하는 작업과 다양한 파일을 다운받는 자료실을 간단하게 만들 수 있다. 첨부 파일을 등록할 수 있고 파일 카테고리 기능도 제공되어 파일 관리가 편하며, 쇼트코드를 이용해서 첨부하는 방식이다.

26-1 특정 포스트에 파일 첨부하기

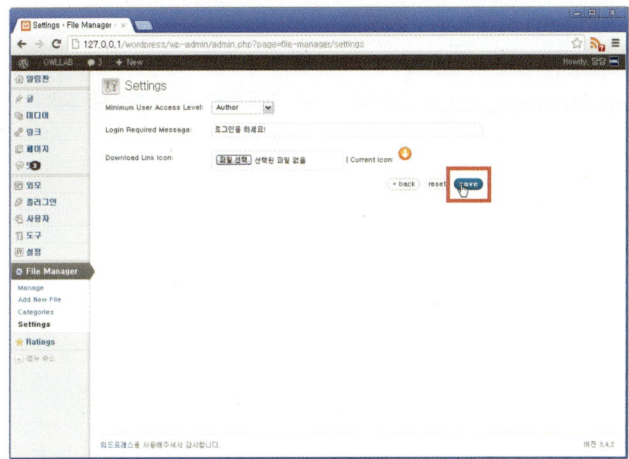

❶ "WP-Download Manager"를 검색어로 플러그인을 찾아서 설치하고 활성화하면 "File Manager"라는 메뉴가 생긴다.

이 메뉴에서 첨부파일을 관리하고 파일 다운로드에 대한 기본 설정을 한다.

"Settings"를 클릭하고 사용자 레벨 등의 설정을 한 후 "Save"를 클릭한다.

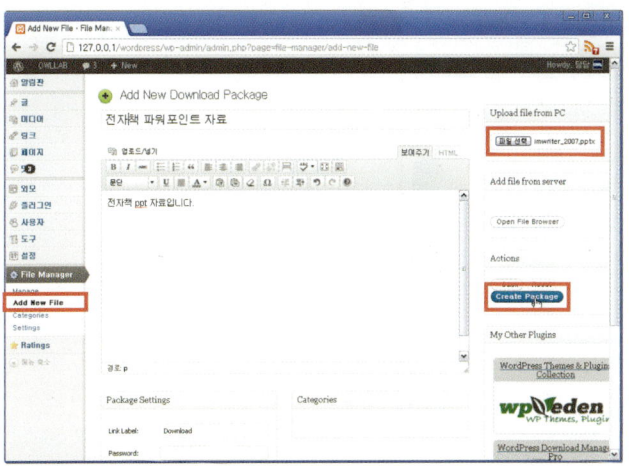

❷ 이제 첨부할 파일을 등록하기 위해 "File Manager > Add New File"을 클릭하고, 제목과 본문을 입력한 후,
""파일 선택"을 클릭해서 첨부할 파일을 컴퓨터에서 불러온다.
"Create Package"를 클릭한다.

26장 파일 첨부와 자료실 만들기 WP-Download Manager   233

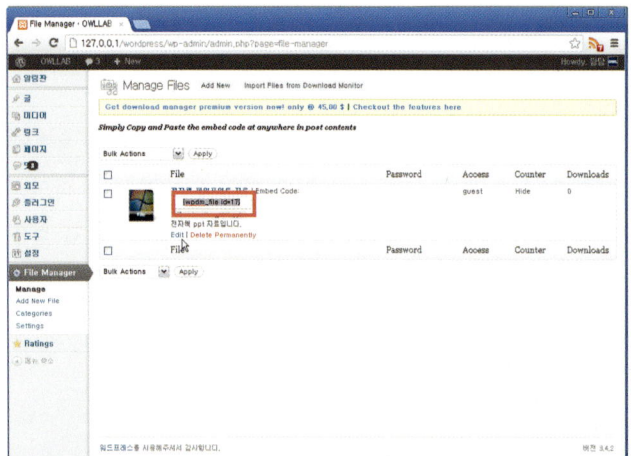

❸ 그러면 "Manage" 메뉴로 전환되며 첨부 파일에 쇼트코드가 표시된다. 이 쇼트코드를 복사한다.

❹ 이제 파일을 첨부할 새로운 포스트를 작성하고 복사한 쇼트코드를 붙여 넣는다. 그리고 "공개하기"를 클릭해서 포스트를 게시한다.

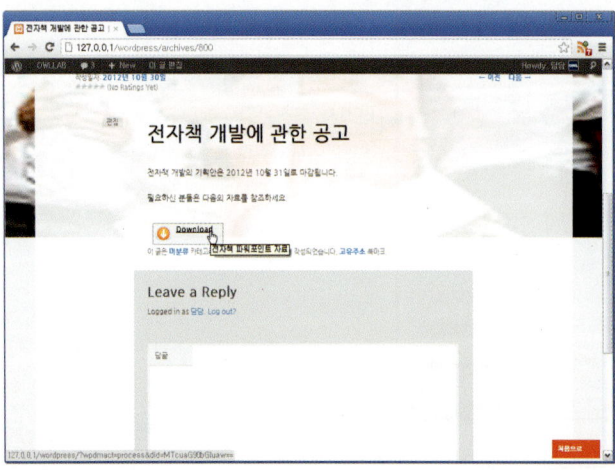

❺ 사이트 화면에서 해당 포스트를 보면 그림과 같이 "Download" 버튼이 있고 그 버튼을 클릭하면 첨부 파일을 다운받을 수 있다.

26-2 별도의 자료실 만들기

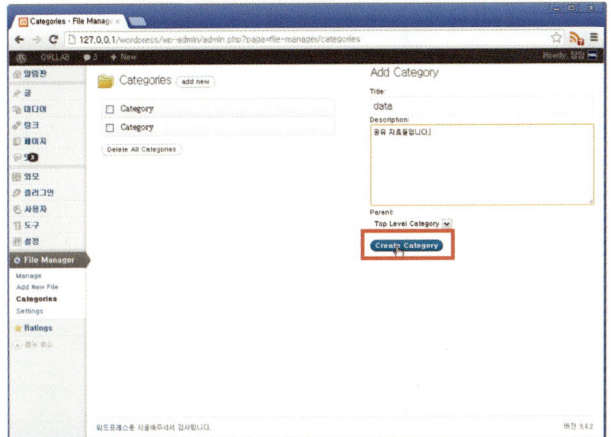

❶ 카테고리 기능을 이용하면 한 번에 많은 파일을 올려서 자료실을 만들 수 있다. 여기서 카테고리는 첨부 파일 그룹의 역할을 한다.

카테고리를 만들기 위해 "Categories" 메뉴를 클릭하고 "Add Category"에서 제목과 설명문을 입력한 후 "Create Category"를 클릭한다.

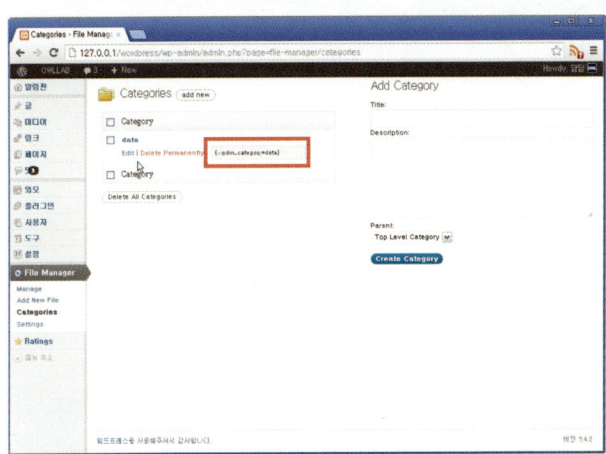

❷ 카테고리가 생성되면 카테고리 목록에 표시되며 옆에 쇼트코드가 표시된다는 걸 봐두자.

앞으로 첨부 파일들을 등록하면서 이 카테고리에 속하도록 지정할 것이다.

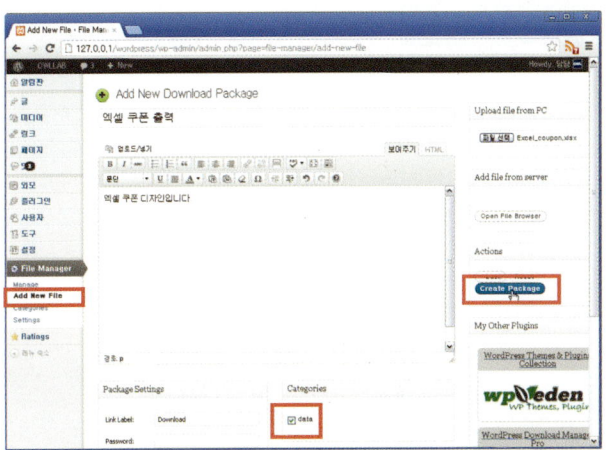

❸ "Add New File" 메뉴로 엑셀 파일을 하나 등록하는데 "Categories"에서 앞서 만든 "data" 카테고리를 지정하고 "Create Package"를 클릭한다.

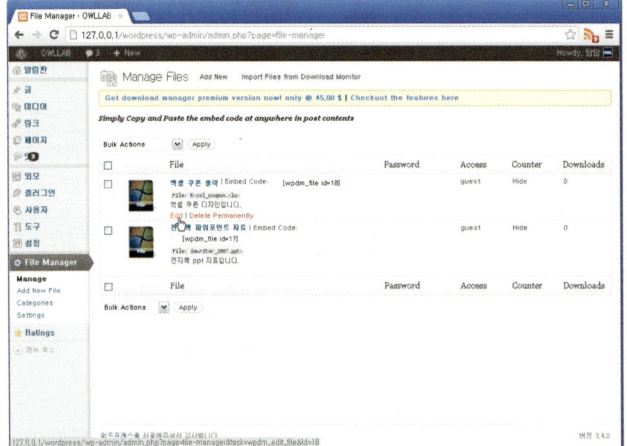

❹ 등록하면 "Manage" 화면으로 이동하여 파일 등록 상태를 알 수 있다.

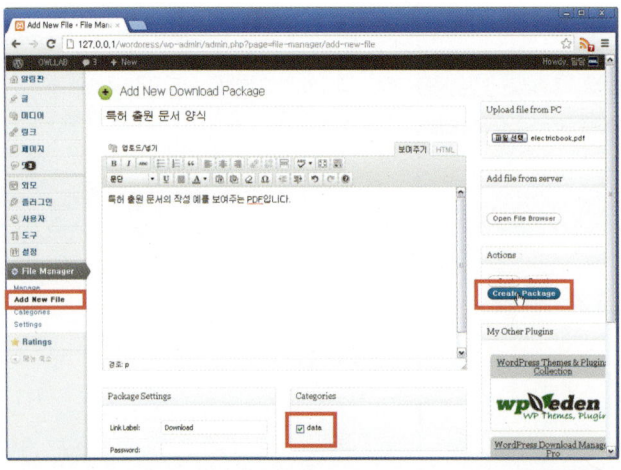

❺ 이번에는 PDF 파일을 등록한다. 역시 카테고리를 "data"로 지정하고 "Create Package"를 클릭한다.

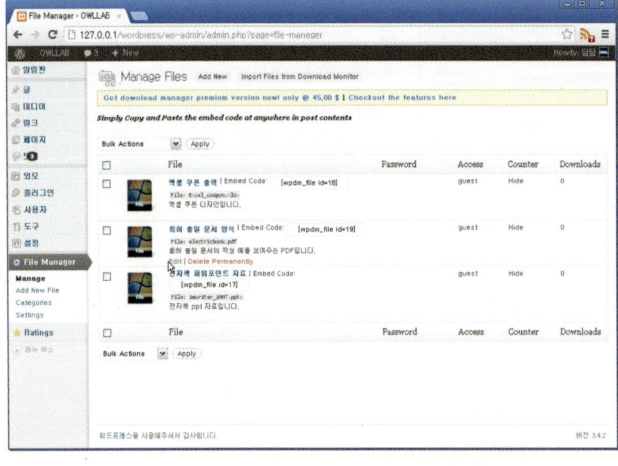

❻ 역시 "Manage" 화면으로 이동하여 파일 등록 상태를 알 수 있다.

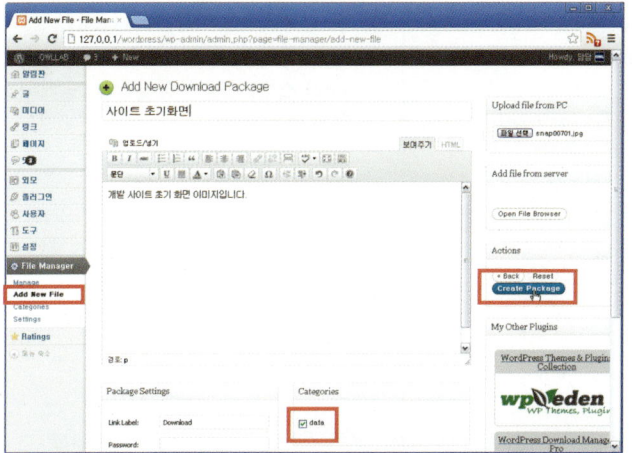

❼ 이번에는 이미지 파일을 하나 등록하고 "data" 카테고리에 속하도록 지정하고 "Create Package"를 클릭한다.

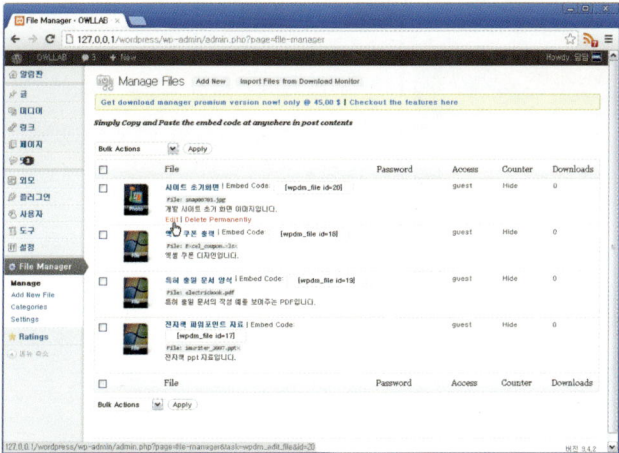

❽ 이렇게 해서 "data" 카테고리에 속하는 파일은 총 3개가 되었다.

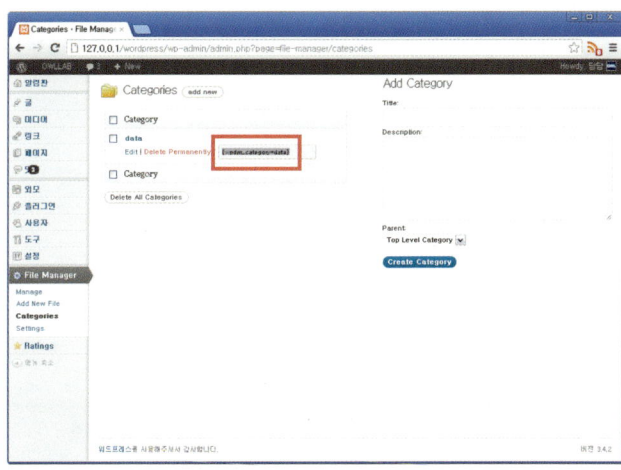

❾ 이제 "Categories" 메뉴를 클릭하면 "data" 카테고리의 쇼트코드가 보인다. 이 쇼트코드를 복사한다.

26장 파일 첨부와 자료실 만들기 WP-Download Manager

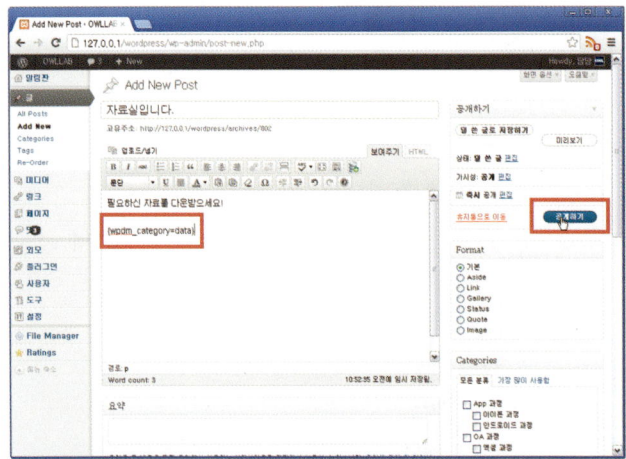

❿ 새로운 포스트를 작성한다. 자료실이라는 개념으로 포스트 제목과 본문을 작성하고 카테고리 쇼트코드를 붙여 넣는다. "공개하기"를 클릭한다.

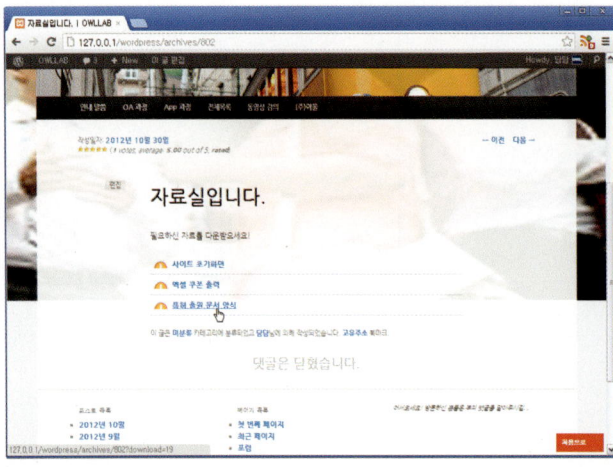

⓫ 사이트 화면에서 해당 포스트를 보면 그림처럼 "data" 카테고리에 속한 파일들이 한 번에 표시되어 자료실 역할을 한다.

이 포스트를 메뉴에 등록하면 제법 그럴듯한 자료실을 만들 수 있다.

27 트위터 페이스북 등 SNS 추가하기 Social Sharing Toolkit

사이트의 콘텐츠를 트위터나 페이스북과 같은 SNS와 연동시키는 플러그인들이 인기를 얻고 있다. 그 중에서 모든 브라우저에서 안정적으로 표시되는 플러그인으로 "Social Sharing Toolkit" 를 추천한다. 모든 브라우저에서 잘 표시될 뿐 아니라 쇼트코드를 이용하면 특정 포스트의 특정 위치에 표시할 수도 있다.

27-1 모든 포스트에 SNS 버튼 달기

❶ "Social Sharing Toolkit"를 검색어 플러그인을 찾은 후 설치하고 활성화를 한다. 그리고 "설정 > Social Sharing Toolkit"을 클릭한다.

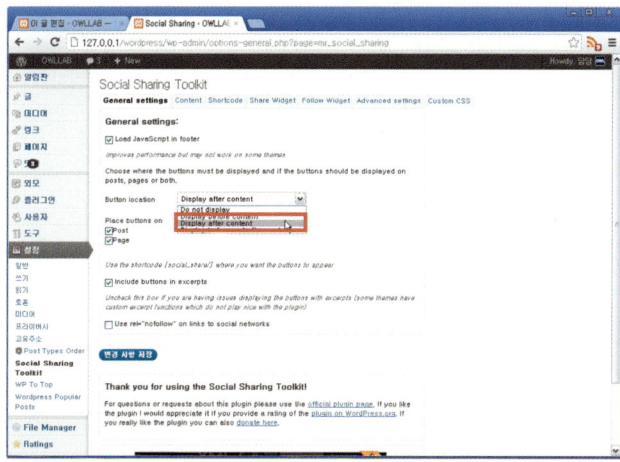

❷ 일반 설정에서는 버튼이 표시될 위치만 지정하면 된다. 포스트 본문 아래에 표시되도록 "Display after content"를 선택했다.

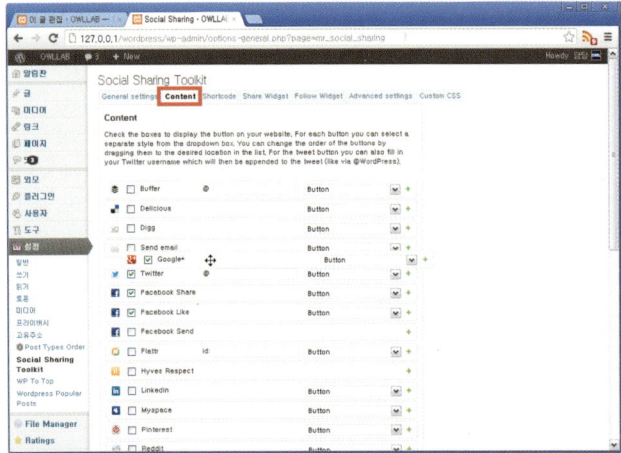

❸ "Content" 탭에서는 표시할 버튼과 버튼의 순서, 버튼 아이콘 외 추가될 내용 등을 설정할 수 있다. 버튼을 클릭하고 드래그하면 순서를 바꿀 수 있으며 원하는 버튼에 체크를 한다.

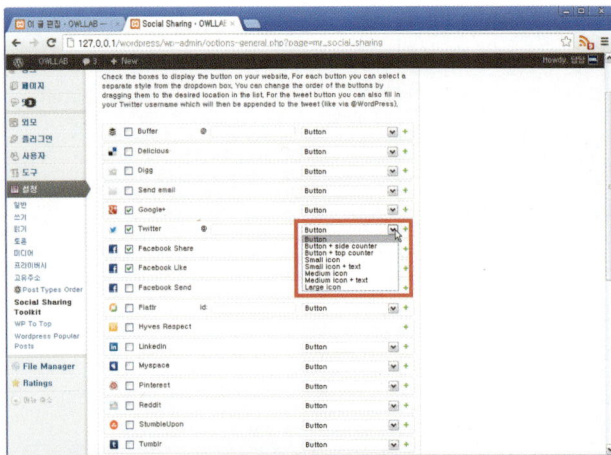

❹ 오른쪽의 버튼을 클릭해서 버튼별로 표시 내용과 모양을 조절할 수 있다.

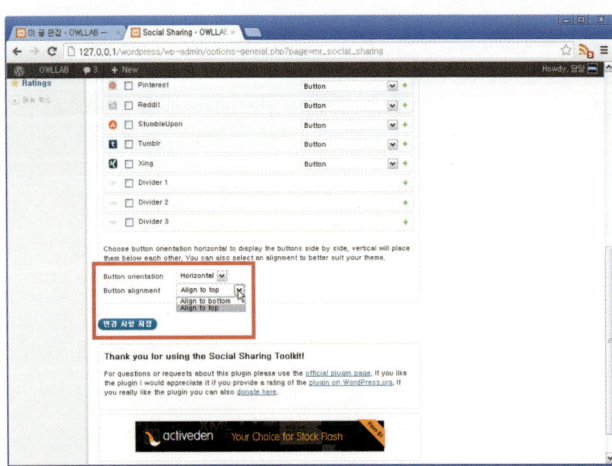

❺ 버튼을 가로나 세로로 표시할 수 있으며 버튼 간에 하단이나 상단 맞춤을 할 수 있다. 설정을 한 후 "변경 사항 저장"을 클릭한다.

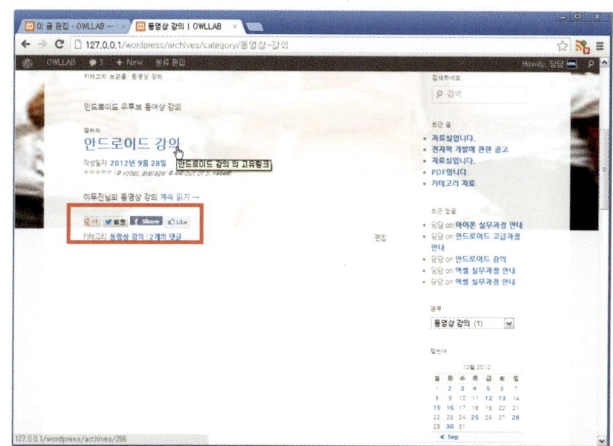

❻ 사이트 화면을 보면 그림과 같이 목록에도 버튼들이 표시된다.

❼ 포스트 화면에도 아래에 버튼들이 표시된다. 이런 식으로 모든 포스트들에 버튼들이 표시된다.

그러나 특정 포스트에만 버튼들을 표시하기 위해서는 쇼트코드를 사용한다. 다음 작업을 계속해보자.

27-2 원하는 포스트의 원하는 위치에만 SNS 버튼 달기

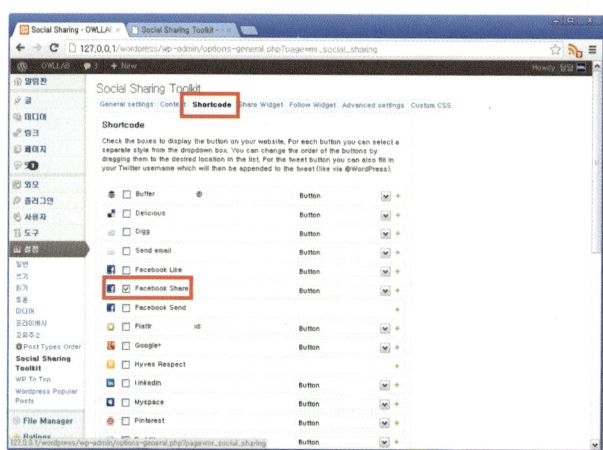

❶ "Shortcode" 탭에서 원하는 버튼에 체크를 한다.

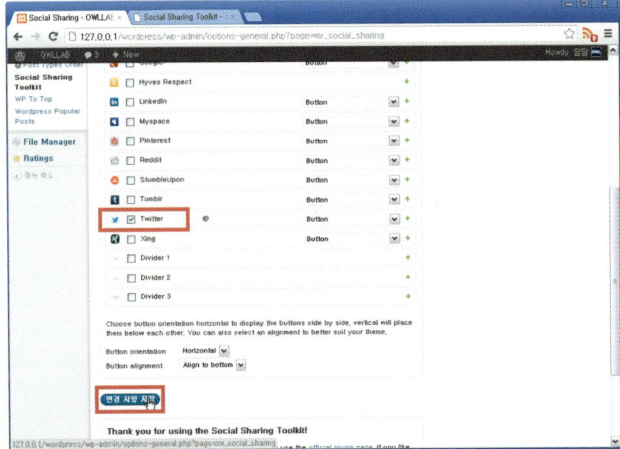

❷ "Facebook Share"와 "Twitter"에 체크를 하고 "변경 사항 저장"을 클릭했다.

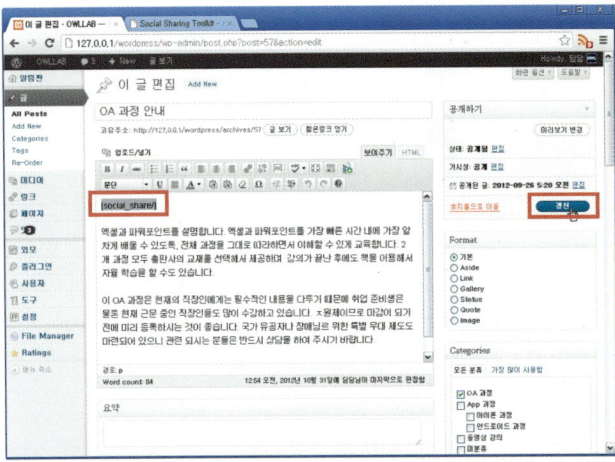

❸ 버튼을 붙일 포스트로 가서 그림과 같이 본문의 제일 위에 소트코드 "[social_share/]"를 입력하고 "갱신"을 클릭했다.

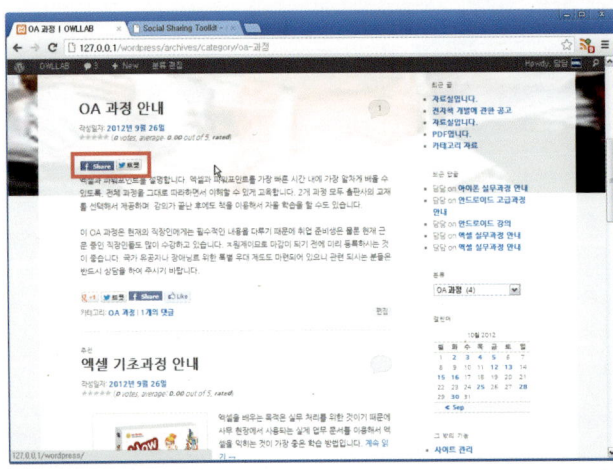

❹ 사이트 화면에서 해당 포스트를 보면 본문 위에 2개의 버튼이 표시된다.

이 기능을 활용하면 특정 포스트의 특정 위치에 원하는 버튼만 표시할 수 있다.

28 인쇄와 PDF와 메일 서비스 Print Friendly and PDF

사이트 방문자들이 맘에 드는 콘텐츠를 인쇄하거나 PDF로 받거나 이메일로 전송할 수 있는 서비스를 추가해보자. "Print Friendly and PDF" 플러그인을 활용하면 이런 서비스를 제공하는 버튼을 포스트에 표시할 수 있다. 이 플러그인은 내 포스트에 표시되는 버튼의 위치를 조절하기 위한 간단한 여백 조절 기능도 있어 편리하다.

❶ "Print Friendly and PDF"를 검색어로 플러그인을 설치하고 활성화한다. 이후 플러그인 목록에서 "Settings"를 클릭한다.

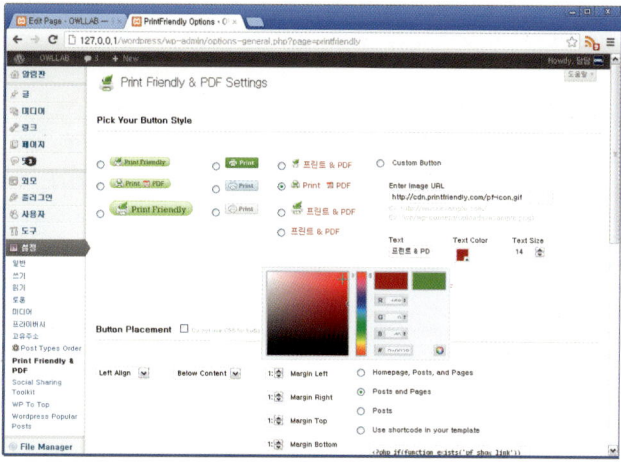

❷ 플러그인을 설정할 수 있는 화면이 나온다. "Pick Your Button Style"에서는 버튼의 모양, 표시되는 글자와 글자색, 글자의 크기 등을 설정한다.

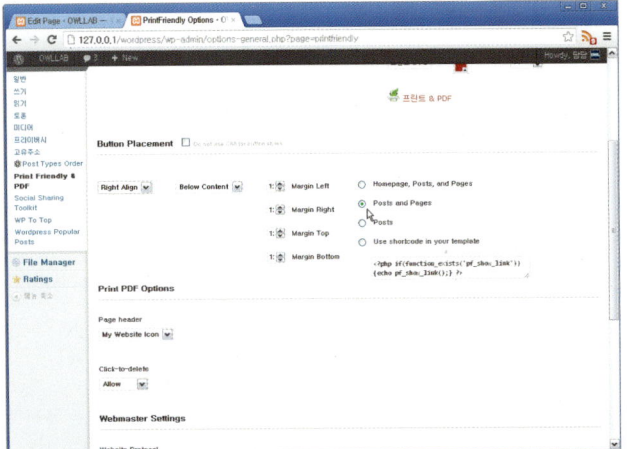

❸ "Button Placement"에서는 버튼의 위치, 여백과 버튼이 표시될 콘텐츠의 종류를 지정한다.

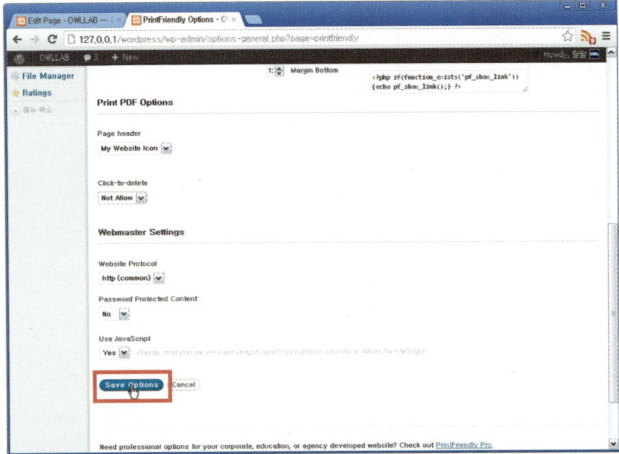

❹ 나머지 설정은 기본으로 두어도 된다. "Save Options"를 클릭한다.

❺ 사이트 화면에서 확인을 해보자. 설정대로 버튼이 표시되었는데 이전에 추가한 SNS 버튼들과 위치가 잘 안 맞는다. 수정하자.

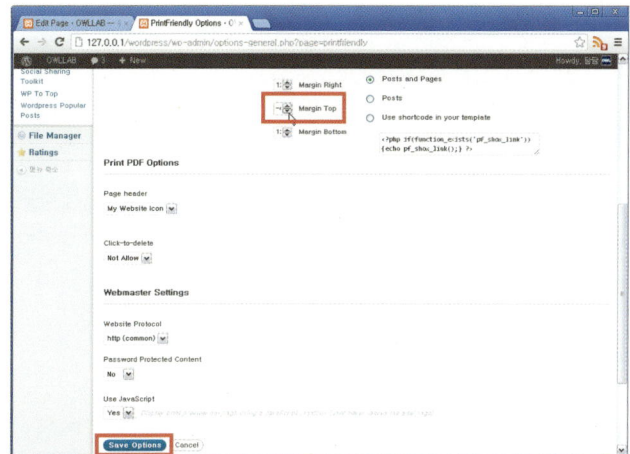

❻ "설정 > Print Friendly & PDF" 메뉴를 클릭해서 설정 화면으로 간다.
"Button Placement"에서 "Margin Top"을 -2 로 설정하고 "Save Options"를 클릭한다.

❼ 이제 버튼들의 정렬이 어느 정도 맞아 보인다. 버튼을 클릭해보자.

❽ 그림처럼 3가지 기능을 제공하고 있다.

28장 인쇄와 PDF와 메일 서비스 Print Friendly and PDF

29 자동 웹폼 만들기 Visual Form Builder

웹폼을 만드는 작업은 손이 많이 가는 작업이었으나 워드프레스에서는 플러그인을 사용하면 빠르게 웹폼을 만들 수 있다. 우리는 "Visual Form Builder"라는 플러그인을 이용해서 인턴사원모집에 관한 폼을 만들고 그 폼을 페이지에 올린 후 메뉴에 등록해서 사용해볼 것이다. 일단 필자의 작업을 그대로 따라해 보면 쉽게 감을 잡을 것이다. 갑시다!

29-1 폼 생성하기

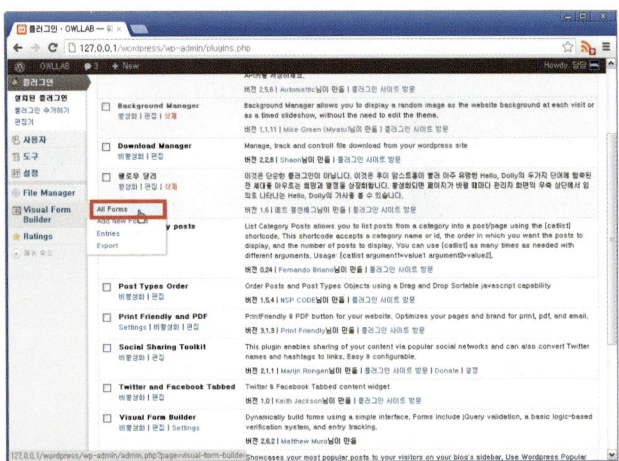

❶ "Visual Form Builder"를 검색어로 플러그인을 찾고 설치한 후 활성화를 하면 "Visual Form Builder"라는 메뉴가 생긴다. 그 메뉴에서 "All Forms"를 클릭한다.

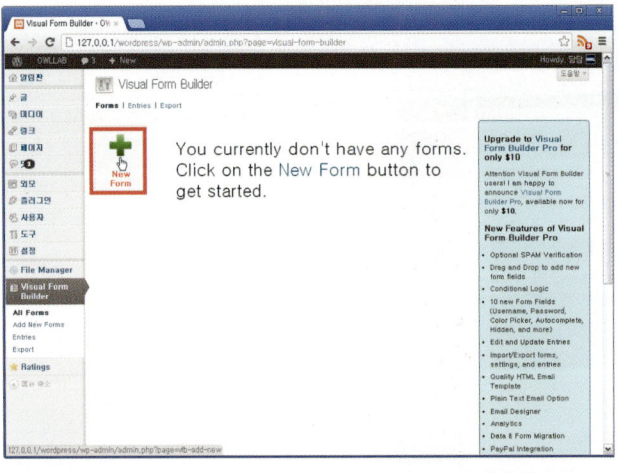

❷ 현재 아무 폼도 만들지 않아 폼이 없다는 메시지가 나온다. 원래 이 화면에서 폼들을 관리할 수 있다. 우리의 폼을 만들기 위해서 "New Form"을 클릭한다.

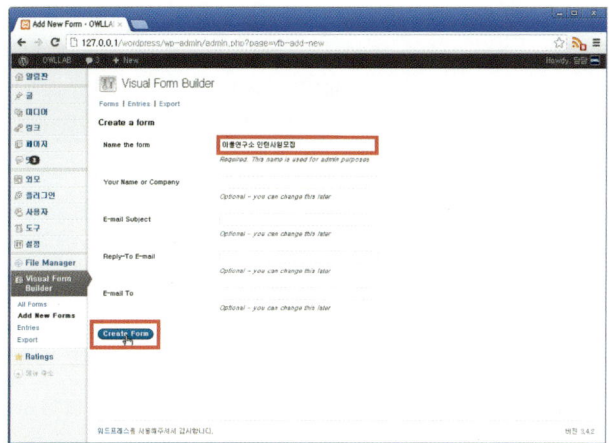

❸ 폼 이름을 입력하고 "Create Form"을 클릭한다.

29-2 기본 정보 필드 그룹 만들기

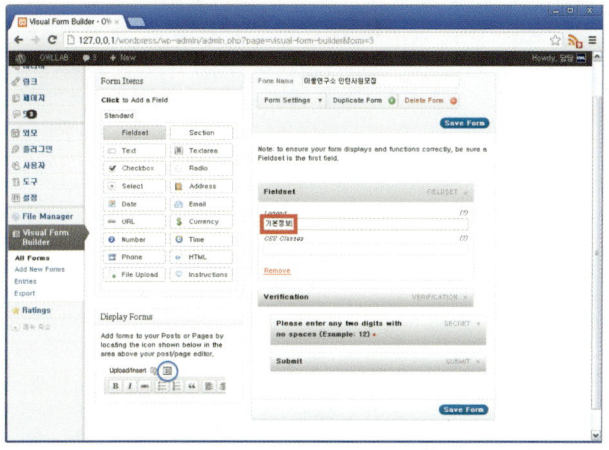

❶ "Fieldset"을 펼치고 "기본정보"라고 이름을 입력한다. 이제 기본정보에 해당하는 2개의 필드를 만들 것이다.

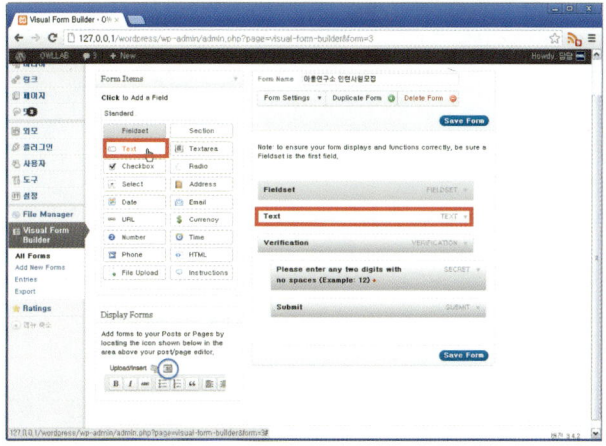

❷ "Field Items"에서 "Text"를 클릭한다. 그러면 왼쪽에 "Text"가 추가된다.

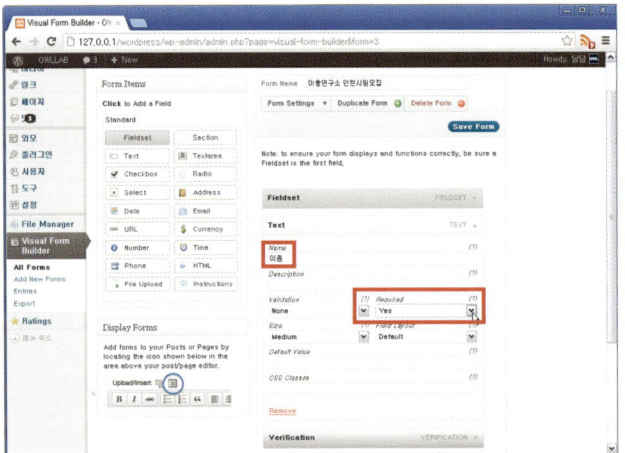

❸ Text를 펼치고 "Name"에 "이름"을 입력한 후 "Required"에서 "Yes"를 선택한다. 필수 입력 항목이라는 의미이다.

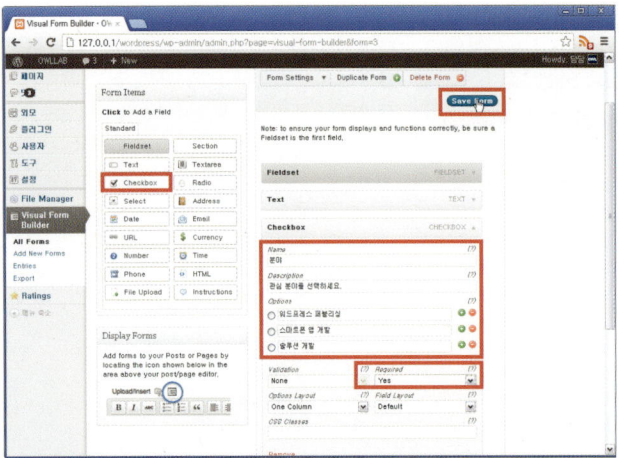

❹ "Checkbox"를 클릭한 후 펼치고 "Name"에 "분야"를 입력하고 그림과 같이 설명과 옵션을 작성한 후 "Required"를 "Yes"로 설정한다.

일단 여기까지의 작업을 저장하기 위해 "Save Form"을 클릭한다.

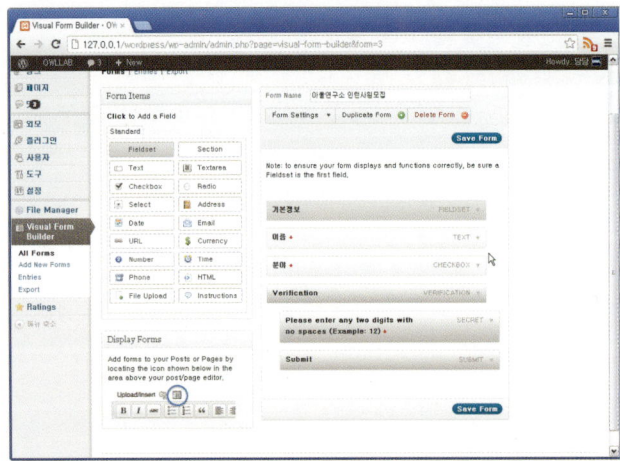

❺ 그러면 그림처럼 표시되며 필수 입력 항목은 별이 표시된다.

29-3 개인정보 필드 그룹 만들기

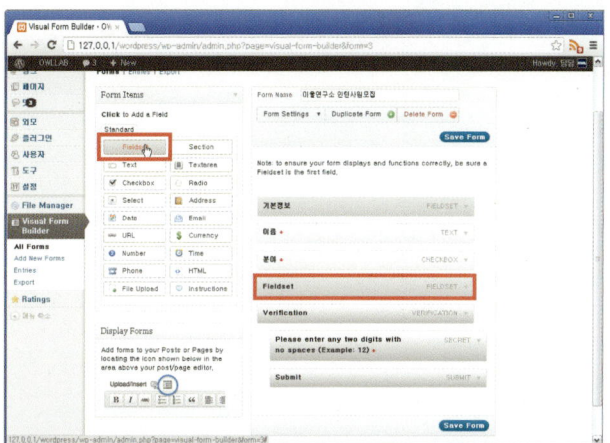

❶ 두 번째 필드 그룹을 만들기 위해 "Fieldset"을 클릭한다. 그러면 오른쪽에 Fieldset이 생성된다.

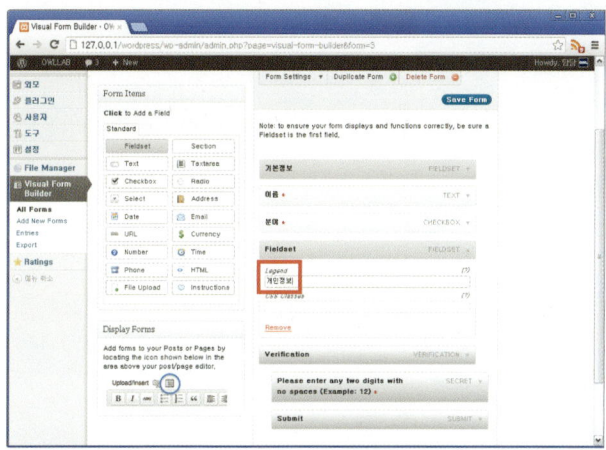

❷ Fieldset을 펼치고 "개인정보"라고 입력한다.

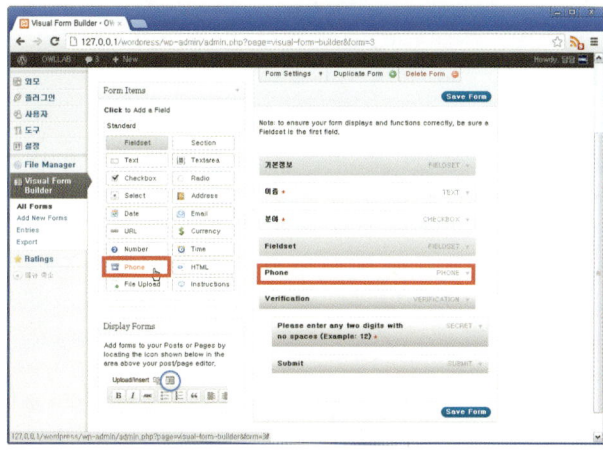

❸ 이제부터 클릭하는 항목은 개인정보 그룹에 속한다. "Phone"을 클릭한다.

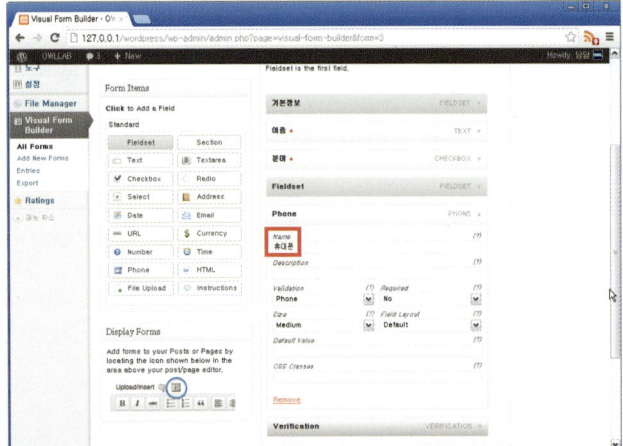

❹ "Name"에 "휴대폰"이라고 이름을 입력한다.

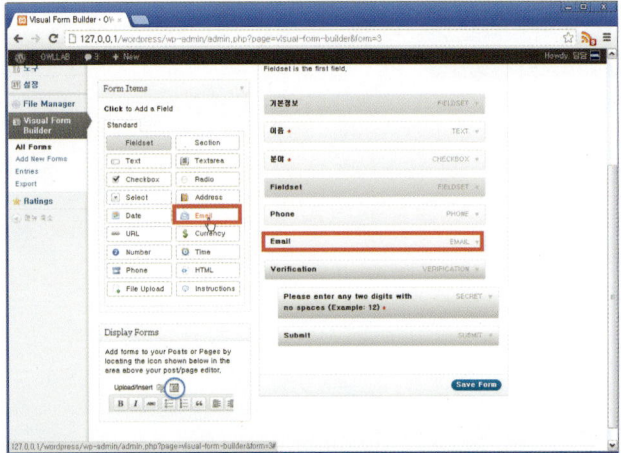

❺ "Email"을 클릭한다.

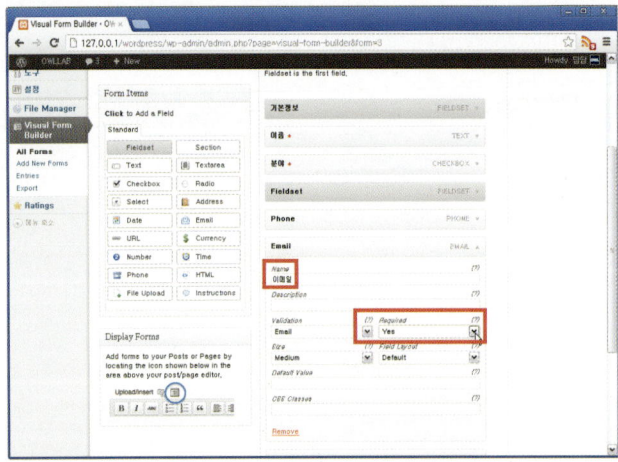

❻ "Name"에 "이메일"을 입력하고 "Required"를 "Yes"로 설정한다.

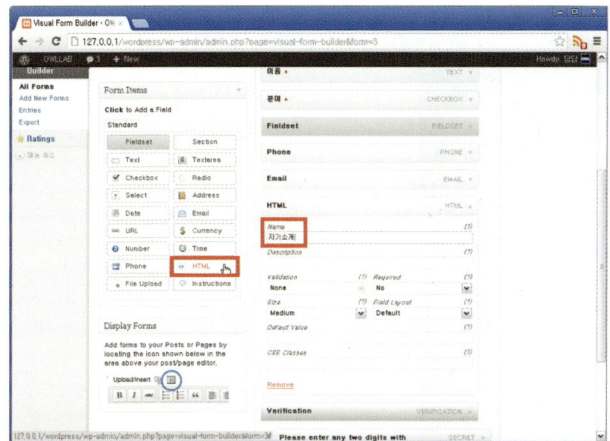

❼ "HTML"을 클릭하고 "Name"에 "자기소개"라고 입력한다.

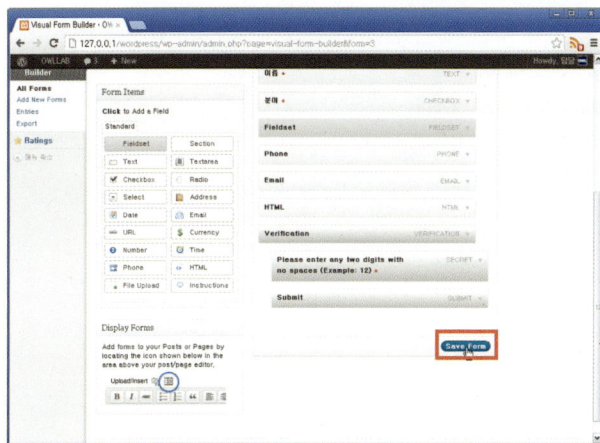

❽ "Save Form"을 클릭해서 지금까지 만든 폼을 저장한다.

29-4 폼 페이지 만들기

❶ 이제 이 폼을 페이지에 올려서 테스트해보자. "페이지 > Add New"를 클릭해서 새로운 페이지를 준비하고 제목을 입력한 후 "Add Visual Form Builder" 버튼을 클릭한다.

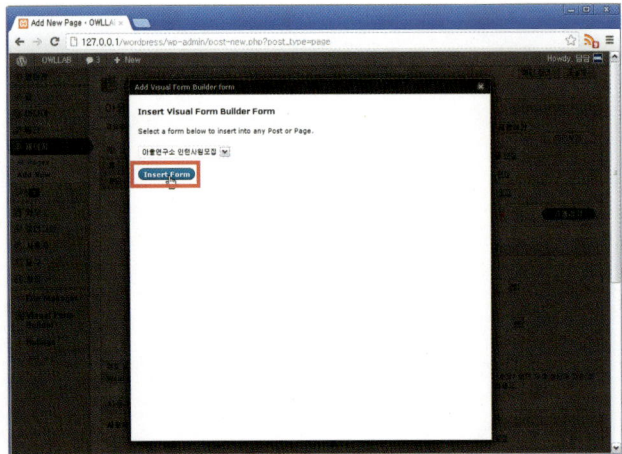

❷ "Insert Form" 버튼을 클릭한다.

❸ 본문에 쇼트코드가 기록된다. "공개하기" 버튼을 클릭한다.

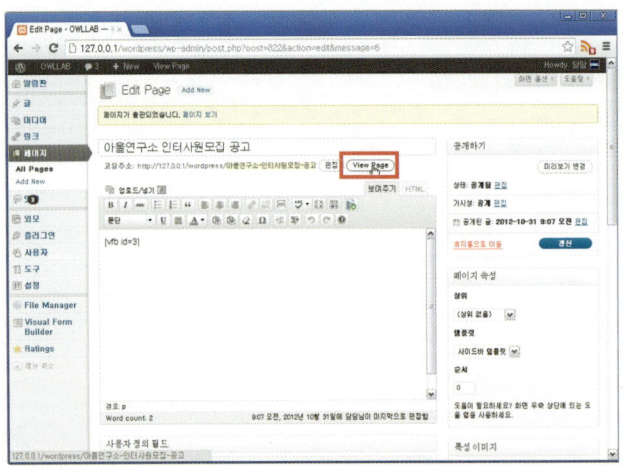

❹ "View Page"를 클릭해서 확인해보자.

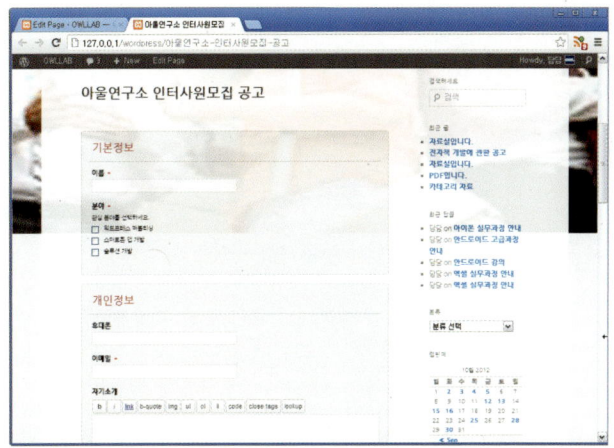

❺ 그림처럼 폼이 보이는데 제목과 항목이 세로로 나열되어 있다. 수정해보자.

29-5 폼 수정하기

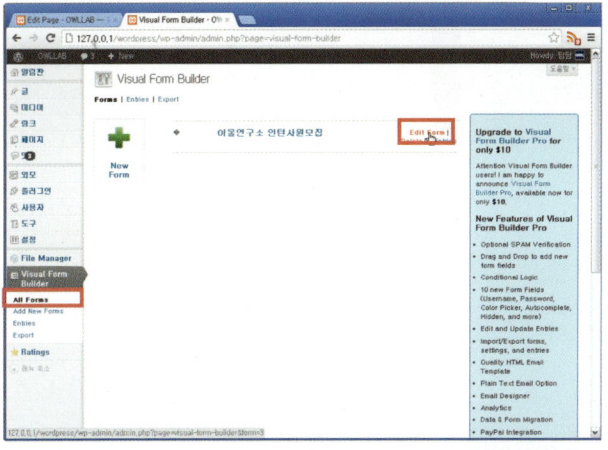

❶ "All Forms"를 클릭해서 "Add Form" 화면으로 와서 "Edit Form"을 클릭한다.

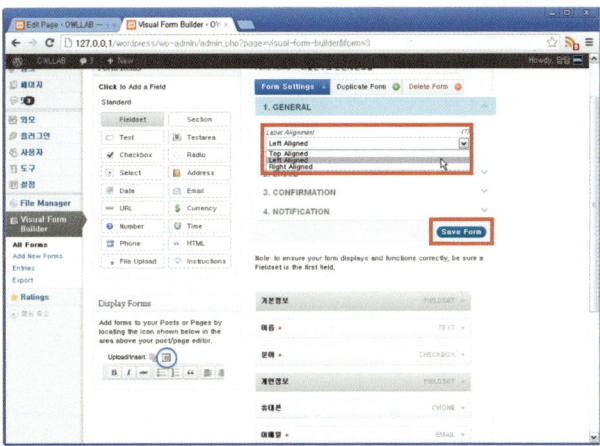

❷ "General"에서 "Left Aligned"를 선택하고 "Save Form"을 클릭한다.

❸ 페이지 목록으로 와서 "보기"를 클릭해서 확인해보자.

❹ 제목과 항목이 한 줄에 표시된다.

29-6 관리 정보 설정하기

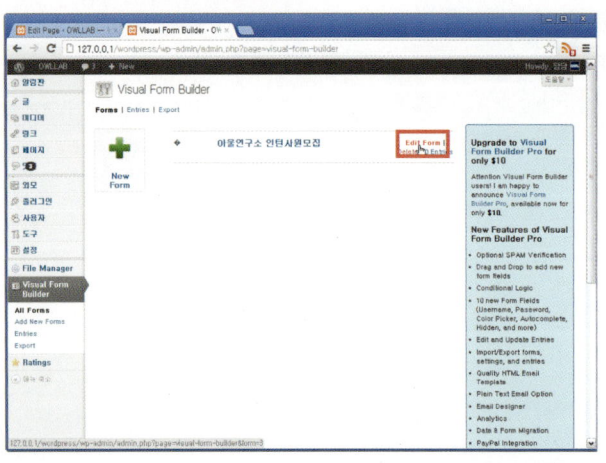

❶ 다시 "All Forms" 화면으로 와서 "Edit Form"을 클릭한다.

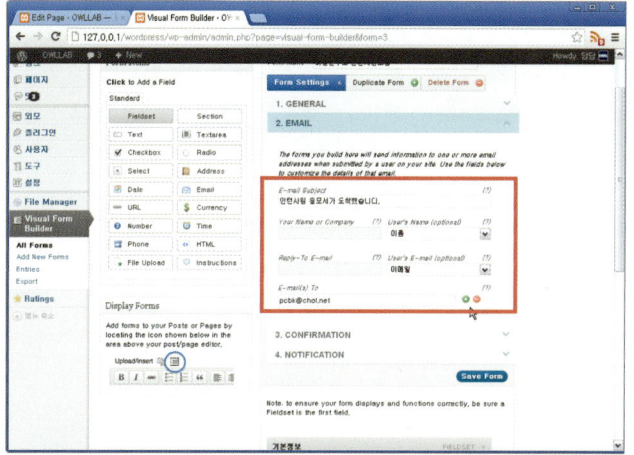

❷ "EMAIL"은 응모자가 폼을 작성하면 지정된 이메일 주소로 그 사실을 관리자에게 알려주는 기능이다.

"이름"과 "이메일"을 선택하고 "E-mail(s) To"에는 관리자의 이메일 주소를 입력한다.

"이름"과 "이메일"은 필수 입력 항목이라서 여기서 선택할 수 있는 것이다. 이렇게 하면 관리자 메일에 응모자의 이름과 이메일 주소가 표시된다.

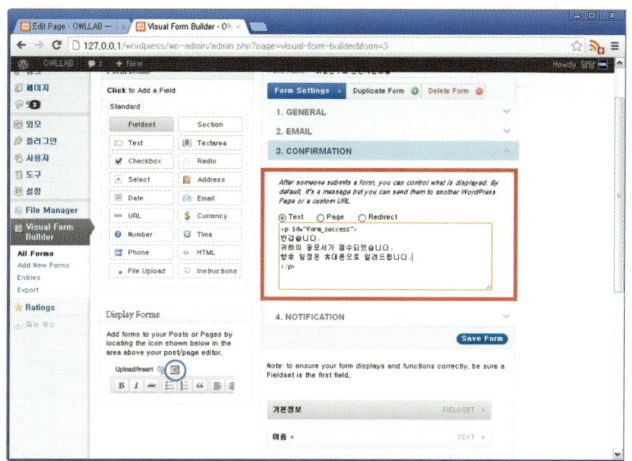

❸ "CONFORMATION"은 응모자가 폼을 작성하고 "Submit" 버튼을 누르면 메시지를 표시하는 기능이다.

"Text"를 클릭하고 아래에 문장을 작성한다. 페이지나 다른 주소로 연결되는 옵션도 있다.

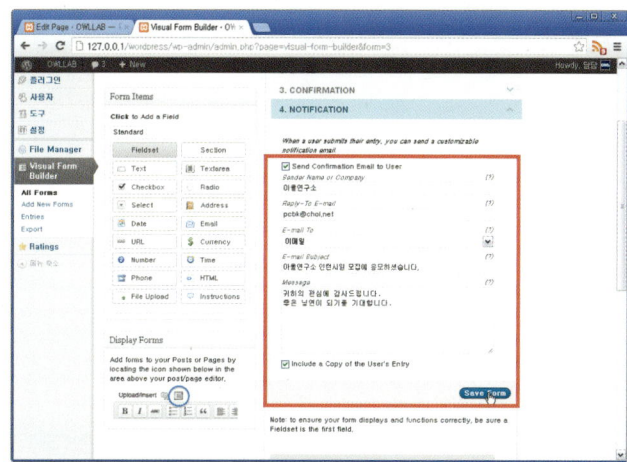

❹ "NOTIFICATION"은 응모자가 폼을 작성하고 "Submit" 버튼을 누르면 응모자에게 메일을 보내 알리는 기능이다. 그림처럼 입력하면 된다.

"Include a Copy of the User's Entry"에 체크를 하면 응모자에게 응모 내용의 복사본을 전송한다.

29-7 메뉴 만들어 게시하기

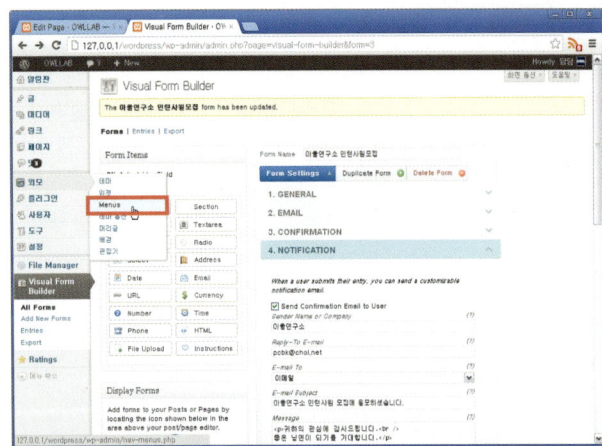

❶ 이제 페이지를 메뉴에 등록해서 메뉴를 클릭하면 폼을 볼 수 있게 하자. "외모 > Menus"를 클릭한다.

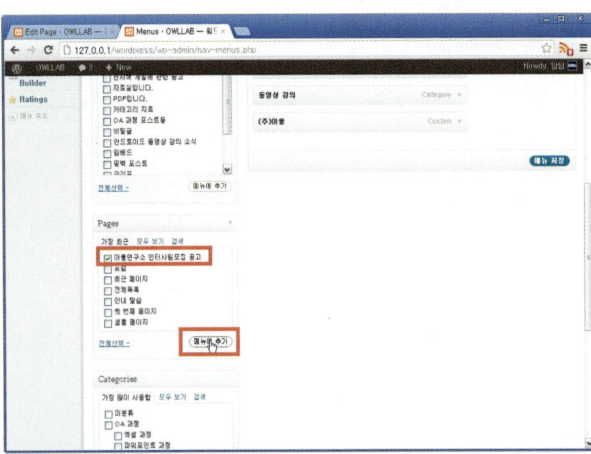

❷ "Pages"에서 해당 페이지를 체크하고 "메뉴에 추가"를 클릭한다.

❸ 메뉴 제목을 입력하고 "메뉴 저장"을 클릭한다.

❹ 메뉴를 클릭하면 폼이 표시된다.

❺ 폼을 작성하고 나면 "VERIFICATION"에 2자리 숫자가 표시된다. 이 숫자를 상자에 입력한 후 "Submit"을 클릭해야 한다.

기초적인 수준의 인증키를 사용하는 것이다.

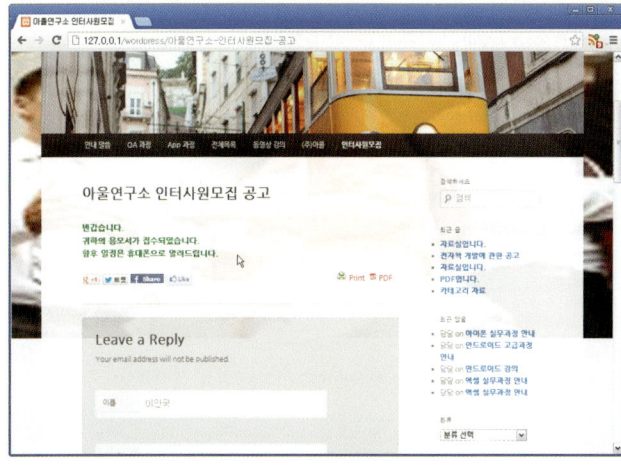

❻ 폼을 제출하면 그림처럼 앞서 설정한 접수 메시지가 표시된다.

로컬서버에서 작업하고 있어 메일은 확인할 수 없다. 나중에 웹 호스팅을 하면 받게 된다.

30 원하는 글 목록만 자동 추출하기 Advanced Post List

사이트에 콘텐츠가 많아지면 점점 관리가 복잡해지기도 하고 특히 현재의 포스트 중에서 몇 개의 포스트만 추려서 별도의 목록으로 게시해야 하는 경우도 생긴다. "Advanced Post List" 플러그인을 사용하면 그런 작업이 아주 간단해진다.

플러그인을 검색해서 설치하고 활성화한 후 이 플러그인의 소스를 약간 수정해야 한다. 목록에서 본문의 내용을 일부만 보여줄 때 마지막 한글이 깨지는 현상을 수정하기 위한 것이다.

컴퓨터에서 C:\xampp\htdocs\wordpress\wp-content\plugins\advanced-post-list\includes\class를 찾아가서 APLCallback.php" 파일을 열고 42 라인을 수정해야 한다.

```
37
38    //return "blah";
39
40        if (strlen($pageContent) > $exLength)
41        {
42            return strip_shortcodes(substr($pageContent, 0, $exLength)) . "..."; //clean up and return excerpt
43        }
44        else
45        {
46            return strip_shortcodes($pageContent);
47        }
48    }
49    else
50    {//if there is a post excerpt just use it and don't generate our own
51        /* if(isset($matches[2])){//uncomment this if/else statement if you want the manual excerpt to be tr
        the passed in length
52            $exLength = intval($matches[2]);
53            return substr($this->page->post_excerpt, 0, $exLength);
54        }else{
55            return $this->page->post_excerpt;
56        } */
```

//를 앞에 기술해서 그 라인을 주석으로 막고 아래와 같이 수정한 후 저장한다.

return strip_shortcodes(mb_substr($pageContent,0,$exLength,'UTF-8')) . "...";

```
37
38    //return "blah";
39
40        if (strlen($pageContent) > $exLength)
41        {
42
43            return strip_shortcodes(mb_substr($pageContent,0,$exLength,'UTF-8')) . "...";
44            //return strip_shortcodes(substr($pageContent, 0, $exLength)) . "..."; //clean up and return excerpt
45        }
46        else
47        {
48            return strip_shortcodes($pageContent);
49        }
50    }
51    else
52    {//if there is a post excerpt just use it and don't generate our own
53        /* if(isset($matches[2])){//uncomment this if/else statement if you want the manual excerpt to be trim
        the passed in length
54            $exLength = intval($matches[2]);
55            return substr($this->page->post_excerpt, 0, $exLength);
56        }else{
```

30-1 목록 형식 찾아보기

❶ "설정 > Advanced Post List"를 클릭한다.

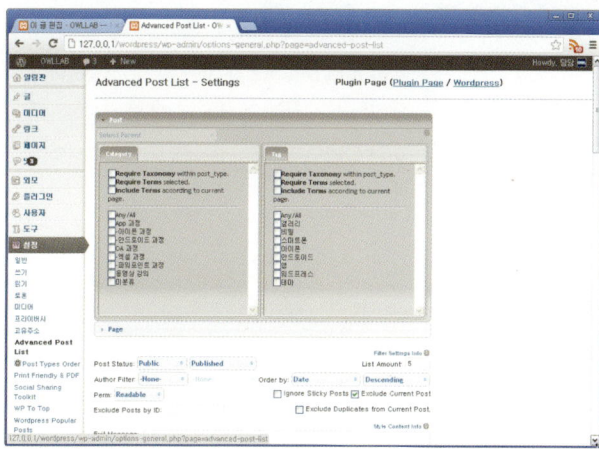

❷ 여기서 모든 작업이 이루어진다. 추출 목록에 포함될 포스트나 페이지를 선택할 수 있는 패널이 있다.

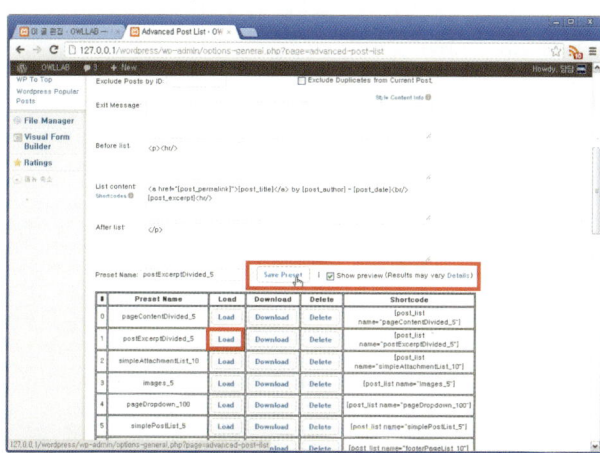

❸ 아래쪽에 Preset 목록이 있다. Preset은 이 플러그인에서 미리 만들어둔 목록의 형식들이다. 이 중에서 하나를 골라 테스트해보고 맘에 드는 걸 내 목록으로 만들면 된다.

두 번째 Preset의 "Load"를 클릭하고 미리보기 기능인 "Show..."에 체크하고 "Save Preset" 클릭해보자.

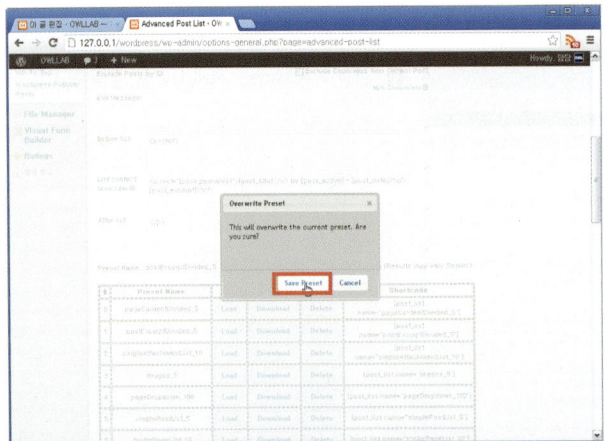

❹ Override를 묻는 확인창이 나오면 "Save Preset"을 클릭한다.

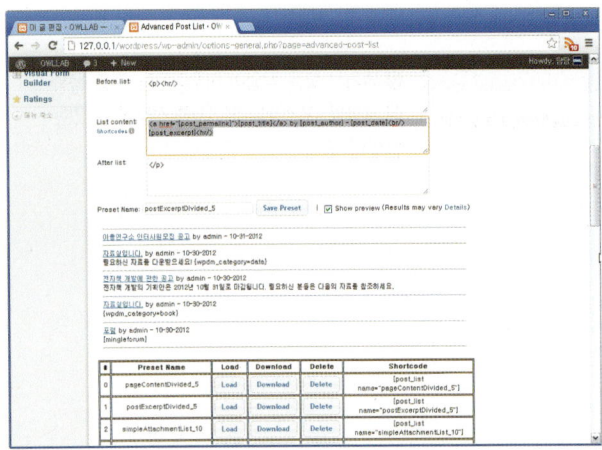

❺ 지금 선택한 Preset의 목록 형식이 표시된다. 최근 5개의 포스트만 샘플로 표시하는데 이는 위에서 조절할 수 있다.

또한 List Content에 표시된 코드를 수정하면 표시되는 내용을 변경할 수 있다.

이런 방법으로 다른 Preset들도 테스트해볼 수 있다.

30-2 내 목록 만들기

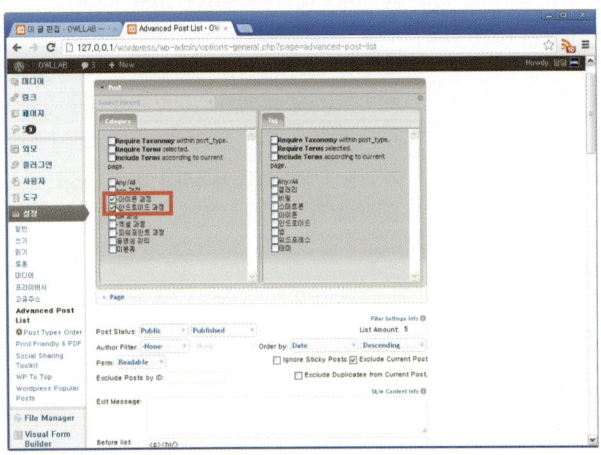

❶ 두 번째 Preset이 로드된 상태에서 위의 패널에서 2개의 포스트를 체크했다.

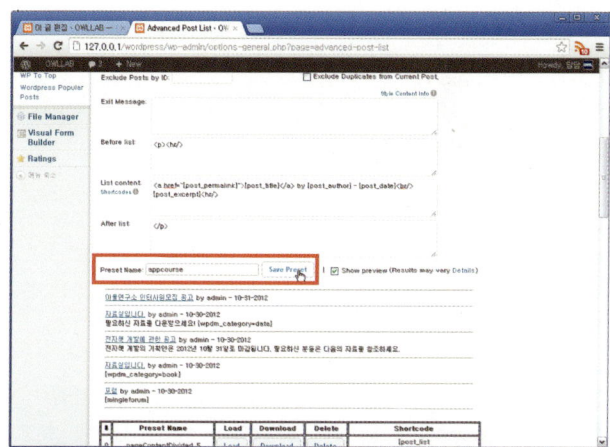

❷ 이제 "Preset name"에 내가 만든 Preset 이름을 입력하고 "Save Preset"을 클릭한다.

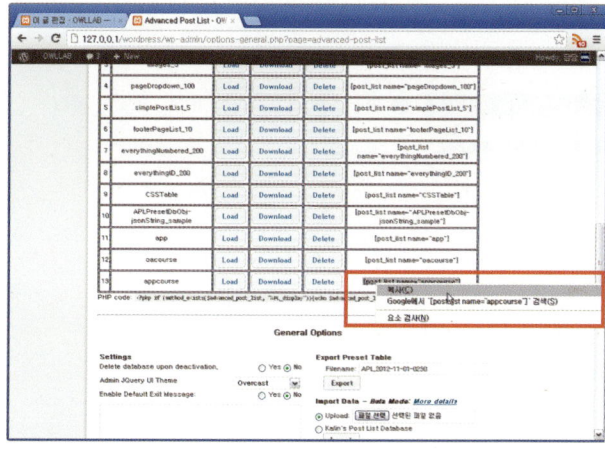

❸ Preset 목록의 제일 아래에 내가 만든 Preset이 있다. 오른쪽에 표시된 쇼트코드를 복사한다.

30-3 목록 게시판 만들기

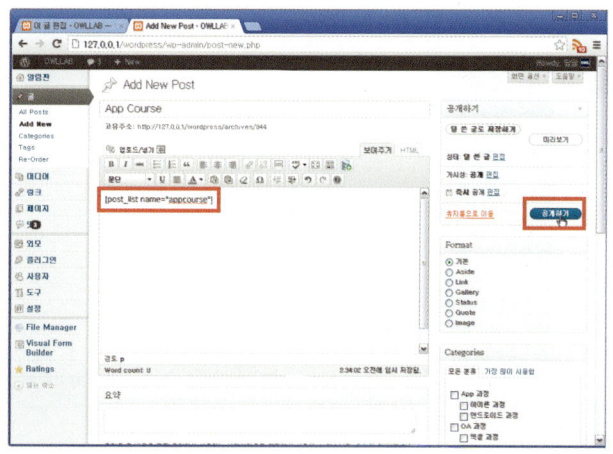

❶ "Add New"로 포스트를 하나 새로 준비해서 제목을 입력하고 본문에는 복사한 쇼트코드를 붙여 넣고 "공개하기"를 클릭한다.

30장 원하는 글 목록만 자동 추출하기 Advanced Post List

❷ 사이트 화면에서 보면 그림과 같다. 이 목록의 형식은 앞서 보았던 Preset 마다 다르다.

이 목록에 이미지가 나오려면 그 포스트에 특성 이미지가 설정되어 있어야 한다.

30-4 특성 이미지 설정하기

❶ 포스트를 열고 "특성 이미지 설정"을 클릭한다.

❷ "갤러리" 탭에서 이미지를 찾은 후 "Use as featured image"를 클릭하고 창을 닫는다.

❸ 그림과 같이 특성 이미지가 설정된다.

❹ 반드시 "갱신"을 눌러야 한다. 이렇게 특성 이미지가 있는 포스트는 추출 목록에서 이미지가 표시된다.

31 구글 지도 서비스하기 Comprehensive Google Map Plugin

구글 지도를 내 사이트에서 활용해보자. 아주 간단하게 구글 지도와 내 콘텐츠를 연결할 수 있다. 쇼트 코드를 활용하면 페이지나 포스트의 글 중간에도 지도를 활용할 수 있어 단순한 회사 위치 안내 이외도 입체적인 콘텐츠를 작성할 수 있게 된다.

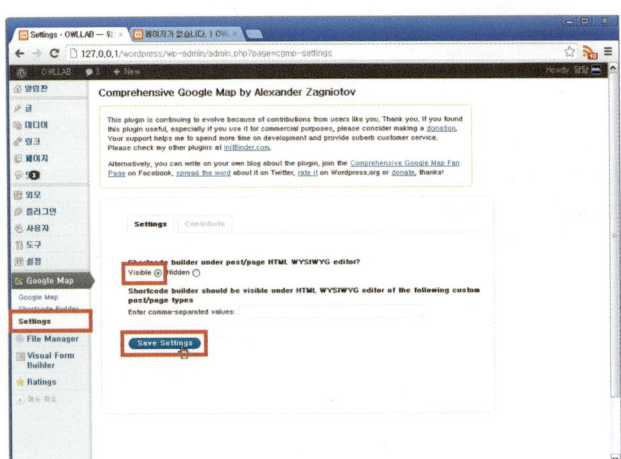

❶ "Comprehensive Google Map Plugin"으로 플러그인을 검색해서 설치하고 활성화하면 "Google Map" 메뉴가 생긴다. 거기서 "Settings"를 클릭한다. 그림과 같이 "Visual"에 체크하고 "Save Settings"를 클릭한다.

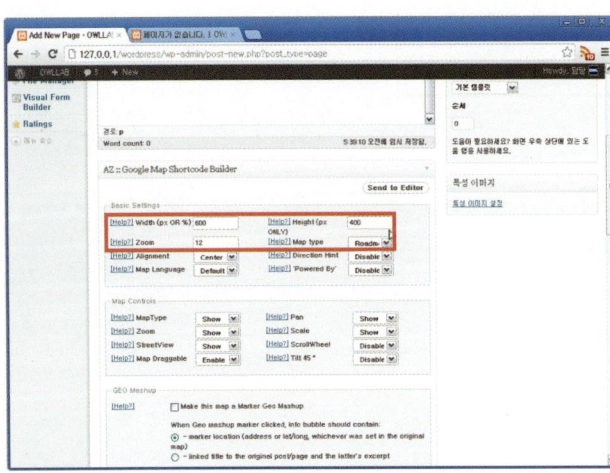

❷ 이제 "페이지 > Add New"를 클릭해서 새 페이지를 준비하고 (포스트를 이용해도 된다) 제목을 입력한 후 아래에서 그림처럼 "Basic Settings"에서 "Width", "Hight", "Zoom"을 입력한다. 여기서는 지도의 크기와 확대축소 비율 위치 등을 설정한다.

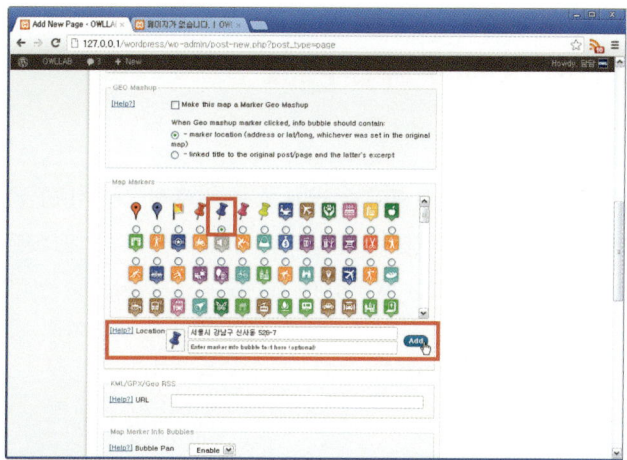

❸ "Map Markers"에서 지도의 위치 표시자를 선택하고 "Location"에 주소를 입력한 후 "Add"를 클릭한다.

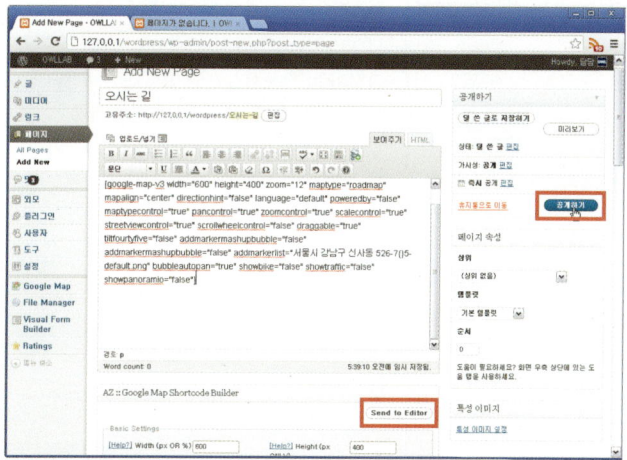

❹ 이제 위로 올라와서 "Send to Editor"를 클릭하면 본문에 쇼트코드가 표시된다.

이 쇼트코드를 복사해서 다른 포스트나 페이지에서 사용할 수 있다.

"공개하기"를 클릭한다.

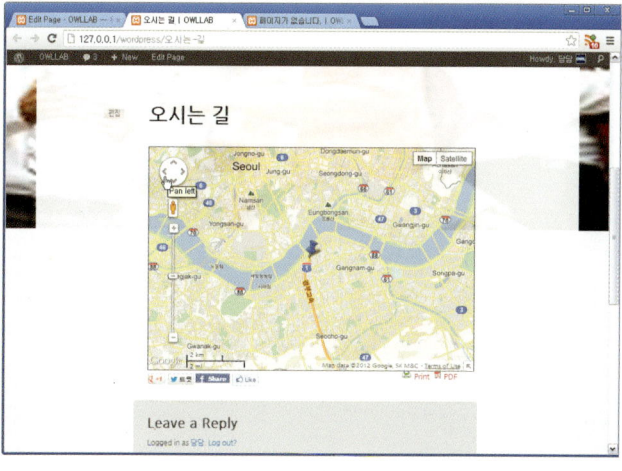

❺ 사이트 화면에서 확인하면 그림처럼 지도가 표시된다. 왼쪽의 버튼들로 지도를 조절할 수 있다.

32 검색 엔진 최적화하기 All in One SEO Pack

구글을 비롯한 검색엔진들은 각 웹사이트를 돌면서 웹페이지 정보를 수집해서 색인(Index) 목록을 만들기 때문에 사이트 입장에서는 그런 색인 정보를 잘 공급해야 한다. 사이트나 포스트, 페이지에 대해 제목(Title), 설명(Description), 핵심어(Keyword)가 기본으로 수집되므로 이런 메타 정보를 잘 기록해야 한다. "All in One SEO Pack" 플러그인을 사용하면 검색엔진에 잘 노출되는 형식으로 콘텐츠에 메타 정보를 추가할 수 있다.

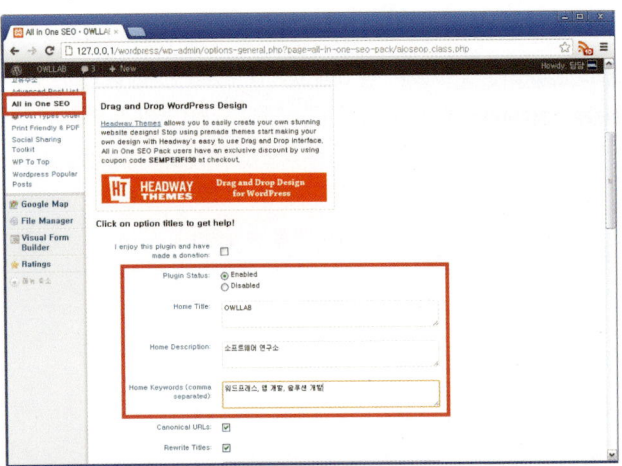

❶ "All in One SEO Pack"을 검색하고 설치, 활성화한 후 "설정 > All in One SEO"를 클릭한다.

그림처럼 "Plugin Status"에서 'Enable'에 체크하고 "Home Title"에는 사이트 제목을 그대로 입력하고, "Home Description" 태그라인을 입력한다. "Home Keywords"에는 콤마로 구분해서 태그를 입력한다.

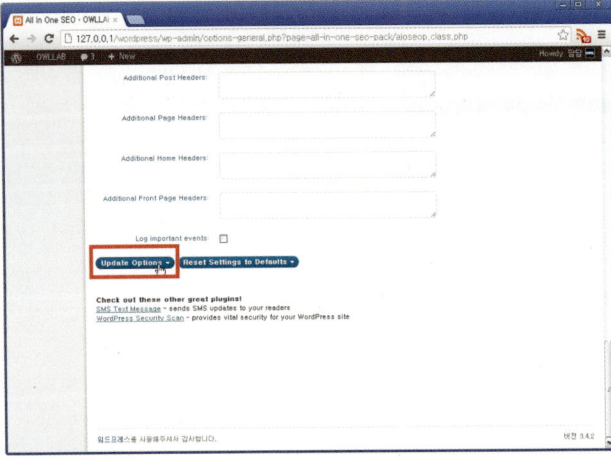

❷ 나머지 설정은 그대로 두고 제일 아래에서 "Update Options"를 클릭하여 저장한다.

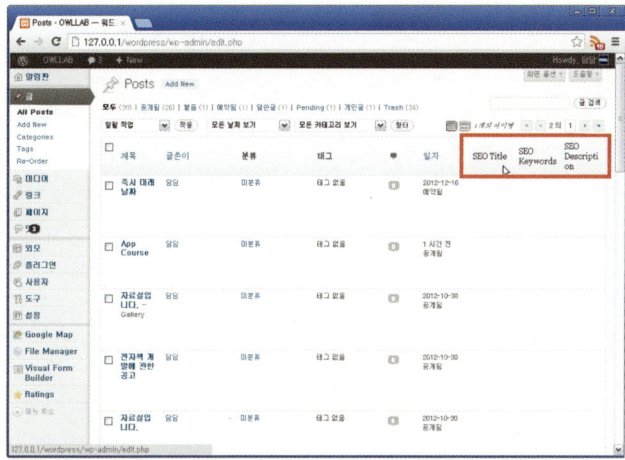

❸ 이제 포스트나 페이지 목록을 보면 오른쪽에 SEO 관련 항목들이 표시된다.

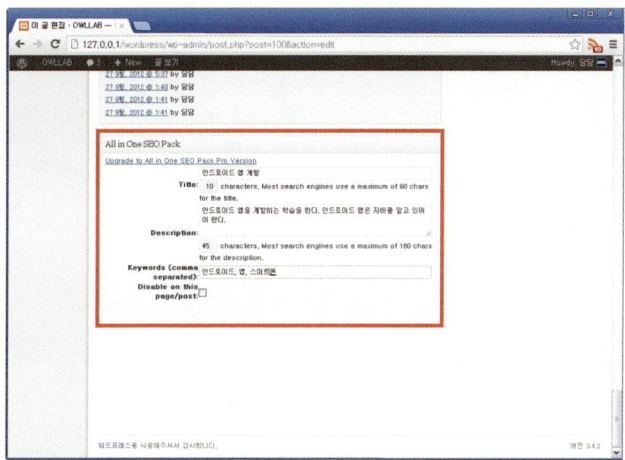

❹ 포스트를 하나 열어서 제일 아래로 가보면 제목, 설명, 태그를 넣는 SEO 기능이 있다. 여기서 정보를 입력하면 된다.

❺ 기존의 포스트에 SEO 정보를 입력한 경우 반드시 "갱신"을 클릭해야 한다.

찾아보기

(A)
Ad New 169
All Posts 167
Apache 19

(B)
BlogRoll 70,142,182

(C)
Categories 89,94,169,172
Choose from the most used tags 169
CSS 스타일 181
Custom Menu 139,188

(D)
Dashboard 37
Display as dropdown 140

(F)
footer 139
Format 122,169

(H)
HTML 125

(I)
Insert More Tag 137

(L)
Link rating 146

(M)
Menus 87
MySQL 19

(P)
PDF 154
Pending 167
PHP 20
phpMyAdmin 21
pingback 202

(R)
Revision 168
Revisions 44
RSS 147,189,195
RSS 주소 184
RSS 피드 147

(S)
Short code 153
Site Title 196
style.css 133
Styles 181

(T)
Tags 169,173
Toolbar 193
traceback 202
Trash 167
Twenty Eleven 하루살이 188

찾아보기

(U)
URL 179
URL에서 114,178,179
Use as featured image 101

(W)
WordPress 29,195
wp-config.php 31,36

(X)
XAMPP 15
XFN 145,184

(_)
_top 145

(ㄱ)
가시성 109, 121, 122
가져오기 194
갤러리 179
갤러리 설정 151
갤러리 컬럼 151,180
갤러리 탭 150
검색 187
고급 링크 편집 104,181
고급 옵션 103,115,181
고유주소 206
고유주소 설정 206
공개적으로 표시할 이름 56
공유 124
관리자 191

관리자 색상 193
구독자 191
그 밖의 기능 187
그림 속성 181
글 43
글 페이지 120
글목록 140,189
글쓰기 상자의 크기 198
글쓴이 170,191
글쓴이에게 메일 보내기 203
글자 색상 62
기본 글 설정 201
기본 글 카테고리 86
기본 글 카테고리 199
기본 글 형식 199
기본 링크 카테고리 199
기본 메뉴 88
끌어오기 135,194,199

(ㄴ)
내보내기 195
닉네임 56,193

(ㄷ)
다른 댓글 설정 202
달력 68,187
답글 168
당신의 프로필 55,192
대시보드 37
대체 텍스트 114,177,179
댓글 190

댓글 검토 203
댓글 남기기 49
댓글 블랙리스트 203
댓글이 보이기 전에 203
덜 쓴 글로 저장하기 112,169
도구 194
도움말 75
도큐먼트 루트 29
동영상 123
들어오는 링크 40
등급 145

(ㄹ)
라이브러리 131,175
리비전 비교 168
링크 143,146,188
링크 ID 181
링크 대상과 관계 145
링크 대상과의 관계 (XFN) 184
링크 만들기 70, 182
링크 메뉴 132
링크 분류 143,184
링크 위젯 69
링크 카테고리 143

(ㅁ)
머리글 62,158
메뉴 축소 37
메인 사이드 바 67, 186
멤버쉽 192,197
모두 보기 94
모든 링크 182
모든 변경 사항 저장 178
모든 사용자 191
목록보기 167
미디어 128,131,175

미디어 라이브러리 175,180
미디어 설정 204
미디어 추가 100,114,150,178,179
미리보기 변경 105
미분류 42,43,85

(ㅂ)
배경 63
보여줄 가장 최근의 신디케이션 피드 수 200
분류 187
분류 편집 108
붙음 167
블로그 롤 70,142, 182
블로그 현황 39
비밀번호 193
비밀번호로 보호 169
비주얼 편집기 193
비활성화 위젯 142, 186
빠른 편집 168
빨리 쓰기 39

(ㅅ)
사용 가능한 도구 135,194
사용자 55,190,191
사용자 정의 링크 132
사용자 정의 필드 170
사용할 수 있는 위젯 186
사이드 메뉴 139
사이드바 템플릿 51,118
사이트 주소 197
상위 171,172
상태 169
새 미디어 업로드 176
새 비밀번호 56
새 사용자를 위한 기본 규칙 197
색상 선택 62

찾아보기

설정 53, 86
소스 코드 124
쇼케이스 사이드바 142, 186
쇼케이스 템플릿 142
쇼트코드 153
순서 171
슬러그 170, 172
썸네일 연결 151, 180
쓰기 86
쓰기 설정 198

(ㅇ)

아바타 204
알림판 37, 39
업데이트 서비스 200
업로드/넣기 99, 177
엑셀 154
연락처 193
예약됨 167
요소 검사 157
요약 170
요약보기 167
워드프레스 블로그 39
워드프레스 주소 196
원격 출판 200
웹폼 246
위젯 66, 72, 139, 185
유명한 태그 174
이 글을 첫 페이지에 고정 109, 121, 122, 169
이메일 주소 197
이메일을 이용한 글 작성 200

이미지 갤러리 149
이미지 고치기 102, 114, 181
이미지 연결 114, 179
이미지 주소 74, 184
이미지 캡션 114, 179
이미지 크기 205
이미지 파일 151
이미지에 연결됨 179
일반 53
일반 설정 53, 196
읽기 117
읽기 설정 117, 200
임베드 129, 205

(ㅈ)

자동 임베드 128
자신에 대하여 193
작은 사진 101
전면 페이지 117
전자우편 193
정렬 146
존재하는 테마 61
즉시 공개 169

(ㅊ)

첨부 글 URL 178
첨부 페이지 151
첫 페이지에 표시할 것 200
최근 글 187
최근 답글 39, 187
최근 임시글 39

(ㅋ)
카테고리　85,172
카테고리와 태그 변환기　195
컴퓨터에서　100,178
키보드 단축키　193

(ㅌ)
타겟　70,115,144,181,183
태그　86,172
태그 구름　148,188
태그라인　53,196
테마　41,57,60
테마 설치　58
테마 위치　88
테마 편집　133
텍스트　141,189
템플릿　51,118,171
토론　170
토론 설정　201
트랙백　170
트랙백 URL　170
트랙백 보내기　170
트레이스백　202
특성 이미지　170,262

(ㅍ)
파워포인트　154
파일 URL　176,178
파일 업로드　205
페이지　50,111,140,167,171,189
페이지 속성　171
페이지당 보여줄 글의 수　200
페이지와 피드 인코딩　201
편집기　133
편집자　191
포스트　85,167

표시 방식　198
표시 옵션　64
푸터　139
푸터 영역　186
푸터 영역 1　140
푸터 영역 2　140
푸터 영역 3　141
프라이버시 설정　205
프로필　55
플러그인　40
피드 글의 보기 옵션　201
핑　190
핑백　170,190,202

(ㅎ)
한글 폰트　157
헤더 텍스트　62
혼자 보는 글　169
홈 폴더　29
화면 레이아웃　37
화면 비율　177
화면 옵션　37,44
후원자　191
휴지통　97